历·史·的·节·点

罗平汉 著

变革与改造

生活·讀書·新知 三联书店

Copyright © 2025 by SDX Joint Publishing Company.
All Rights Reserved.

本作品版权由生活·读书·新知三联书店所有。
未经许可，不得翻印。

图书在版编目（CIP）数据

变革与改造 / 罗平汉著. -- 北京：生活·读书·
新知三联书店, 2025.3 (2025.7 重印). -- ISBN 978-7-
108-08015-8

Ⅰ．D232

中国国家版本馆 CIP 数据核字第 2025AB7765 号

策划编辑	唐明星
责任编辑	万　春
装帧设计	康　健
责任印制	董　欢

出版发行　生活·讀書·新知 三联书店
　　　　　（北京市东城区美术馆东街 22 号 100010）

网　　址	www.sdxjpc.com
经　　销	新华书店
印　　刷	北京隆昌伟业印刷有限公司
版　　次	2025 年 3 月北京第 1 版
	2025 年 7 月北京第 2 次印刷
开　　本	635 毫米 × 965 毫米　1/16　印张 21.75
字　　数	242 千字
印　　数	06,001 - 10,000 册
定　　价	59.00 元

（印装查询：01064002715；邮购查询：01084010542）

目 录

保存富农经济的决策 1
 一、土地改革中不动富农的最初考虑 1
 二、毛泽东与中共中央反复征求各地意见 6
 三、中共七届三中全会对富农政策的确定 16
 四、将保存富农经济写进了《土地改革法》 19

农村土地改革如何进行 26
 一、土地改革的准备 26
 二、扎根串连，发动群众 34
 三、分配果实 44
 四、土地改革的完成 53

围绕党员可否雇工问题的不同意见 58
 一、背景 58
 二、东北局的主张 65
 三、刘少奇的意见 70
 四、事后评说 74

关于山西农业合作化问题的争论　78
　　一、争论的由来　78
　　二、争论的经过　85
　　三、争论的是与非　97

统购统销政策的制定　103
　　一、粮食紧张　103
　　二、高层决策　115
　　三、政策出台　131

粮食统销在城市的实施　136
　　一、粮食计划供应的初步实施　136
　　二、各方对粮食统销的最初反应　145
　　三、实施粮食统销的宣传与准备　154

粮食统购在农村的最初贯彻　161
　　一、基层干部与农民对粮食统购政策的心态　161
　　二、农村粮食统购的宣传动员　171
　　三、农村粮食统购任务的完成　180

农业合作化运动中的早期典型　187
　　一、河北省饶阳县五公村耿长锁农业生产合作社　187
　　二、山西省平顺县川底村郭玉恩农业生产合作社　192
　　三、山东省莒县吕鸿宾农业生产合作社　195
　　四、吉林延吉金时龙农业生产合作社　199

五、初级农业合作社的基本特征　202

农业合作化速度加快之因　206
　　一、"停、缩、发"方针　206
　　二、合作社数字之争　217
　　三、批判"小脚女人"　226
　　四、"农业合作化的一场辩论"　234

从一部小说看农民在合作化中的心态　244
　　一、用艺术的形式再现农业合作化运动　244
　　二、积极入社的是些什么人　248
　　三、贫农陈先晋在入社问题上的痛苦选择　252
　　四、中农为什么不赞成办合作社　256

回看《中国农村的社会主义高潮》　260
　　一、从《怎样办农业生产合作社》到
　　　《中国农村的社会主义高潮》　260
　　二、"鸡毛确实要上天了"　267
　　三、按语——合作化的指导思想　278

对高级农业合作化的历史反思　288
　　一、"高级社利益最大，而且并不难办"　288
　　二、高级社大潮的迅速到来　293
　　三、初级社何以能迅速转变为高级社　298
　　四、迅速高级农业合作化带来的问题　304

关于社会主义改造几个问题的探讨 313

一、中国向社会主义过渡的历史起点 313

二、提前向社会主义过渡不能忽视的两个因素 321

三、原定需要15年左右完成的三大改造提前完成 335

保存富农经济的决策

1946年5月,中共中央发出《关于土地问题的指示》(即《五四指示》),解放区由此展开了轰轰烈烈的土地改革运动。《五四指示》原本规定"一般不变动富农的土地","应使富农和地主有所区别,对富农应着重减租而保存其自耕部分",但1947年的土改复查和平分土地运动中,实际上对富农的多余土地财产采取了征收的政策。新中国成立后,在广大的新解放区进行土地改革时,中共中央根据形势的变化,作出了保存富农经济的决策。这一决策对于保护中农和民族工商业者的利益,防止产生"左"的偏差,保证土地改革的顺利进行,起了重要作用。

一、土地改革中不动富农的最初考虑

到1950年6月,全中国业已完成或基本上完成了土地改革的地区约有农业人口1.45亿(总人口约1.6亿),没有进行土地改革的地区尚有约2.64亿农业人口(总人口约3.1亿)。

新中国成立时,中国人民政治协商会议第一届全体会议通过了具有临时宪法性质的《中国人民政治协商会议共同纲领》(简称《共同纲领》)。《共同纲领》在总纲中明确规定:"凡尚未实行土地改革的地区,必须发动农民群众,建立农民团体,经过清除土匪恶霸、减租减息和分配土地等项步骤，实现耕者有其田。"[1]完成土地改革是新生的人民共和国所面临的一个重大任务。用毛泽东的话说，"这是中国人民民主革命继军事斗争以后的第二场决战"[2]。

新中国成立后的土地改革，与解放战争时期的土地改革相比，情况有了很大不同。过去的土地改革是在战争激烈进行的同时开展的，直接目的是为了动员广大农民支持革命战争。《五四指示》发布之时及此后一段时间，获得解放的城市还不多，城市与农村基本上还处于隔离状态，农村的土改对城市资产阶级的震动还不是很大，不必过多地考虑土改中怎样处理同民族资产阶级的关系问题。三大战役之后，大批城市获得解放，中国革命实现了从农村包围城市到城市领导乡村的转变。随着全国的解放，城乡分割的状态得以根本改变，此时的土地改革就不能不考虑城乡关系，特别是评估土地改革对城市工商业及民族资产阶级的影响。1949年3月召开的中共七届二中全会，已明确必须实现党的工作重心从农村到城市的转移，决定对民族资产阶级采取利用与限制的政策，因而新中国成立后在土地改革过程中，必须妥善地处理同民族资产阶级的关系。

新中国成立之后，中国共产党从一个领导人民开展革命夺权政权的党，转变为领导人民建设国家的党。这时进行土地改革，是在中国共产党已取得全国政权、国内战争已经基本结束的情况

---

[1] 中共中央文献研究室编：《建国以来重要文献选编》第1册，中央文献出版社1992年版，第7页。

[2]《毛泽东文集》第六卷，人民出版社1999年版，第25页。

下进行的，它的直接任务也就从主要是通过土改组织动员农民支持革命战争，转变为解放和发展农村社会生产力，恢复和发展国民经济。这样一来，在新区进行土地改革时，原来在老区土改时实行的那一套政策要不要有所改变，就成为中共领导人所考虑的一个重大问题。

毫无疑问，土地改革的对象是地主阶级，这是不能改变的。土地改革依靠的力量是贫雇农，团结的力量是中农，这也是确定无疑、不能改变的。关键的问题是：如何对待富农？对其采取什么样的政策？

由于中国原本是一个半殖民地半封建社会，广大农村处于封闭半封闭状态，属于自然经济半自然经济，因此中国的富农与资本主义国家的富农有很大的不同。在资本主义国家，富农实际上就是农村的资产阶级。在中国，富农往往具有双重性，即既带有浓厚的封建和半封建剥削性质，同时又实行某些资本主义经营方式。他们人数虽然不多，在农业经济中也不占重要地位，但在土地改革中对其实行什么样的政策，对农村其他阶层，特别是中农，影响很大。同时，对富农采取何种政策，也必能对城市资产阶级产生不同影响。

在解放战争时期的土地改革中，虽然在启动土地改革标志性的文件《五四指示》中，曾一度规定"一般不变动富农的土地"，"应使富农和地主有所区别"，但土地改革运动深入发展后，这个规定并没有真正贯彻执行，原因在于：一方面，仅仅没收地主的土地，并不能满足农民的土地要求；另一方面，在划分农村阶级成分时，一些地方简单地以土地财产的多少，而不是依据是否参加劳动以及剥削收入的来源（简单地说，地主和富农都剥削农民,但地主不劳动或不从事主要劳动,而富农一定是参加劳动并且从事主要劳动;同时,地主主要是通过出租土地对农民进行地租剥削,而富农主要的剥削方式是雇工)来区分地主富农,因而将本应划作富农的人也当作地主对待。所以在1946年底至1947年上半年的土改复查时,各地实际上对富农多余的土地财产也采取征收甚至没收的政策。1947年9月,全国土地会议通过的《中国土地法大纲》,一方面提出要将富农与地主加以区别,但另一方面又强调要执行彻底平分土地的方针。这样一来,富农甚至中农的土地自然被平分,其多余的牲畜、农具、房屋、粮食等也被征收。

之所以如此,毛泽东曾有过这样的解释:"冲破《五四指示》是群众的行动。离开政治形势讲问题讲不清楚。生死存亡,这边是贫雇农、中农、城市小资产阶级,那边就是国民党、地主、帝国主义,那时候富农就对你那么好?所以那时是不能提出中立富农的口号的。"[1] 当时,国共之间的内战正在激烈地进行。不解决农民土地问题,就难以调动农民参加革命战争的积极性,地主与富农虽然在理论上容易区分,但由于地主与富农都剥削农民,而且都占有较多的土地与其他生产资料,都过着与普通农民相比相对优渥的生活,实际操作中容易将地主与富农同等看待。加之《五四指示》下发不久,全面内战即爆发,当时的土地改革是在战争环境中快速进行的,又没有严格的阶级划分标准,故而在许多地方富农与地主一样受到打击。

---

[1] 中共中央文献研究室编:《毛泽东传(1949—1976)》,中央文献出版社2003年版,第85页。

全国解放后，战争基本结束，摆在中国共产党人面前的首要任务，是如何迅速医治战争的创伤，恢复和发展国民经济。为了尽可能地减少土地改革的阻力，以集中力量消灭封建地主阶级（当然，不是对地主阶级进行肉体消灭，而是消灭这个阶级赖以剥削农民的经济基础，将他们的土地财产没收分配给广大贫苦农民，同时也留给他们一份与普通农民大致相等的土地财产，以利于地主生存，也有利于他们在劳动中得到改造），中共中央在制定广大新解放区的土地政策时，认为有必要对富农问题进行慎重考虑。

1949年11月，毛泽东就曾指出，江南土改时要慎重对待富农问题，要把对地主和对富农的处理分为两个阶段进行。同年12月4日，毛泽东在中央政治局会议上再次讲到了富农问题。他说："因为这次土地改革工作是在与资产阶级合作的条件下进行的，同以前在战争期间与资产阶级隔绝的情况下进行是不同的，所以需要更加谨慎，领导机关要掌握得很紧，随时了解情况，纠正偏向，以求少犯错误。土地改革将对地主和对富农分为两个阶段有好处，便于保护中农。"[1]

这次会议结束两天后，毛泽东登上北去的专列，前往苏联访问。当时，新中国一切处于初创阶段，对第一个社会主义国家苏联是抱着虚心的态度向其学习的，中共中央在许多重大问题上都主动征求斯大林的意见。在访苏期间，毛泽东就土改中的富农问题向斯大林作了通报。斯大林建议把分配地主土地和分配富农土地分成两个较长的阶段来做，在法令上，不要肯定农民分配富农

---

[1]《毛泽东文集》第六卷，人民出版社1999年版，第25页。

多余土地的要求,在打倒地主阶级时,应当中立富农,并使生产不受影响。斯大林的建议与毛泽东的想法不谋而合。

1950年2月17日,毛泽东、周恩来在莫斯科就关于发表新区征粮问题指示致电刘少奇说:"斯大林同志曾在我向其报告土改政策时,提议将分配地主土地与分配富农土地分成两个较长的阶段来做,即使目前农民要求分配富农多余的土地,我们固不禁止,但也不要在法令上预作肯定。我们虽对中国半封建富农作了解释,并说明对资本主义富农并不没收,他仍举十月革命后的苏联为例,要我们把反富农看成是严重斗争。他的中心思想是在打倒地主阶级时,中立富农并使生产不受影响。去年十一月政治局会议时关于江南土改应慎重对待富农的问题亦曾提到过,因此事不但关系富农而且关系民族资产阶级,江南土改的法令必须和北方土改有些不同,对于一九三三年文件及一九四七年土地法等,亦必须有所修改。"[1]

二、毛泽东与中共中央反复征求各地意见

1950年2月17日,毛泽东结束了对苏联两个多月的访问启程回国。此时,毛泽东和中共中央对新形势下如何处理富农问题已有了初步设想,但并没有立即作出决策,而是决定广泛听取各中央局和省、市、区党委的意见。

同年3月12日,毛泽东致电有土地改革任务的各中央局、分局负责人,征求他们对富农问题的看法。电文说:"在今冬开

---

[1]《建国以来毛泽东文稿》第1册,中央文献出版社1987年版,第264页。

始的南方几省及西北某些地区的土地改革运动中，不但不动资本主义富农，而且不动半封建富农，待到几年之后再去解决半封建富农问题。请你们考虑这样做是否有利些。"毛泽东还对为什么要保存富农经济提出了三点理由：

一是土改规模空前伟大，容易发生过左偏向，如果只动地主不动富农，则更能孤立地主，保护中农，并防止乱打乱杀，否则很难防止。

二是过去北方土改是在战争中进行的，战争空气掩盖了土改空气，现在基本上已无战争，土改就显得特别突出，给予社会的震动特别显得重大，地主叫唤的声音将特别显得尖锐，如果暂时不动半封建富农，待到几年之后再去动他们，则将显得更加有理由，即是说更加有政治上的主动权。

三是和民族资产阶级的统一战线，现在已经在政治上、经济上和组织上都形成了，而民族资产阶级是与土地问题密切联系的，为了稳定民族资产阶级起见，暂时不动半封建富农似较妥当。[1]

毛泽东要求有土改任务的中共中央中南局、华东局、华南分局、西南局、西北局及其所属各省委、各市委对这个问题加以讨论，将赞成和反对的意见收集起来迅速电告中共中央，"以凭考虑决策"。

为准备秋收后在一些省区实行土地改革，中共中央拟以中央人民政府名义公布新的土地法及划分阶级的决定。3月30日，中共中央向各中央局、分局、省委征询意见，列举出14个问题，

---

[1]《毛泽东文集》第六卷，人民出版社1999年版，第47—48页。

要求在20天内答复。这14个问题中,与富农有关的占了半数,重要的有:

——土地改革可否分为两个阶段,两个阶段的间隔不是几个月,而许是几年。在第一阶段内,采取中立富农集中力量消灭地主阶级的政策。即是说只没收分配地主阶级的土地、牲畜、农具、粮食、房屋,而对富农的土地财产一律不动。照此办法,无地少地的农民能分到多少土地,相当于全村平均数的百分之几十?

——对富农的政策,如只没收分配其出租的土地,其余的土地财产一概不动,这是否仍能达到中立富农之目的?照此办法,连同没收地主之土地,加以分配后,无地少地的农民又能分到多少土地,相当于全村平均数的百分之几十?

——在这种"僧多粥少"的情况下,是否可以规定:(一)对向来不依靠农业为生的人,原则上一律不分给土地。(二)不动富农时,雇工可否不分地,而只适当地改善其工资待遇?

——假如富农的财产全部不动,而地主一般又没有多少耕畜、农具和存粮,农民分得土地后,生产资金的困难有无办法解决,又如何解决?[1]

中共中央要求各地就上述问题进行算账,以便在两种富农政策之间作出抉择。一种是对富农土地财产一律不动,一种是只没收富农土地的出租部分。中共中央认为,只有这笔账算清楚了,才能心中有数,才好下决心选定一个比较恰当的政策:既能

---

[1] 中共中央文献研究室编:《建国以来重要文献选编》第1册,中央文献出版社1992年版,第167—168页。

适当满足无地少地的贫苦农民的土地要求，又能达到中立富农的目的。[1]

4月6日，毛泽东主持中共中央政治局会议，富农问题是会议的一个重要议题。毛泽东在听取大家的发言后说：不动富农的策略，是必需的，而且是可能搞的，因为蒋介石倒了，土匪肃清了。抗日战争中，有八年未分地，地主土地也未分。当我们看到战争要来，争取群众，就搞了一个《五四指示》，那时怕搞过了，把自己孤立起来。当时有人说右了，有九条照顾。1947年战争残酷，农民与农村干部结合，推翻了《五四指示》，说它右了，"村村点火，户户冒烟"，扫地出门。犯的错误最多的也是在1947年，打红了眼，地主、富农不分了。1947年我军开始反攻，三大战役之后，形势就不同了。《五四指示》分成两个小段解决，先搞地主，以后再搞富农。现在，只有皖南区党委的回答才是肯定地说不动富农，其余大部均主张要动富农出租部分的。我还是提议今天不动富农。至于恶霸，则不是以富农身份去没收他，但也不能规定"恶霸富农"。土地改革这个战争，比渡江、剿匪要大，要复杂，要激烈。这是一场恶战，要搞三至五年全部解决。慢比快些好，出乱子少些，也不会太大地影响生产。土地平分，也可以考虑，好处是快。但现在战争已经完了，可以考虑不那么平。不平，可以用其他办法如税收来补偿的。毛泽东这里讲的土地平分，指的是老解放区土地改革中采取的按人口平均分配土地的办法，其好处是能够尽可能满足无地少地农民的土地要求，

---

[1] 中共中央文献研究室编：《毛泽东传（1949—1976）》，中央文献出版社2003年版，第88页。

土地分配简单易行，但也容易发生过分打击富农、侵犯中农的问题。[1]

4月12日，毛泽东主持召开一届全国政协常务委员会扩大的第四次会议。在谈到富农问题时，毛泽东说：土改中动不动富农问题，我们现在的意见，原则上是不动为好，因为现在没有战争。1946年《五四指示》即不动富农，到了1947年在战争中为了争取群众无形中冲破了那个界限。土地平分是个大事情，很怕乱。又要改，又怕乱，干部又不足。规定有今年搞的，有明年搞的，还要做准备工作，仍会有些乱，然后去争取少出乱子。[2]

毛泽东之所以反复提到1947年的土改突破了《五四指示》不动富农的界限，是因为在老区土改中由于实际上动了富农，从而使老区土改中一度出现了"左"的偏差。众所周知，《五四指示》的发布，是由抗日战争时期实行的减租减息政策，向实行"耕者有其田"政策的重大转变。由于《五四指示》制定之时，国共之间的内战还没有全面爆发，国共关系还没完全破裂，故而《五四指示》在解决农民土地问题上，并没有明确提出采取没收地主土地分配给农民的办法，而是提出在反奸、清算、减租、减息、退租、退息等斗争中，让农民从地主手中获得土地。《五四指示》同时提出一般不变动富农的土地。如在清算、退租、土地改革时期，由于广大群众的要求，不能不有所侵犯时，亦不要打击得太重。应使富农和地主有所区别，对富农应着重减租而

---

[1] 中共中央文献研究室编：《毛泽东年谱（1949—1976）》第1卷，中央文献出版社2013年版，第110—111页。

[2] 中共中央文献研究室编：《毛泽东年谱（1949—1976）》第1卷，中央文献出版社2013年版，第110—114页。

保存其自耕部分。《五四指示》还对土地改革中必须照顾的对象作出了明文规定，即毛泽东所说的"九条照顾"。

然而，《五四指示》发出一个多月后，以国民党军大举进攻中原解放区为标志，全面内战爆发。特别是到了1946年11月，蒋介石不顾中国共产党和中国民主同盟的坚决反对，片面召开其一手包办的所谓"国民大会"，表明国共关系全面破裂。如果说，在此之前解放区进行土地改革，多少还须顾虑国民党方面的反应，而随着全面内战的爆发特别是国共关系的完全破裂，解放区进行土地改革已经完全没有这种顾虑了。伴随着战争的激烈进行，一方面，必须加紧土改以动员农民参军参战，各地在进行土改后也主要不是采取反奸清算、动员开明绅士献田、发行土地债券等相对温和的方式，而是采取直接没收分配地主土地的方式；另一方面，由于战争主要在解放区进行，国民党军队在进犯解放区的同时，一些在土改中被斗争的地主在国民党军队的支持下反攻倒算，对乡村干部和土改积极分子进行残酷的迫害。由此，土地改革难免造成剧烈的阶级对抗。在这个过程中，由于没有明确阶级划分的标准，又采取大规模群众运动的方式，因而一些地方曾出现过乱打乱斗、侵犯中农和民族工商业利益的倾向（随后得到了纠正）。这也是毛泽东说"慢比快些好，出乱子少些"的原因所在。

还必须提及的是，为了加速土地改革的进行，1947年7月至9月，全国土地会议在河北平山县西柏坡召开。会议通过的《中国土地法大纲》决定在土改中采取平分土地的办法，即乡村中一切地主的土地及公地，连同乡村中其他一切土地，按乡村全部人口，不分男女老幼，统一平均分配。这就从政策上改变了《五四指示》中一般不动富农土地的规定，富农甚至一部分中农多于平均的土地也被没收加以分配。解放战争时期的土地改革表明，如果不动富农的土地财产，有利于更好地保护中农的利益，也有利于稳定城市的民族资产阶级。这也是毛泽东在新区土改时之所以在考虑土地分配究竟是采取平分好还是不平分好的原因。

收到毛泽东和中共中央征询富农问题意见的电报发出后，各中央局，新区和部分老区的省委、区党委，部分地委、县委，一些中央委员，纷纷复电中共中央，或将意见报告上级党委，一致同意关于保存富农经济、在政治上中立富农的政策。有些电文还对毛泽东所提三点理由作了补充，如：新解放区地域辽阔，干部力量薄弱，基层组织严重不纯，土改中不动富农可以避免弄乱；可以缩小打击面，最大限度地达到孤立敌人、团结多数的目的；规定富农经济不动，划阶级时，就有可能避免侵犯中农的错误，即使这样的错误再出现，也容易纠正；不动富农有利于农业生产的尽快恢复和发展；等等。[1]

各中央局和各省委、区党委对新区土改实行保存富农经济、在政治上中立富农的政策表明赞成态度后，中共中央决定将保存富农经济的政策公布于众，并于4月20日电告中南、华东、西北三个中央局：从现在起，即可向群众口头宣传土改中不动富农的土地和财产，以稳定富农的生产情绪。

4月26日，中共中央发布《庆祝五一劳动节口号》，更是向全国公开宣布："在今年秋冬实行土地改革的地方，将地主土地分配给无地少地的农民，并同样分给地主一份；在土地改革中坚

---

[1] 薄一波：《若干重大决策与事件的回顾》上卷，中共中央党校出版社1991年版，第123—124页。

决联合中农，不动富农的土地财产！"[1]4月29日，刘少奇在庆祝五一劳动节大会上的演说中，亦明确指出："在今年秋后，在那些业已准备好了的新解放区，应该实行土地改革，但这种地区不应该太广。在战争已经基本上胜利的情况下，我们认为在今后的土地改革中，应该只没收地主的土地和许多公地，分配给无地少地的农民，同样也分给地主一份，而不动富农的土地和财产。对于地主的其他财产，除开农民必需的一部分生产资料外，也不予没收分配。"[2]

富农的土地占有关系相对比较复杂。总体上讲，富农占有较多的土地并在自己的土地上雇工进行生产，除了是否劳动之外，地租剥削还是雇工剥削是划分地主富农的重要标志。但有的富农一方面雇工，另一方面又将一部分土地出租；还有的富农在租入部分土地的同时，又将自己的部分土地出租给他人。虽然各地在回电中，对中立富农的总政策没有不同意见，但却在动不动富农的出租地问题上出现了分歧。华东局、西北局、华北局认为，不动富农的土地财产，应当包括旧式富农的出租地；中南局和东北局认为，旧式富农的出租地还是要动为好。即使在同一个大区中，各省委、区党委的意见也不尽相同。华东的浙江省委和苏北、皖北区党委主张动，其他省委认为不能动。中南的江西、湖北、湖南省委认为要动，广西省委则认为不能动。各地动富农出租地的理由，主要是仅靠没收地主的土地和公地，不能满足贫雇农的土地要求；不动的理由则是动了不但社会震动大，而且也

---

[1]《中国共产党中央委员会发布庆祝五一劳动节口号》，《人民日报》1950年4月27日。
[2]《刘少奇选集》下卷，人民出版社1985年版，第22页。

解决不了问题,贫雇农的困难可以通过发放贷款、扶持生产、社会救济等方式加以解决。

毛泽东本来主张暂时不动富农的出租地,但他认为对这两种意见都有展开讨论的必要,乃选择有代表性的电报,转发各中央局继续研究。

在主张富农的出租土地应该拿出来分配的意见中,中南局第三书记邓子恢是其代表;在主张不动富农出租地的意见中,华东局第一书记饶漱石是其代表。由于1950年秋后第一批土改的新区主要是中南和华东,所以毛泽东对邓子恢和饶漱石的意见都很重视。

邓子恢曾分别于1950年3月16日、3月25日和4月25日三次就富农问题致电毛泽东和中共中央。他在4月25日的第三次报告中,详细地论述了必须动富农出租地的理由:江南各省土地情形,已不像大革命以前那样集中,在土改中如连富农的出租地都不动,则雇贫农所得,比之按人口平分标准,要少20%以上;不征收富农出租土地,虽然能缩小打击面,但应估计到,如果可分土地太少,不能解决贫雇农土地要求,其结果会使贫雇农积极性减低;如果连富农的出租地都不动,一方面贫雇农议论纷纷,另一方面富农也不会相信我们会始终保持其这种非分之财,从而怀着不安情绪,这对中立富农反而有害;现在不动致农民分地不多,过一二年后再动必须重分,则将影响生产,中农也发生"割韭菜"的疑虑,对生产亦不利。[1]

---

[1] 中共中央文献研究室编:《建国以来重要文献选编》第1册,中央文献出版社1992年版,第206—209页。

4月30日,毛泽东将邓子恢的电报转发给了饶漱石,征求饶的意见。5月1日,他在复邓子恢并告饶漱石的电报里,一面继续阐述自己的观点,即"鉴于富农出租地数量不大,暂时不动这点土地影响贫雇农所得土地的数量也不会大,现在我的意见仍以为暂时不动较为适宜",一面又要中南局和华东局根据各自的意见,起草一个土改法令草案,以便在即将召开的中央会议上对照讨论。[1]

过了两天,饶漱石复电毛泽东说:"不动富农出租土地,对贫雇农所得土地数量影响不大,但对团结多数、巩固政权、发展生产及避免扰乱,则益处很多。因此,我们赞成不动富农出租土地。"饶漱石还在电报中说:富农出租土地在减租与公粮累进条件下,估计数年内可能大部廉价转到佃农手中,故对内对外似应宣传不动富农土地财产为有利。如果宣传暂时不动,一二年后再动,则不但领导上可能被动,而且对生产亦可能产生若干不良影响,即发生"割韭菜"的顾虑。[2]

1950年5月底至6月初,中共中央召开土改工作会议,讨论中央政策研究室提出的《中华人民共和国土地改革法(草案)》。参加会议的有华东土改委员会副主任刘瑞龙、中共湖南省委书记黄克诚、中共湖北省委副书记刘建勋、中共中央中南局秘书长兼中南土改委员会副主任杜润生等。会议期间,毛泽东接见了刘瑞龙等人,征求他们对富农问题的意见。刘瑞龙认为,要避免过去

---

[1]《建国以来毛泽东文稿》第1册,中央文献出版社1987年版,第323页。
[2]中国社会科学院、中央档案馆编:《1949—1952中华人民共和国经济档案资料选编·农村经济体制卷》,社会科学文献出版社1992年版,第72页。

土改的缺点,这次是更有政策,更有准备。但是封建势力的抵抗还是很厉害的,不能低估。进了城以后,替地主说话的人也更多了。杜润生则汇报说,据调查,发现地主和富农占有土地只有百分之五十左右,有的地方百分之四十几,最高百分之五十,没有百分之七十的情况。无地少地农民的数量很大,如果不动富农,光分地主土地,不够分配。毛泽东听后说:富农问题,中央的意见还以不动为好,"'富农放哨,中农睡觉,有利生产'。贫农将来分地少有困难,我们有了政权,可以从另外方面想点办法"[1]。

三、中共七届三中全会对富农政策的确定

关于土地改革的这些不同的意见,在一定程度上反映了不同地区土地改革的不同情况。中共中央决定将这个问题拿到中共七届三中全会上讨论并作出决定。

1950年6月3日至9日,中共七届三中全会在北京召开。这是党在全国革命胜利后召开的第一次中央全会。会议分析了当时国际国内形势,总结了七届二中全会以来即新中国成立前后一年多的工作。毛泽东向全会作了书面报告——《为争取国家财政经济状况的基本好转而斗争》,并在报告中特地提到了对富农的政策问题。他说:"因为战争已经在大陆上基本结束,和一九四六年至一九四八年的情况(人民解放军和国民党反动派进行着生死斗争,胜负未分)完全不同了,国家可以用贷款方法去帮助贫农

---

[1] 杜润生:《忆50年代初期我与毛泽东主席的几次会面》,载中共中央文献研究室编:《缅怀毛泽东》(下),中央文献出版社1993年版,第374—375页。

解决困难，以补贫农少得一部分土地的缺陷。因此，我们对待富农的政策应有所改变，即由征收富农多余土地财产的政策改变为保存富农经济的政策，以利于早日恢复农村生产，又利于孤立地主，保护中农和保护小土地出租者。"[1] 这就对为什么在全国解放后进行土改时保存富农经济作了扼要的说明。

6月6日，刘少奇在会上作关于土地改革问题的报告，阐述土地改革的基本理由和目的，提出新区土地改革的总路线和关于富农土地问题、债务问题、人民法庭问题等方面的方针政策。谈到不动富农问题时，刘少奇举例说，如果有一个人有40亩土地，全部出租，这个人就是地主，他的土地就应没收。可是另一个人，有90亩土地，40亩出租，50亩不出租（自耕和雇人耕种），如果他出租的这40亩不动，同前一个人比较起来，就有些不公平，这个问题需要大家考虑。他又说，不动富农，但有些"尾子"又要调整，这样，不动富农的规定就站不住了，这个问题很值得考虑一下。刘少奇认为，在不动富农土地问题上，不必说得太死。

与会者对富农政策以及土地改革的其他政策展开了讨论。6月8日，邓子恢和饶漱石在大会发言中，又重申了各自的意见。邓子恢说，他对中央改变过去征收富农多余土地政策，是完全拥护的。过去他在这一点上还没有想得太通，这次根据中央这个指示，他完全理解这个精神，拥护这个方针。但是在中南的部分地区，如果富农的出租土地完全不动，则不能满足贫雇农的土地要求。他希望对这个问题不要规定死，要有个机动，留一个"尾

---

[1]《毛泽东文集》第六卷，人民出版社1999年版，第70页。

巴",即富农土地的出租部分可以有条件地动。饶漱石说,华东的情况是:不动富农的出租土地,贫雇农所得土地占全村平均数的 60% 到 70%;动富农的出租土地,也不过占到 70% 到 75%。这样,他仍认为不动富农出租土地比较好,因为有利于生产。[1]

会议在对《中华人民共和国土地改革法(草案)》进行审议时,来自中南的与会者提出:在中南地区,各地的土地占有情况是不同的。在土地比较集中的地区,不动富农的出租地,也可以适当地满足贫雇农的土地要求,而且还能解决其他失业人员的问题。但在土地比较分散的地区,特别是经过土地革命的老苏区,如果不动富农的出租土地,就会使可分配的土地量减少,差不多要减少 10% 至 20%。鉴于这种情况,他们建议在动不动富农土地问题上不说得太死,应该机动一些。如果有的地方土地特别少,不动富农的出租地就无法解决大多数贫雇农最低限度的生活,在经过省人民政府批准后,应当允许这些地区实行征收富农出租土地的政策。会议接受了这个建议,将《土地改革法(草案)》中的"不动富农土地财产",修改为"保护富农所有自耕和雇人耕种的土地及其他财产,不得侵犯。富农所有已出租的小量土地,亦予保留不动;但在某些特殊地区,经省以上人民政府的批准,得征收其出租土地的一部或全部"。[2]

6月9日,在会议快要结束的时候,毛泽东作了总结报告。他在回顾了解放战争时期土地改革的历史后指出:那时候情况很

---

[1] 中共中央文献研究室编:《毛泽东传(1949—1976)》,中央文献出版社 2003 年版,第 90 页。
[2] 农业部农村经济研究中心当代农业史研究室编:《中国土地改革研究》,农业出版社 2000 年版,第 173 页。

紧张,应该团结绝大多数人,这个道理也对。历史就是这样走过来的。现在战争停了,我们又决定不动富农。那时候,就是要动富农,不动富农,那是不可设想的事情。苏联也有过这样的情形。他们搞军事共产主义,对富农不准备搞的,后来因为敌人进攻得很厉害,资本家对他们的态度也不好,才对富农从各方面直接没收。苏联搞新经济政策,废除军事共产主义,是在战争停了以后。我们现在是在战争停了以后,才不动富农。北方战争早已停了,所以去年土改缓和得多了。现在全国除了台湾、西藏尚待解放,战争都停了,因此给了我们一个可能,对富农可以现在不去搞他。[1]

四、将保存富农经济写进了《土地改革法》

七届三中全会结束后不久,中国人民政治协商会议一届二次会议在北京召开。此次会议的中心议题就是讨论和研究有关土地改革事宜,并通过《中华人民共和国土地改革法》,以此作为新解放地区土地改革的法律依据。

1950年6月14日,即会议开幕的当天,刘少奇作了《关于土地改革问题的报告》。在此之前,刘少奇曾将报告草稿送交毛泽东审阅修改。这年6月4日,毛泽东针对报告草稿中谈到保存富农经济部分,加写1946年以后一段话:"在一九四六年七月至一九四七年十月这一时期内,华北、山东及东北许多地区的农民

---

[1] 中共中央文献研究室编:《毛泽东传(1949—1976)》,中央文献出版社2003年版,第91页。

群众和我们的农村工作人员,在实施土地改革中,没有能够按照中共中央在一九四六年五月四日颁发的基本上不动富农土地财产的指示,而按照他们自己的意志行动,将富农的土地财产和地主一样地没收了。这是可以理解的。因为这一时期,是中国人民和国民党反动派双方斗争最紧张最残酷的时期。土地改革中发生偏差,也以这一时期为最多,侵犯了一部分中农的利益,破坏了一部分农村中的工商业,并在一些地方发生了乱打乱杀的现象。发生这些现象的原因,主要是由于当时紧张的政治形势和军事形势,同时,也由于我们的大多数农村工作人员没有土地改革的经验,他们不知道正确地划分农村阶级成分的方法,划错了一部分人的阶级成分,将某些富农当成了地主,将某些中农当成了富农。""为了使我们的同志今后在各新解放区进行土地改革工作中不要重复过去的错误,指出过去的经验是有必要的。我们现在是处在完全新的情况下,我们建议的土地改革法,采取了消灭封建制度保存富农经济的方针,也是完全必要的。"[1]

刘少奇《关于土地改革问题的报告》,系统地阐述了土地改革的伟大意义、基本目的、历史经验和当前政策。报告共分五个部分:(一)为什么要进行土地改革;(二)土地的没收与征收;(三)保存富农经济;(四)关于分配土地中的若干问题;(五)在土地改革时若干应注意的事项。刘少奇在报告中指出:准备从1950年冬季起,在两年半到三年内,基本上完成全国的土地改革,这个计划如果能够实现,那就是中国人民一个极为伟大的历史性的胜利。那就不能算是很慢而算是很快地完成了中国革命中

---

[1]《毛泽东文集》第六卷,人民出版社1999年版,第64—65页。

一个最基本的历史任务。土地改革的基本内容，就是没收地主阶级的土地，分配给无地少地的农民。这样，当作一个阶级来说，就在社会上废除了地主这一个阶级，把封建剥削的土地所有制改变为农民的土地所有制。这样一种改革，诚然是中国历史上几千年来一次最大最彻底的改革。[1]

　　报告中，刘少奇还对为什么要保留富农经济作了说明。他说，虽然现在新中国还面临许多困难，但困难的性质与过去战争中所遇到的困难是不同的，现在的困难主要是在财政经济方面的困难，是恢复、改造与发展社会经济上的困难。同时，全国各民族、各民主阶级、各民主党派、各人民团体的革命大团结，已经在政治上和组织上形成，富农的政治态度，一般地也比以前有了改变，如果人民政府实行保存富农经济的政策，一般地是能够争取富农中立的，并且能够更好地保护中农，去除农民在发展生产中某些不必要的顾虑。因此，在目前的形势下，在今后的土地改革中，采取保存富农经济的政策，不论在政治上和经济上就都是必要的，是比较地对于克服当前财政经济方面的困难，对于我们的国家和人民为有利些。

　　说到这里，刘少奇还提出了一个重要的思想："我们所采取的保存富农经济的政策，当然不是一种暂时的政策，而是一种长期的政策。这就是说，在整个新民主主义的阶段中，都是要保存富农经济的。只有到了这样一种条件成熟，以至在农村中可以大量地采用机器耕种，组织集体农场，实行农村中的社会主义改造之时，富农经济的存在，才成为没有必要了，而这是要在相当长

---

[1]《刘少奇选集》下卷，人民出版社1985年版，第32页。

远的将来才能做到的。"[1]

报告还提出了新解放区进行土地改革的总路线，即：依靠贫农、雇农，团结中农，中立富农，有步骤地有分别地消灭封建剥削制度，发展农业生产。

鉴于在老解放区的土改中曾发生过扩大打击面、侵犯中农和工商业者利益、乱打乱斗等"左"倾错误，刘少奇在报告中特别强调："我们在今后的土地改革中，不能容许混乱现象的发生，不能容许在偏向和混乱现象发生之后很久不加纠正，而必须完全依照中央人民政府和各级人民政府所颁布的法令及其所决定的方针、政策和步骤，有领导地、有计划地、有秩序地去进行。因为我们今后的土地改革是历史上最大规模的土地改革，只有这样，才能符合最大多数人民的利益。"[2]

全国政协一届二次会议审议并同意刘少奇《关于土地改革问题的报告》，通过了中共中央提出的《中华人民共和国土地改革法（草案）》，提出了若干修改和补充意见，建议中央人民政府采纳。

6月23日，在会议即将结束的时候，毛泽东作了闭幕讲话。他强调："中国的主要人口是农民，革命靠了农民的援助才取得了胜利，国家工业化又要靠农民的援助才能成功，所以工人阶级应当积极地帮助农民进行土地改革，城市小资产阶级和民族资产阶级也应当赞助这种改革，各民主党派、各人民团体更应当采取

---

[1]《刘少奇选集》下卷，人民出版社1985年版，第40—41页。
[2]《刘少奇选集》下卷，人民出版社1985年版，第31页。

这种态度。"[1]毛泽东说，战争和土改是在新民主主义的历史时期内考验全中国一切人们、一切党派的两个"关"。战争一关，已经基本上过去了，现在是要过土改一关。他号召一届全国政协的组成人员"多研究，多商量，打通思想，整齐步伐，组成一条伟大的反封建统一战线，就可以领导人民和帮助人民顺利地通过这一关"[2]。

1950年6月28日，中央人民政府委员会第八次会议通过了《中华人民共和国土地改革法》。6月30日，中央人民政府主席毛泽东发布命令，将之公布施行。

《中华人民共和国土地改革法》共分六章，即总则、土地的没收与征收、土地的分配、特殊土地问题的处理、土地改革的执行机关和执行办法、附则。在第一章总则中，明确规定："废除地主阶级封建剥削的土地所有制，实行农民的土地所有制，借以解放农村生产力，发展农业生产，为新中国的工业化开辟道路。"这就清楚地表明，进行土地改革，消灭封建剥削制度，目的在于解放农村的社会生产力，为把我国建设成为一个强大的工业化国家即现代化国家创造条件。在这个过程中，地主阶级无疑是会被消灭的，但这不是土地改革最根本的目的，而只是为实现国家工业化必须具备的一个基本前提。

《中华人民共和国土地改革法》第二条规定："没收地主的土地、耕畜、农具、多余的粮食及其在农村中多余的房屋。但地

---

[1]《毛泽东文集》第六卷，人民出版社1999年版，第79—80页。
[2]《毛泽东文集》第六卷，人民出版社1999年版，第80页。

主的其他财产不予没收。"[1]这就是说，土地改革中，除了没收地主上述"五大财产"之外，其他财产不论是衣物、现金还是底财，都不在没收之例。与1947年全国土地会议通过的《中国土地法大纲》相比，这是一个很大的变化。《中国土地法大纲》中规定除没收地主的土地外，还没收地主的牲畜、农具、粮食及其他财产，而"其他财产"实际上包括所有财产。这样的规定容易引导农民在进行土地改革中，把注意力放到没收地主"五大财产"之外的底财（或叫浮财、浮物）上，与土地、农具等生产资料相比，农民往往对地主的现金、财宝更感兴趣。对于地主而言，他们也知道土地、牲畜、农具、房屋和粮食之类是明摆着的东西，无法藏匿，因而千方百计地要保住底财，将之分散藏匿，这就加剧了农民与地主间的矛盾和对立。在追索地主底财的过程中，不但发生乱打乱斗的情况，而且容易造成社会财富的破坏和浪费。《中华人民共和国土地改革法》作出这样的规定，既有利于防止对地主的乱打乱斗，也有利于地主利用这些财产维持生活或转入工商业，对维护社会稳定和发展经济都有好处。

在老解放区土地改革中出现的"左"倾错误的另一个表现，是对工商业特别是地主富农的工商业的侵犯。《中华人民共和国土地改革法》第四条对此作出了明确规定："地主兼营的工商业及其直接用于经营工商业的土地和财产，不得没收。不得因没收封建的土地财产而侵犯工商业。""工商业家在农村中的土地和原由农民居住的房屋，应予征收。但其在农村中的其他财产和合法

---

[1]《中华人民共和国土地改革法》，《人民日报》1950年6月30日。以下关于土地改革法的内容均引自此，不一一注明。

经营，应加保护，不得侵犯。"

《中华人民共和国土地改革法》与1947年全国土地会议通过的《中国土地法大纲》相比，一个大的变化，就是前面已多次提到的由征收富农多余的土地财产改变为保存富农经济。《中华人民共和国土地改革法》第六条规定："保护富农所有自耕和雇人耕种的土地及其他财产，不得侵犯。""富农所有之出租的小量土地，亦予保留不动；但在某些特殊地区，经省以上人民政府的批准，得征收其出租土地的一部或全部。""半地主式的富农出租大量土地，超过其自耕和雇人耕种的土地数量者，应征收其出租的土地。富农租入的土地应与其出租的土地相抵计算。"[1]

《中华人民共和国土地改革法》的发布，标志着广大的新解放地区拉开了轰轰烈烈的土地改革运动的序幕。从1950年下半年到1952年9月，华东、中南、西南和西北广大新解放区在两年多的时间里基本完成了土地改革，约有3亿左右的农民从封建剥削制度的压迫下解放出来。在如此短的时间里完成如此巨大的社会变革，并且成功地避免了在土地改革中出现大的社会动荡，很大程度上得益于中共中央作出的保存富农经济的决策。这个政策孤立了地主阶级，稳定了民族资产阶级，有力地保证了中农的利益不受侵犯，减少了土地改革的阻力，避免了"左"的偏差，促进了土地改革的顺利进行。而这个决策的出台，又是充分发扬党内民主，集中全党智慧的结果，这是中国共产党进行民主科学决策的一个成功范例。

---

[1] 中共中央文献研究室编：《建国以来重要文献选编》第1册，中央文献出版社1992年版，第337页。

农村土地改革如何进行

没收地主阶级的土地分配给广大农民,实现"耕者有其田",是中国共产党组织动员农民参加革命最有效的方式,也是中国革命能够取得成功、中国共产党在全国执政后迅速取得广泛认同的重要原因。土地改革是土地所有制的重大变革,也是农民得以翻身解放的重要象征。那么,农村的土地改革究竟是如何开展的?笔者试图就此作点介绍。

一、土地改革的准备

1946年5月4日,中共中央通过《关于土地问题的指示》即《五四指示》,将抗日战争时期实行的减租减息政策,转变为实行"耕者有其田"的政策,随后在解放区开展了轰轰烈烈的土地改革。到1948年上半年,老区半老区的土地改革基本完成。对于1947年战略进攻之后新解放的地区,为了避免在土地改革中产生急躁冒进倾向,中共中央决策暂不进行土地改革,而是先建立巩固基层政权,组织发动群众,开展清匪反霸、减租退押。1950年6月《中华人民共和国土地改革法》公布后,新解放区开始有步骤分阶段地开展土地改革。

老解放区的土地改革是在党的各级委员会的直接领导下,由贫农团和工作队共同组织、以暴风骤雨式的群众运动方式开展的。新中国成立后，中国共产党成为执政党，完成土地改革是中国共产党一项重要历史任务，也是全国人民的重要任务。在执政条件下，土地改革不能单单依靠群众运动的方式去完成，它还需要将有关土改的许多重大事项上升为国家意志，运用法律的形式去解决。

有鉴于此，中共中央华东局建议，在土地改革尚未进行或已进行但未完成的地区的各级人民政府内，成立土地改革委员会，作为领导土地改革的机关。中共中央接受了这个建议，认为今后的土地改革，在以各级人民政府及其组织的土改委员会和各级农民代表大会所选出的农协委员会来直接执行，要比由各级党的委员会来直接执行为好，乃决定在各级人民政府内建立土地改革委员会。其主要职责是制定和提出土地改革中的各种法令和办法，研究和解决土地改革中的各种问题。为此，中共七届三中全会决定组织由刘少奇负责的全国土地改革委员会。这个委员会的成员有彭德怀、习仲勋、王震、刘伯承、黄克诚、饶漱石、叶剑英、彭真、刘澜涛等。

紧接着，经中央人民政府委员会批准，华东、中南、西南、西北四个有土地改革任务的大区（东北和华北大区农村因解放较早，到新中国成立时已基本完成了土改），均设立了土地改革委员会，其正副主任的人选分别是：华东区主任谭震林，副主任刘瑞龙、牛树才；中南区主任李雪峰，副主任杜润生、郝中士；西南区主任张际春（西南区未设副主任）；西北区主任习仲勋，副主任韩兆鹗。各省、专署、县也相应地成立了土地改革委员会，负责本省、本专区、本县的土改工作。

各地土地改革委员会的任务，主要是订立土改细则，主持土改干部的训练，宣传解释土地改革法，检查土地改革法执行情况，组织和领导各方面参加土改的人员下乡，进行有关土改工作的调查统计，等等。

组织工作队深入农村发动和帮助农民土改，是老区土改时的一贯做法，在新解放区土改中，组织工作队同样是开展土改必不可少的一环。中共中央还特地发出指示，要求政协全国委员会、人事部和国家文委的副部长和司处长，在工作不受重大影响的情况下，轮流下乡参加土改。各地在开展土地改革前，从各级机关、大中学校抽调了大批的干部和师生，加上农协干部，组成土改工作队。仅华东地区各省、区（等同于省的行政区）工作队人数就达8万人，其中区长级以上干部约6000人，一般区乡级干部约3万人。湖南第一批开展土改的长沙专区，共辖长沙、湘潭、平江、浏阳、湘阴、岳阳、临湘、醴陵等8个县，95个区，1263个乡，共有人口550余万，土地770余万亩。为此，该专区共组织了人数达5000人的工作队。

工作队下乡之前，都经过严格的训练，训练中着重学习《关于土地改革问题的报告》《中华人民共和国土地改革法》《关于划分农村阶级成分的决定》及其他有关土改的文件，以提高工作队员参加土改的自觉性和进行土改必要性的认识，更好地掌握政策。

为了保证土改工作的顺利进行，各地还制定了严格的纪律，以约束土改工作队员。1950年7月，华东军政委员会发布《关于干部在进行土地改革工作时的八项纪律》，规定：（一）严格执行人民政府的土地改革法令，不得违犯；（二）坚决拥护土地改革，不得包庇地主；（三）廉洁奉公，不得贪污果实，不得接受贿赂；（四）尊重人民民主权利，倾听群众的意见和批评，不得欺压人民；（五）一切重要问题同大家商量，不要个人决定，强迫推行；（六）依照法律手续办事，不得乱捕、乱罚、乱打、乱杀，不得使用各种肉刑和变相肉刑；（七）坚决服从上级指示，不得阳奉阴违；（八）严格执行请示报告制度，不得虚报情况，不得各自为政。[1] 其他有土改任务的大区亦制定了内容大致相同的纪律规定。

集训土改工作队员的同时，各中央局和各大区军政委员会先后作出决定，要求各级领导干部深入土改第一线，及时发现和解决土改中可能发生的各种问题。中南区提出的口号是"大员上前线"，即县以上各级领导干部，人人出马，了解和掌握土改情况，指导土改工作。中南各省委、华南分局的主要负责人均亲临土改第一线，发现和解决土改中出现的问题。为了加强各级土地改革委员会之间的联系，中南各地建立电讯和电话的联络。各省也迅速架设了省与各专区、专区与县的直通电话。

与此同时，各地利用各种方式，广泛地宣传土地改革的必要性。1950年7月6日，华东军政委员会发布关于土地改革宣传的指示。指示规定：各级人民政府、人民团体、各机关、学校、部队，应立即有准备地、有计划地组织全体人员，对《中华人民共和国土地改革法》和刘少奇《关于土地改革问题的报告》进行学习；并应有准备地、有计划地组织对人民群众的土地改革宣传。湖南、湖北、江西三省各级人民政府和各级党委，各民主党派和人民团体，均分别发出指示和通知，要求组织学习和宣传

---

[1]《土地改革手册》，华东人民出版社1950年版，第227—228页。

《中华人民共和国土地改革法》。江西省各书店在一个月的时间里，就售出《中华人民共和国土地改革法》50万册。该省还组织各级学校的教师和青年学生4500多人，在暑假期间下乡进行了《中华人民共和国土地改革法》的学习和宣传活动，仅南昌市就有27所中小学校的教师、学生所组成的暑期下乡工作队，在该市附近农村进行《中华人民共和国土地改革法》的宣传。

要动员和组织千百万农民投入土地改革运动，宣传发动是极为重要的。但是，过去老区在土改运动中，一段时间没有很好地把握宣传的度，对运动的过程作某些不恰当的宣传，甚至将一些"左"的做法也当作经验在报刊上加以介绍，使原本在局部地区存在的"左"倾错误，如对地主"扫地出门"、随意打斗等做法，在更大的范围内蔓延开来，产生了不良后果。有鉴于此，在《中华人民共和国土地改革法》公布后，1950年8月，中共中央宣传部发出《关于土地改革宣传工作的指示》，要求对土改工作进行的状况，不要在报纸上多作宣传，要宣传的是旧土地制度的不合理性，地主阶级剥削压迫人民的残酷性，开展土地改革的必要性，以及某一地区土改工作的经验总结，而不要去宣传土改工作的实况。在已经完成土改和未进行土改的地区，也不必多宣传土改，以免引起党内外不必要的注意和纷扰。

各大区和各省全面发动土改之前，均进行了土改典型试验，然后再分批推进。土改典型试验是准备土地改革的一个重要步骤，目的是取得较成熟的经验，用以指导全区、全省土地改革工作。到1950年10月，湖南省共有47个典型试验乡，其中有8个是由省土地改革委员会与省农民协会直接领导的，其余由各专区的土改委员会和农民协会分别领导。典型试验乡分布在长沙、益阳、常德、邵阳、衡阳、零陵六个专区,包括滨湖、丘陵地、山地、老苏区、特种作物区和塘坝、水利较多的地区,以便了解有关土改的各种情况,取得在各种不同地区进行土改的经验。[1]据中共中央政策研究室的统计,到1950年11月初,华东已有700个典型试验乡完成了土改;中南区的湖北省这年10月开始进行33个乡的土改试验,此时已完成了3个;江西省8月份开始典型试验,此时也完成了3个;西北区的陕西省关中地区完成了10个乡的典型试验。

各地开展土改典型试验都得出一个共同的结论:充分发动群众是土改成功的关键。1950年11月,中南土地改革委员会曾对江西、湖南两省土地改革的试点工作进行了一次检查和总结,发现有20%的试验乡充分发动了广大农民,因而胜利地完成了土地改革;有30%的试验乡农民根本未发动起来,地主阶级的统治势力未被推翻,造成土地改革半生不熟的状态;另有50%的试验乡介于两者之间,即对农民已有初步的教育和发动,对封建势力也有一些打击和削弱,但工作还不很彻底。为此,中南土地改革委员会发出号召,要求所有土地改革工作队和所有土改工作干部,认真贯彻依靠贫雇农、团结中农的路线,把广大农民发动起来,提高农民的觉悟,开展农村中反封建的群众斗争。[2]

在开展土改典型试验的同时,各大区制定并颁布了《中华人民共和国土地改革法》的实施办法,对《中华人民共和国土地改

---

[1] 光军:《湖南土改典型试验即将完成 将取得成熟经验指导全省土改》,《人民日报》1950年10月19日。
[2] 《充分发动广大农民就能胜利完成土改——中南土改委员会总结土改办经验》,《人民日报》1950年12月20日。

革法》中的若干规定，根据本地区的实际，作了细化和具体化，增加了一些相关规定，从而使《中华人民共和国土地改革法》更具有可操作性。1951年3月，中共中央发出《关于划分农村阶级成分的补充规定（草案）》，以指导新区土改时正确划分农村阶级。补充规定着重对几种划阶级成分工作中不容易把握的问题，如小土地出租者、半地主式富农与地主的区别，中农与富农的区分等，作出了更为明确的规定。

各地农村在开展清匪反霸、减租退押斗争中，均建立了农民协会。农民协会在农村各项社会改革运动中，团结广大农民，与封建势力进行斗争，起了很大的作用。但由于一些地方不问具体条件，过早地建立农民协会，以及部分干部对组织农民协会有单纯完成任务的想法，在工作中片面追求数字，加之个别地主别有用心地组织假农民协会，使基层农民协会存在程度不同的成分不纯。据估计，中南地区约有20%以上的基层农民协会被地主封建势力所操纵。为此，各地在组织各级干部开展整风的同时，对农民协会也通过农民代表会议进行评功表（劳）模，开展批评与自我批评等方式进行整顿。经过整顿后，基层农民协会会员的阶级觉悟普遍有了提高。

新中国成立后，新解放区的土改是在国内和平的环境下，在经过清匪反霸、减租退押，对地主阶级已有一定打击的基础上进行的。与老区土改相比，地主阶级对土改的抵抗没有那么激烈。但是，土地改革毕竟是打倒地主阶级，它将使农民与地主的关系颠倒过来，长期受地主阶级压迫的农民将成为土地和农村社会生活的主人，因此，在土改中地主必然会采取各种方式进行抵抗。

在土改典型试点的乡村中，就发生了这种情况。曾为苏区的江西宁都县干部在登记地主的财产时，地主就登记干部的名字；曾是老游击区的江西上饶县的地主威胁农民说，"小心民国二十四年再来（指 1935 年红军长征后，国民党曾对根据地的农民进行残酷的反攻倒算）"；湖南常德县的地主说，"小心我放炮（意即欢迎国民党回来）"；也有地主曲解土改政策，他们对农民说，"毛主席说过，多划一个地主，多一个敌人"，要求群众划他为两个中农，说两个中农抵一个地主。

面对这种情况，一些参加土改工作的干部没有保持足够的警惕，认为现在全国是胜利的形势，地主阶级不会抵抗和搞破坏，他们会自动"投降"，会"守法"；也有干部认为现在地主已经是"纸老虎"了。江西省一个地委组织部部长说："日本投降了，蒋介石跑到了台湾，地主会守法，现在已无敌人了，只剩下一个敌人就是官僚主义。"在"和平土改"思想的支配下，他们不但不积极发动农民起来与地主开展斗争，而且遇到地主的抵抗破坏也不予打击。湖北武昌县的试点中，对一个曾压迫过群众、逃亡后又跑回来的大恶霸，也不敢发动斗争，理由是怕刺激其他地主。[1] 湖南长沙县、汉寿县的一些土改干部说："只要不出大乱子，和平分田就和平分田吧，包办一点没有关系，要是搞得不好出了偏差，不但分不了田，还得通报全国，真吃不消。"还说："现在前后都是政策，走一步路就要翻一下政策，放不开手只好规规矩矩和平分田。"[2]

---

[1]《中国的土地改革》编辑部、中国社会科学院经济研究所现代经济史组编：《中国土地改革史料选编》，国防大学出版社 1988 年版，第 691 页。
[2] 中国社会科学院、中央档案馆编：《中华人民共和国经济档案资料选编（1949—1952）：农业经济体制卷》，社会科学文献出版社 1992 年版，第 441 页。

针对干部中存在"和平土改"的思想，1950年12月1日，中共中央中南局发出《关于放手发动群众彻底完成土改计划的指示》，要求各地坚决贯彻依靠贫雇农团结中农的方针，广泛放手发动群众，打击地主的抵抗与破坏，充分认识"和平土改"思想的危害，立即纠正这种错误倾向，彻底完成土地改革。中共中央西南局机关报《新华日报》也发表社论，认为"和平分田"不能真正从政治上彻底打倒地主阶级，经济上的果实也不能巩固地保持。因此，所有参加土改的干部，必须充分认识土地改革是最后消灭地主阶级的斗争，斗争的规模必然是异常尖锐和复杂的，地主阶级特别是大地主和带有恶霸性质的地主不会甘心向农民低头，"和平土改"不过是一种有害的幻想，因而必须充分发动群众，并在斗争中启发和提高他们的阶级觉悟，掀起一个声势浩大的土地改革群众运动，彻底打倒地主阶级，使农民在政治上、经济上同时翻身。

二、扎根串连，发动群众

新解放区的土改，一般是经过发动群众、划分阶级、没收与征收、分配土地财物、土改复查等五个阶段。

土改工作队进村后，第一步就是发动群众。工作队成员大多来自外地，并不了解所到村庄的具体情况，要发动群众，必须有最初的依靠对象。土改是在清匪反霸、减租退押斗争后进行的，因而此时地主阶级已受到初步打击，摧毁了旧的基层保甲制度，普遍建立了农民协会，产生了一批乡村干部和群众积极分子。

当然，前一阶段的斗争具体到各个村庄发展也有不平衡，运动中的骨干和积极分子大多是有一定的政治觉悟、品质端正的贫雇农。但不可否认，在农会和基层干部中也混入了一些品质不好的"二流子"；有的人尽管是贫雇农出身但办法少、能力弱、工作方法简单粗暴；也有的带着某种个人目的参加了农民协会，当上了干部，但并未在斗争中提高觉悟，改造思想，因而自私自利，甚至庇护地主等。针对这种情况，工作队进村后，没有像老区土改平分土地时那样，将原来农民协会和基层干部一脚踢开，而是具体问题具体分析：对于那些表现较好者，仍旧将其作为依靠对象，吸收其参加土改斗争；对于那些虽然存在某些问题或犯有错误，但经过教育可以改正的农民协会和基层干部，采取团结、教育的态度，使其在土改斗争中提高觉悟、增加能力；对于少数混入农民协会与基层政权的坏分子，则坚决将其清除出去，以纯洁队伍。

随后，工作队一方面召开农民大会、农民代表会和各阶层座谈会，广泛宣传土地改革的必要性和重要意义。宣传的中心内容是："封建土地制度的不合理，地主靠剥削吃饭的不合理，（是）造成我们农民饥饿贫困的原因，农民要翻身就必须土改，土地原是农民的，土地要还家。"[1]另一方面，工作队深入群众之中，访贫问苦，扎根串连。扎根串连的对象不一定都是苦大仇深者，只要是劳动、贫苦、积极、正派的贫雇农均可作为对象。如果过分强调苦大仇深、历史清白，往往一个村庄找不到几个可以扎根串连的对象，反而使工作队孤立起来，使土改工作陷于冷冷清清

---

[1]广西省人民政府土地改革委员会编：《土地改革重要文选与经验汇编》中册，1953年编印，第374页。

的局面。

那么,扎根串连如何进行?试举一例:

湖南芷江县四区黄桑坪乡有576户,2626人,有田2337亩。这个乡土地虽然不甚集中,但过去封建势力比较强大,全乡当过土匪的有100多人,排长以上匪首10人,其中8个是地主。全乡参加过帮会、"三青团"(三民主义青年团的简称)、国民党的也有100多人。解放之后,经过剿匪、减租、反霸、镇压反革命的斗争,地主阶级受到了一定的打击,但他们并不甘心自己统治地位的丧失,采取打入农民协会、控制群众等手法,不断进行破坏活动。

黄桑坪乡境内的宝龙山上有座天王庙,由地主陈昌银、姚本芳掌握。他们利用这座庙宇,对群众进行欺骗、煽动和威吓。1950年解放军到这里进行重点剿匪,地主们散布谣言说:"解放军在这里只住两个月,要抽丁派款,共产共妻,拆散家庭,强迫公公与儿媳、母亲与儿子乱配,天王菩萨为了解救我们,和解放军打仗,衣服都打烂了,大家凑点钱给天王菩萨缝新袍套。"在地主的欺骗下,不少农民人心惶惶,不敢接近解放军。地主们还经常勾结附近的土匪进行烧、杀、抢劫,破坏社会秩序。经过剿匪、减租后,这里也成立了农民协会,地主就改变花样,把自己的人打入农民协会。地主姚本芳用8分田收买了一个姚姓农民,让他假装积极,入农民协会当上了主席,操纵农民协会。在反霸斗争以及划分阶级成分时,这个受地主指使的农民协会主席多方庇护地主。地主还使用美人计等手段拉拢农民协会干部。结果,乡农民协会的7个委员中,有5个直接或间接地被地主所掌控。

1951年11月24日,县里派来的土改工作队一行30多人来到了这个乡帮助土改。到乡里后,工作队首先从3个本乡的队员中了解到了一些情况,接着分组找根子,开展扎根串连。

工作队刚来时,不少贫雇农存在"和平土改"的思想。他们说:"恶霸地主已被镇压,地主都老实了,土改没有油水,确定一下地权就行了。"底层的一些贫雇农虽然迫切要求翻身,但存在怀疑、恐惧情绪,不敢接近工作队。中农表面上对土改漠不关心,但内心惧怕打乱平分。

工作队进行访贫问苦时,群众不敢说真话,听到的都是"搭帮(湖南方言,感谢之意)毛主席、共产党领导我们翻了身""过去受地主压迫剥削,今天毛主席、共产党领导我们搞土地改革,打垮了地主恶霸"之类空话,更深一层的话就听不到了。提到地主,群众只讲被镇压了的不讲活着的,只说别乡的不说本乡的,使工作队听不到真实情况。有些被地主拉拢了的农民协会小组长,争着将工作队员往自己家里拉,害怕工作队员住到贫苦农民家里去。当问及地主的情况时,他们说:"地主在反霸后都老实了。"

工作队的领导发现上述情形后,强调工作队员要与贫雇农实行同吃、同住、同劳动的"三同",扎下根子,做到"沉住气、不乱跑、扎下去"。

于是工作队员改变了做法,不是一般地在面上进行了解,而是深入到贫雇农中,同他们交朋友。

该乡六组有个叫李高富的农民,外号叫聋子,虽然最穷最苦,但为人正派。夫妻俩只有一个四岁的孩子,家里什么也没有,住在乡小学旁边一间连着厕所的破房子里。

工作队了解这一情况后,就派了队员郝全去访贫问苦。郝全到李家时，正巧李高富外出打短工没有回来，他的老婆吴氏正在做饭。郝全就帮她烧火，同她拉家常，但吴氏不理会。眼看天快黑了，吴氏问郝全："我们聋子犯了什么罪呀？你告诉我吧！他跑不掉的。"虽经郝全多方解释，但吴氏仍有很大的顾虑。

不久，李高富回来了。郝全问他："今天在哪里做工？"李高富正要答话，吴氏马上说："他是个聋子，听不见的。"

第二天，天下着雨。郝全又去了李高富家。屋子里漏得满地是水，李高富盖了一件蓑衣在睡觉，吴氏坐在火塘边双手撑着头在发闷，郝全进去了也不理睬。郝全很亲切地问她："有病吗？"吴氏不耐烦地回答说："有病，不能说话。"郝全就关切地说："不要紧，我们带有治头痛的药，我给你拿去。"

郝全拿来药后，又用开水冲好给了吴氏。吴氏被郝全感动了，态度有了好转，要郝全到火塘边去烤火，并叫醒了李高富，要他同郝全谈话。郝全问："为什么盖件蓑衣呢？"吴氏说："没有被子盖呀。"

于是，郝全就慢慢地引导吴氏诉苦。吴氏忍不住讲起了自己的苦楚：因为家里穷，没有饭吃，没有衣穿，没有被子盖，生了三个孩子，冻死饿死了两个，剩下的一个才四岁。父亲年纪大了，还要上山打柴，因为路滑从山上滚下摔死……说到伤心处，吴氏大声痛哭。接着，她又说出反霸以后她所知道的地主破坏活动的种种情形，还把丈夫也发动起来了。

工作队在深入发动群众中，还发现了地主的破坏活动。第八工作小组组长殷咏贤，让本地队员田大林去启发、培养根子对象姚本秀。可田大林总是马马虎虎的，不住姚家，每天都回自己家里去住，搞了四五天，什么结果也没有。于是，殷咏贤决定自己亲自去扎根串连，就与另外一个女队员一起去发动姚本秀。姚本秀开始很冷淡。第二天，两人就同姚本秀和她嫂子去劳动。经过一天的劳动，姚本秀对殷咏贤建立了信任，慢慢吐出了自己多年的苦水。自此之后，田大林也时常去姚家串门子。有一次，姚本秀正在谈自己的苦，看到田大林来了，马上转换了话题。殷咏贤注意到这一现象后，就将田大林调到另外一个小组。这时姚本秀说，田大林的父亲是恶霸地主姚本芳的狗腿子，还说出了田大林到县里开土改干部会回来后一连串的破坏行为。

工作队了解这个情况后，就将田大林及其他几个被地主利用的本地土改工作队员撤职，又逮捕了幕后指使的四个地主，并召集地主和当过土匪的人开会，号召他们悔过自新。这时，一些当过土匪和受过骗的村干部，也相继主动悔过坦白，揭露了地主的许多破坏活动，地主的阴谋基本上被打破了。

就这样，土改工作队各小组都扎下了"根子"，多的六七个人，少的三四个人。经过控诉地主过去的罪恶和现在的破坏活动，"根子"的觉悟有了进一步的提高。

扎下"根子"后，工作队又同他们讲"一个人的力量小，翻不了身""人多，主意多，办法多"的道理，启发"根子"与"根子"间碰头共同诉苦。通过"根子"碰头会，工作队掌握了地主的各种罪恶、剥削花样和破坏土改的活动。然后工作队又号召"根子"去找其他穷苦的贫雇农进行串连，并将串连的情况及时同工作队进行沟通。结果一个"根子"发动一连串的"根子"，"根子"的队伍也越来越大，多数成年的贫雇农都成了"根子"对象。在此基础上，工作队先召开全乡贫雇农代表会，接着又召开全乡贫雇农大会，控诉地主的罪恶，并改组原有的农会。由于多数贫雇农已经觉悟，黄桑坪乡的土改运动也就很快轰轰烈烈地开展起来。[1]

扎根串连、发动群众的过程，也是动员贫苦农民诉地主压迫剥削的苦，提高其阶级觉悟的过程。在充分发动群众的基础上，土改工作进入第二步——划分阶级。这是土改工作极为重要也是政策性极强的一步。只有正确地划分了阶级，才能既不至于扩大打击面，又能准确地将斗争矛头指向地主分子。

新解放区土改在划阶级时，一般经过"讲阶级""评阶级""通过阶级""批准阶级"四个步骤。

"讲阶级"，即广泛宣传中央人民政府政务院《关于划分农村阶级成分的决定》及其他有关文件，讲清各种阶级成分的定义、标准、界限等问题。

"评阶级"，即采取自报公议的办法，以村为单位召开农民大会、农民代表会民主评议。本人到会参加评定，亦可在会上参加申辩。

"通过阶级"，即由村农民协会委员会（吸收部分农民积极分子参加）对民主评议的结果进行集中审议通过。

"批准阶级"，即由乡人民政府将各村审议通过后的阶级评定报至区人民政府，由各区人民政府执行最后审批权限。

在"评阶级""通过阶级""批准阶级"的过程中，每个步骤的结果均予以张榜公布，即实行"三榜公布定案"。如果不同意对自己成分的划分，本人或其他人可于"批准阶级"后15日内

---

[1] 中共会同地委办公室：《芷江四区黄桑坪乡的土地改革运动》（1952年8月），见中共芷江县委党史资料征集办公室：《芷江土地改革》，1986年7月编印。

向县人民法庭提出申诉,经人民法庭判决处理。[1]

划阶级关系到土改工作的好坏,各地对这一工作均极为重视,广东梅县在土改试点中,特别强调划阶级必须掌握如下几点:

(一)斗争前开小组会,由苦主控诉地主罪恶,加深群众了解,提高认识,统一意志,集中火力(即做到群众性划阶级),正确研究敌情和地主自报材料,根据不同对象,作不同的周密部署,才能进行彻底的战斗。

(二)要艰苦地发动后进。因为婢女、长工最懂得地主底细,斗争起来才会有力;发动亲房可陷敌人于众叛亲离的境地。这样,敌人就可赤裸裸地暴露在射程中无法抵抗,只好低头认罪。

(三)培养典型苦主,充分暴露敌人罪行,并应抓住地主突出罪行,尽量揭露,激发群众斗争情绪,去调动群众,形成斗争热潮。

(四)斗争全过程应由主席团主持布置,斗争前工作队(组)应协助帮助他们开战前会议,讨论如何适当分工,指挥战斗,会议进行中应放手让主席团领导,让他们积极活动起来,力戒背后牵线的"明不包暗包"的作风。

(五)每组先划一两个典型户,总结经验,教育干部和群众,然后分村进行,布置一个、划一个、总结一个,这样展开对提高干部群众的认识和能力均有很大作用。[2]

---

[1]中共垫江县委党史研究室编:《桂溪春潮》,1991年编印,第104—105页。
[2]中共梅州市委党史研究室编:《从清匪反霸到土地改革》,1999年编印,第268页。

在划阶级中，一般是先以地主作为评阶级的对象。采取的办法同样也是地主先在村民大会上进行自报，然后由群众评议。自报的内容包括报成分、报财产、报剥削、报有无劳动等。地主在自报中总是要想方设法地降低自己的成分，于是就以隐瞒或少报财产、不承认有剥削、强调自己也劳动等方法，来掩盖自己的真实成分。所以在评定地主成分的过程中，必然要对地主开展必要的斗争。

广西柳城县大埔区六休屯在经过上级派来的土改工作队扎根串连，发动群众后，决定召开一次斗争本屯地主杨朝达的群众大会。

斗争大会之前，工作队已经通过访贫问苦，掌握了杨朝达的基本情况。大会前一天，工作队又组织基本群众进行"八摸、八追"的准备工作。所谓"八摸"，就是土改工作队先摸清地主的占有、剥削、劳动、成分、武器、分散（财物）、造谣破坏、政治罪恶的情况；"八追"就是在斗争会上要地主就上述八个方面的问题自己报出来。

为了开好斗争大会，工作队又在前一天晚上召开全屯群众大会，就划分阶级等问题进行布置，说明划阶级的意义及阶级如何划法，强调划阶级时应打消各阶层的思想顾虑，农民团结一致斗争地主的重要性。大会之后，群众又开小组会，再次对地主进行"八摸"，讨论明天的斗争准备。

1952年3月24日，六休屯斗争地主杨朝达的群众大会开始了。到会的除了本屯的农民外，附近各屯也有许多农民赶来参加。

杨朝达夫妇被拉来后，工作队一开始要他"八报"。

首先是报剥削。杨朝达说："我没有理事，（剥削的事）我不知道。"

一个群众说："你没有理事，我借你的谷子是不是你亲自来称的？"

另一个群众接着说："你收租收息为什么说没理事呢？"

杨说："是我仔叫我来称的呀！我剥削几多，我懵了，我实在记不清楚呀！"

群众问："你今年几多岁了？"

杨答："我六十四岁了。"

群众又问："还有哪个欠过你的谷子，欠几多，你说说看。"

杨答："杨二贵还欠我九担没有还！"

没想到狡猾的地主一下中了农民的计。大家便你一言我一语地说："你不说你懵了吗？别人欠你的，为什么还记得这样清楚！""你的岁数，为什么也记得，你懵个屁！""你剥削人太多了，所以你记不得了，是不是？"

群众又问杨朝达："你的田从哪里来的？"

杨答："从我老子那里分来的。"

"你老子分这样多给你吗？"

"没有这样多，有些是我买的。"

"哪来的钱买的？"

"靠剥削来的钱呀！"

"你为什么剥削人？"

"大家还不是一样么，那是从前的潮流！"

"现在还敢不敢剥削人？"

"早就不敢了。"

"从前为什么敢?现在为什么不敢,那是谁给你撑腰?你说!"

杨朝达不说话。群众问他:"是不是国民党替你撑腰?"杨朝达点点头,仍是不语。

群众又要杨朝达报劳动。杨朝达说他家有四个劳动力。群众问他什么叫劳动,他说天天出去累就叫劳动。结果招来群众一顿讥讽。

群众接着要杨朝达报成分,他说:"你们说我是什么成分,就是什么成分吧。"群众说:"要你自己说,自己承认!"杨朝达就说:"我是劳动地主。"

群众听了他的话,忍不住大笑,杨朝达自己也笑了。有人叫他别笑,他说:"笑都不许我笑。"

最后杨朝达只得承认自己是地主,但心里不服气。嘴里嘟哝着:"我生不逢时,没奈何,只好当地主了。"[1]

三、分配果实

在划定阶级成分后,接下来就进入了没收、征收阶段。所谓没收,是指没收地主阶级的土地、耕畜、农具、多余粮食及其在农村中的多余房屋(后四项又称"四大财产");所谓征收,是指征收半封建性富农出租土地。通过没收、征收,从经济上彻底废除封建剥削制度,消灭地主阶级的经济基础。

没收、征收工作一般是在乡农民协会的统一领导下,设立没

---

[1]《阳翰笙日记选》,四川文艺出版社1985年版,第559—561页。

收征收委员会，由乡农民协会主席任委员会主任，下设土地、房屋、耕牛、农具等若干组，具体负责没收工作，并选定公道正派、认真负责的贫雇农负责没收征收财物的保管。

为了防止没收征收中出现有人贪污多占、包庇地主等现象，各地对此都作了明确的政策规定和纪律约束，提出要做到"六要""四不要"。"六要"是要土地，要耕畜，要农具，要多余的粮食，要多余的房屋与家具，要田地房屋契约；"四不要"是不要乱抓、乱罚、乱打，不要底财浮财，不要扫地出门，不要侵犯工商业。[1]显然，这"四不要"是吸取老解放区土改的经验教训而提出来的，它对于保证新解放区土改不重犯"左"的错误起了重要作用。

没收的范围，各地则根据《中华人民共和国土地改革法》作出明确规定。中南军政委员会在关于土地改革法实施办法中，就作了这样的规定：

——应没收的地主的土地，包括地主的田、地、山以及与之相连的塘、堰、堤与各种林木等，但地主的坟地及坟地上的林木，一律不没收。地主家庭中有常年参加主要农业劳动的，其自己耕作的部分土地，基本上予以保留。

——应没收的地主的耕畜，是指地主所有用于农业耕作以及用以收取租金为目的出租于农民的牛、马、驴、骡等。地主与农民合养的耕畜，属于地主所有的部分没收。至于其他全部或主要用于运输业、手工业、作坊，或系以经营畜牧业，或以贩卖为目的之耕畜，则不在没收之列。

---

[1] 杜润生：《中国的土地改革》，当代中国出版社 1996 年版，第 398 页。

——应没收的地主的农具，是指地主用于农业生产的各种工具，但地主所有的抽水机等进步的农业生产设备以及碾米机、轧花机、织布机等副业和手工业生产工具，则予以保留，不应没收。

——应没收的多余的粮食，是指地主所有的粮食中扣除应减租粮、应缴公粮，及按当地农民生活水准留给地主全家至下季收获以前所需口粮以外多余的粮食。其收租及雇人耕种所得的各种经济作物，均应折合为主要粮食计算，除留其所必需者外，亦随粮食没收。

——应没收的多余的房屋，是指地主原住房屋中，留下足够本人与家属居住以外的其余在农村的房屋（也包括在集镇中适合于农民居住的房屋）及房屋中的谷仓、家具等。地主为建筑房屋并非直接用于工商业的砖瓦木石等以及所有的谷场、田寮、山寮、牛栏等，也一并没收。

除了上述已有明确规定者外，地主其他财物不予没收。

将地主的土地和耕畜、农具、多余的粮食及房屋没收，及将半封建性富农的出租土地征收后，土改进入分配果实阶段。分配的果实由两大部分构成：一是没收与征收的土地，二是没收的地主的耕畜、农具、多余的粮食和房屋。

土地分配的办法是以乡为单位，将全乡应没收、征收的土地与应分土地户的原有土地相加计算，求出每人应分土地的标准，然后在各户原耕的基础上，按照抽多补少、抽肥补瘦原则，予以分配。

在分配土地之前，必须进行田亩和产量的核实，否则就无法进行抽多补少、抽肥补瘦。地亩、产量的核实，自然不能逐户逐地去丈量，那样的话，不但烦琐，也难以算清楚。一般是采取按自然村为单位组成农民小组，以自报公议的办法登记。在出现争执时，派人去实地查验；争执不下时，再进行田亩丈量。在此基础上，由农民协会张榜公布，如有不同意见，准予农民控诉更改。

田亩和产量的核实之后，着手进行土地分配。不论是抽出还是补进，分配的方式都是自报公议。自报公议以农民小组为单位，进行自报和讨论。在这个过程中要求进行"三看"（看东西，看自己，看别人）、"三比"（比穷，比苦，比需要），小组自报通过后张榜公布。接着在全村大会（大的村分成若干组）上再次自报和评定，然后再张榜公布。公布无异议后，进行抽多补少、抽肥补瘦。

对于被没收的地主耕畜、农具、多余的粮食和房屋等"四大财产"的分配，则根据没收得到的财物的多少，以及农民对这些财物的缺乏程度，按"填坑补缺"的原则进行。具体办法是缺啥补啥，缺多补多，缺少补少，不缺不补，首先满足贫苦农民的要求。耕畜随田地分配，但一头耕畜最多只能分给四户，并由一户饲养，草料分摊，共同使用；农具随耕畜分配，水车、石磨等大农具不宜分给个人，分给几家共同使用，小型农具按"缺啥补啥"原则分配；粮食以户为单位按人口分配，并优先分给无粮或缺粮的贫雇农；房屋按"先无后缺"原则，先分给无房的贫雇农和贫苦的军烈属，如有多余再分给缺房户。[1]

新解放区各地的土改在经过上述几个阶段后，进入最后一个

---

[1] 杜润生：《中国的土地改革》，当代中国出版社1996年版，第411—413页。

环节——土改复查。

之所以要复查,主要是土改运动"像暴风雨一样地猛烈迅速,往往是几个月的时间就完成一次大革命;正因为运动进展迅速,就不可避免地有粗糙现象。敌人基本被打倒了,但残余的敌人尚未肃清;打倒了的敌人,还来不及分别发落,在运动中错打了自己人的,也还没有来得及做补救工作;特别是群众的思想觉悟程度和组织程度,还有一定限制,在若干地区还不足以巩固住已得的胜利"[1]。

一般来说,已经进行土地改革的农村,分为三种类型:一是群众已充分发动,地主阶级已比较彻底地被打倒,广大农民已有相当的觉悟,贫雇农的要求基本得到满足,乡村中各种组织的领导成分比较纯洁;二是地主阶级基本被打倒,田地分配已无大的问题,农民的经济要求大体得到满足,乡村组织的领导成分亦大体纯洁,但还有个别恶霸、地主漏网,地主财产没收还不彻底,果实分配有不公现象,少数贫雇农的生产还有困难;三是在实行土地改革中虽然也进行了一些斗争,但群众没有充分发动,封建势力尚未摧毁,打击了一般的中小地主,但实际当权的地主并未打倒,而富农受到打击,中农受到侵害,贫雇农的要求未得到满足,乡村组织领导严重不纯。这三种类型大约各占1/3左右。因此,在划分农村阶级成分、没收地主土地财产并进行分配之后,必须经过一个土改复查阶段,以解决前一阶段遗留下来还没有解决好的问题,以彻底完成土地改革的任务。

当时,已经进行过土改的地区,存在的问题主要有:

---

[1]《全面结束土地改革的工作既须做完又须做好》,《长江日报》1952年12月9日。

一是不法地主向农民反攻倒算。土地改革后,大部分地主政治上较为老实,但有的地主分子不甘心于被打倒,对共产党和新政权不满,仇视土改积极分子和基层干部。川东区垫江县长安乡元峰村曾当过土匪的地主朱定中威胁干部说:"你们都会搞哟,把老子搞得一干二净,总要搞死几个摆起嘛!"该县董砚乡白龙村地主范金成被公安局释放回来后,公开叫嚣:"不怕你们(农民协会)办,老子还是回来了。总有一天你们要倒霉嘛!"长安乡还有一地主分子,多次将一名民兵的家畜、家禽整死,最后竟将其小孩杀害。[1]据川北区10个县141个乡的统计,在12710户地主中,有各种反攻倒算行为者有1994户,约占地主总户数的15%。[2]皖南区宣城县葛林村一地主,勾结民兵队长向一贫农索要700多斤稻债,该农民交不出,前者就强拿了后者20多斤猪肉抵了债。该区太平县黄金村一个地主被斗后不服气地说:"我们是大石板,农民是蚂蚁子,不怕他多。我们这石板,蚂蚁总搬不动。"[3]

二是农村基层组织存在不纯。据对中南区湖北武昌县锦绣乡、湖南长沙县樊塘乡、江西南昌县小蓝乡、广东惠阳县沥林乡、广西宾阳县大林乡的典型调查,这5个乡干部总体状况是好的,80%以上的乡村干部是劳动农民出身,但也存在一些问题。从其政治表现上看,斗争坚决,工作积极,作风正派的占25%;斗争坚决,

---

[1] 中共垫江县委党史研究室:《桂溪春潮——垫江县土地改革运动》,1991年编印,第136页。

[2] 杜润生:《中国的土地改革》,当代中国出版社1996年版,第415页。

[3] 皖南区农民协会统筹会:《关于目前已土改地区地主阴谋活动及进行反攻的材料一束》,1951年3月1日。

工作积极,但作风不好,脱离群众的占35%;本质好,但土改后松劲者占29%。此外,历史复杂,丧失立场,包庇地主者占11%,其中有些人是被地主"派进来"或"拉出去"的。[1]

三是错划和漏划阶级成分。在这两种情况中,错划是主要的。据江西省委的估计,土改中划错成分而被打击者在被打击者中约占15%,多者占30%。主要是将一些小土地出租者、半封建性富农和富农错划为地主。江西有个地方错误地提出"斗争中农以上有恶迹者",甚至将给地主抬过三次轿子的贫农也给斗了。[2]贵州省平越县三江乡1234户中,被错划的有139户,约占11.3%,其中主要是把82户贫农划成中农。川北区遂宁县对7个村的调查,除贫雇农之间错划不计外,共错划了18户,其中主要是把地主、小土地出租者错划成中农、富农,也有把富农错划成地主,把中农错划成富农的。[3]

此外,还存在果实分配不公,公地留得过多,干部贪污多占等问题。

土改复查一般都在土地分配之后进行。复查主要是针对上述问题而进行。

首先,坚决打退不法地主的反攻倒算,对逃亡漏网地主依法进行没收处理。对于反攻倒算的地主,按其性质分别处理:凡讽

---

[1] 中国社会科学院、中央档案馆编:《1949—1952 中华人民共和国经济档案资料选编:农村经济体制卷》,社会科学文献出版社1992年版,第375页。

[2] 中国社会科学院、中央档案馆编:《1949—1952 中华人民共和国经济档案资料选编:农村经济体制卷》,社会科学文献出版社1992年版,第377页。

[3] 中国社会科学院、中央档案馆编:《1949—1952 中华人民共和国经济档案资料选编:农村经济体制卷》,社会科学文献出版社1992年版,第377—378页。

刺威胁农民的，进行说理斗争；向农民夺田夺屋的，对其进行斗争，并令其退还农民；对企图篡夺政权，放火、放毒，发展反动组织图谋不轨的，依法惩办，严加镇压。对于已依法进行没收并低头安分没有不法行为的地主，则不再斗争。在斗争反攻倒算的地主时，锋芒主要是针对少数恶霸地主或大地主中的严重违法者。其中有杀人放火等严重倒算行为，民愤较大的地主，在由群众面对面斗争清算后交人民法庭依法惩处；对有重大劣迹的逃亡漏网地主，由群众配合公安部门缉拿归案，并依法没收其土地财产。

其次，整顿农村基层组织。1951年4月，中共中央作出整顿党的基层组织的决定，开始新中国成立后的首次整党运动。结合这次整党运动，各地在农村干部中进行了整风，以改进干部的工作作风，同时集训农村干部，在集训中对他们进行思想教育，开展批评与自我批评，动员其主动暴露思想，交代问题，改正缺点错误。对犯有错误的干部除少数不可救药者外，凡愿意改正者保留干部地位，均给予改过立功机会。有的地方还制定了乡村干部守则，要求农村干部自觉遵守。

最后，纠正错划和漏划的阶级成分。因为错划成分是主要的，所以各地在复查中严格控制地主户口的比例，如中南土改委员会规定：以区为单位，地主户口一般只能占4%；对于因有政治劣迹、犯有罪恶或有过大债利剥削的富农、伪官吏、伪军官等，只在政治上予以斗争和经济上勒令赔偿或清理债务，在成分上不将其划为地主或以地主对待。[1] 对于错划为地主者，查出并

---

[1] 中国社会科学院、中央档案馆编：《1949—1952中华人民共和国经济档案资料选编：农村经济体制卷》，社会科学文献出版社1992年版，第390页。

经群众讨论后，在群众大会上公开宣布摘掉地主帽子，其财产已没收尚未分配者，退还原物，已分给农民者原则上不再变动，由剩余或新没收的财产中适当退补，无力退补时，在负担上给予照顾。对退出财产的农民，从另外的财产予以补偿。[1] 对于贫农、中农被错划为小土地出租者，坚决予以改正，农民之间的成分一般不普查，但明显划错了的也予以改正。

漏网的地主查实后，其土地予以没收，其房屋、耕畜、农具、粮食亦按土地改革法的规定予以没收分配。但除留给地主应分的一部分外，如上述财产所余不多，则不没收，并一律不得对其追索、赔偿和斗争。

对于果实分配不公的问题，采取的办法主要是对尚未分配的果实迅速公平合理地加以分配，不准有积压，所留的机动田一律不得超过《中华人民共和国土地改革法》规定的1%。干部贪污多占的果实，所得不多者，批评教育后不予追究；数额较大且为群众不满者，说服其拿出重新分配；至于个别情节严重者，除退出多占的果实外，还要向群众承认错误并给予适当处分。

经过复查解决土改中的遗留问题后，农民新分的土地及原有的土地，一律由县人民政府颁发土地证，确定地权。土地改革后分给地主的房产，也发给所有证。在发新证前，土地改革以前的土地契约，一律作废并予缴销。

土地证以户为单位填发，开列该户全体成员的姓名，以此表明该项土地房产，为该户成员共同所有。至此，已完成了土地改革的全部步骤，该村（或该地区）的土改结束。

---

[1] 杜润生：《中国的土地改革》，当代中国出版社1996年版，第419页。

四、土地改革的完成

在新解放区土地改革之前，中共中央和中央人民政府在征求各地意见的基础上，曾提出了一个大体计划，即从 1950 年冬季起，在两年半到三年的时间里，基本上完成全国的土地改革。

当时，中国大陆约有 1.45 亿农业人口的地区完成了土地改革，尚有 2.64 亿农业人口的地区土改还没有进行。计划从 1950 年冬季开始在 1 亿农业人口的地区进行土改，其中华东约 3500 万至 4000 万人，中南约 4700 万至 5600 万人，西北约 800 万人。其余的 1.64 亿农业人口的地区，则计划大部分在 1951 年秋后进行土改，小部分在 1952 年秋天进行土改。剩下的一小部分地区，即约 2000 万农业人口的西南、西北少数民族地区，则根据各地的具体情况再作决定。[1]

1950 年 11 月，鉴于朝鲜战争爆发后国内外政治形势出现变化，尤其是土匪和反革命分子一时活动猖獗，需要迅速稳定社会秩序和动员广大翻身农民参加抗美援朝，中共中央和毛泽东决定加速进行土改，所以新区土改实际完成时间比原计划有所提前。

由于各地解放的时间早晚不同，社会经济发展也不平衡，因此，各解放区进行土改的时间及进度也不完全相同。

华东地区是各新解放区中较早基本完成土改任务的地区。

华东全区约 1.5 亿农业人口，其中约有老区 4500 万农业人口在新中国成立前就已经完成土改，没有进行土改的新区约有 7000 万农业人口。

---

[1] 杜润生：《中国的土地改革》，当代中国出版社 1996 年版，第 344 页。

1950年7月,华东军政委员会决定,华东新区的土改分两期进行。第一期从1950年冬至1951年春,在约有4700万人口的地区进行土改;其余的2000多万农业人口的地区作为第二期,在1951年秋后进行。1950年12月,华东局作出《关于提早完成土地改革的指示》,认为华东地区地处国防前线,帝国主义、国民党残余势力尚未完成肃清,只有迅速完成土改,才能巩固已有的胜利,并更有利地应对可能出现的新情况。同时也认为广大群众迫切要求土改,大部分县以上干部也已从土改典型试验中取得了经验,为短期内和较大范围内完成土改准备了条件。为此,华东局决定除福建部分地区和皖北的重灾区外,华东其他地区应于1951年4月前基本完成土改任务。

到1951年4月,华东全区已完成土改的乡有35636个,占全区43394个乡的82.1%。其中山东完成99%,苏北完成98%,苏南完成100%,浙江完成89.5%,福建完成39.5%,皖北完成47.4%,皖南完成98.1%,如期完成了预定的土改任务。[1] 到1952年5月,华东全境的土改任务全部完成。

中南大区包括河南、湖北、湖南、江西、广东、广西各省,除河南、湖北部分地方外,解放的时间相对较晚,是各新解放区中土地改革人口最多的地区。全区1.53亿农业人口中,只有河南约有1600万农业人口在《中华人民共和国土地改革法》颁布前已完成了土改。

1950年9月,中南军政委员会召开第二次会议,决定中南地区的土改分三期进行。第一期从1950年秋到1951年春,在5000

---

[1] 杜润生:《中国的土地改革》,当代中国出版社1996年版,第356页。

万农业人口的地区完成土改；第二期从1951年夏至1952年春，再完成5000万农业人口地区的土改；第三期从1952年夏到1952年底，完成除黎、瑶、苗、侗等少数民族地区以外的其他地区的土改。

中南各省的土改试点从1950年8月开始，准备进行土改的每个县都选定了一两个乡作为试点。同年11月，中共中央中南局发现有相当多的土改试点乡工作开展得不好，干部存在"和平土改"的倾向，群众没有发动起来。为了改变这种状况，中共中央中南局于12月初发出《关于放手发动群众彻底完成土改计划的指示》，并从局机关和中南军政委员会机关抽调了1500名干部到湖南的岳阳县和广东的英德县、曲江县帮助开展土改，使运动很快走上了正轨。

1951年4月，中南地区5000万农业人口地区的土改按计划完成，并及时转入农业生产。1951年夏到1952年春，中南地区进入第二期土改阶段。在第一期土改经验的基础上，中共中央中南局和中南军政委员会提出了"深入工作、深入斗争"的指导方针，要求各地在土改中改进干部作风，广泛发动群众。各级干部也深入土改第一线，了解情况，创造典型，从而顺利地完成了第二期5000万农业人口地区的土改。1952年夏，中南地区第三期土改主要是在广西、广东两省展开。到1952年底，又完成了2000万农业人口地区的土改。至此，中南全区除少数民族地区外的全部农村已完成了土地改革。

作为解放最晚的地区，西南地区的土改是从1950年11月开始的。当时，西南地区总人口有8400多万（西藏未计算在内），只有川北的通江、南江、巴中等地在第二次国内革命战争时期

（这些地方是川陕革命根据地的一部分）曾开展过土地革命外（后被国民党重新占据），其余的地方全是新解放区。同时，西南地区的土地又高度集中，其中又以四川土地集中程度为全国之最。占农村人口3%—4%的地主，占有60%—70%的土地。许多农民无房无地，此种情形在川西平原及成渝两地附近更加突出。据当时的调查，重庆市十区十八保，地主占有土地占总数的95%。成都市附近的华阳县（1965年撤销，并入双流县）白家乡，97户地主占有土地约1.7万亩，平均每户176亩，而3000户中农及贫农每户平均仅有土地0.4亩。大邑县安仁乡大地主刘文彩占有土地1.2万亩，拥有庄园28处。

西南地区的土改分三期进行。第一期在清匪反霸、减租退押运动完成得较好的地区进行，从1951年1、2月开始，到4、5月结束。共有17个完整县、37个县的一部分乡及重庆、万县、南充3个市郊区，共计1512个乡、1317万农业人口完成土改，占西南区总人口的15.61%。第二期土改于1951年5、6月开始，10月结束，完成土改的农业人口有2400万人，占西南地区总人口的27%。第三期1951年11月开始，1952年5月结束，共计有3700万农业人口的地区完成了土改，占全区总人口的41%。也就是说，到此时，西南全区除少数民族地区外，其余的地区都完成了土地改革。

西北地区约有3000万农业人口，其中原陕甘宁边区及毗邻的地区在《中华人民共和国土地改革法》出台前，作为老解放区或半老解放区，已有450万农业人口的地区完成了土改，尚有2500万农业人口的新区需要进行土改。西北地区的土改分两期进行。1950年秋到次年春为第一期，完成了700万农业人口地区的土改；第二期从 1951 年秋到 1952 年春，完成了 1500 万农业人口地区的土改。到 1952 年底，西北全区除新疆和青海、甘肃的藏族居住区未进行土改外，其余地区的土改均已完成。

围绕党员可否雇工问题的不同意见

新中国成立之时，由于在土地改革中采取保存富农经济的政策，因而在消灭封建地主阶级的同时，农村还有一个带有剥削性的特殊社会阶层——富农，而一些解放较早的地区土地改革后农村社会阶层的最大变化，就是大量的贫雇农经济地位上升而成为中农，一部分条件较好的中农开始雇工有演变为新富农的趋势。1950年初，时任中共中央书记处书记的刘少奇与中共中央东北局书记的高岗之间，围绕是否允许富农经济发展、党员能不能雇工等问题有过不同的意见，笔者拟就此作简要的回顾。

一、背 景

1946年5月4日，在全面内战即将爆发之际，为了组织和动员广大农民保卫解放区，支持革命战争，中共中央发出《五四指示》，标志着中国共产党的土地政策实现了从减租减息到实行"耕者有其田"的转变。随后，以没收封建地主阶级的土地分给农民为主要特征的土地改革运动，在各解放区广泛展开。土地改革对于组织动员农民、实现乡村社会的改造，起到了十分重要的作用。

东北曾是中国共产党在抗战胜利后全力争取并重点经营的地

区，当时举全党之力建立和巩固东北根据地。1945年12月28日，毛泽东为中共中央起草的《建立巩固的东北根据地》的党内指示中，曾明确指出："我党必须给东北人民以看得见的物质利益，群众才会拥护我们，反对国民党的进攻。否则，群众分不清国民党和共产党的优劣，可能一时接受国民党的欺骗宣传，甚至反对我党，造成我们在东北非常不利的形势。"[1]虽然就全国而言，东北是城市化最高的地区，但总的来说，东北的大部分人口是农民，要给东北人民看得见的物质利益，最重要的就是解决广大农民的土地问题。因此，1946年和1947年，东北地区进行了轰轰烈烈的土地改革，解决了东北广大农民的土地问题。土地改革使东北农民分清了国民党与共产党的优劣，大批的翻身农民参加东北民主联军（一开始称"东北人民自治军"，随后改称"东北民主联军"，1948年1月改称"东北人民解放军"）。1945年底，东北民主联军总兵力为27.49万人，到1947年11月，达到了73万人，而同期国民党在东北的总兵力为58万人，成为第一个在总兵力上超过国民党军的战略区。到1948年辽沈战役前夕，东北人民解放军中，野战军已经达到70余万人，另有地方武装及二线补充兵团33万人，总兵力达到了103万人，因此战略决战也在东北率先展开。1948年11月，辽沈战役结束，东北全境解放，成为各大战略区中第一个全境解放的地区，因而在新中国成立前东北地区就基本上完成了土地改革。

东北地大物博，人均土地占有量多，因而土地改革后农民经济生活大部分得以改善，有余粮者大量增加。据东北各地典型村

---

[1]《毛泽东选集》第四卷，人民出版社1991年版，第1180—1181页。

的调查，1950年的农业产量已经超过了土改前的最高产量。如黑龙江省白城县（1954年划归吉林省）的胜利、新发、新立三个村，总产量超过了1943年的22%。单位产量绝大部分村屯也都超过了1943年的水平。辽东省凤城县的小堡屯，单位产量超过了1943年的37.5%。吉林省榆树县的解放村有536户，土地1217.75垧，1950年有余粮1046680斤，占总产量的47%，其中余粮100担以上者有两家，40—50担者有10家，20—30担者20家，10担左右者178家，3—5担者268家。此外，农民的购买力也有了很大的增加，以辽东省清原县四道碱场村为例，按照1948年当地农民的购买力为100来计算，1949年则为175.2，1950年增加到207.4。[1]

土地改革后，东北的农业生产得到恢复发展和农民生活得以改善的同时，一些新的情况和问题也随之出现。

一是农村阶级关系出现新的变化。通过土地改革，农民不但获得了土地的使用权，而且取得了土地的所有权。1947年9月全国土地会议通过的《中国土地法大纲》明确规定：废除封建土地所有权，实行耕者有其田，"由政府发给土地所有证，并承认其自由经营、买卖及在特定条件下出租的权利"。1950年6月，中央人民政府通过的《中华人民共和国土地改革法》第三十条也规定："土地改革完成后，由人民政府发给土地所有证，并承认一切土地所有者自由经营、买卖及出租其土地的权利。"这就是说，土地改革完成后，土地买卖和出租是合法的。

---

[1] 史敬棠等编：《中国农业合作化运动史料》下册，生活·读书·新知三联书店1959年版，第264—265页。

虽然经过土地改革（主要是以乡或相当于乡的行政村为单位，在原有耕地的基础上，按土地数量、质量及其位置远近，用抽多补少、抽肥补瘦进行调整的方法按人口统一分配），同一乡村每个农民获得数量大体相同的土地，但每户农民的劳动能力、经营水平、农业技术和勤劳程度各不相同，其收入水平也必然会有差异，这就不可避免地造成贫富的分化。同时，由于我国广大农村处于分散的小农经济状态，生产力水平低下，农民抗拒天灾人祸的能力十分脆弱，当时农村又基本没有社会保障和社会救助体系，部分农民在遇到天灾人祸或其他情况需要较大数额的现金支出时，出售土地成为不得已却又是唯一可行的救急方式，而另一部分经济条件较好的农民也会将购置土地作为财产保值增值的重要方式。这种情况又势必产生富者买地贫者卖地的现象，导致农村的阶级关系出现新的分化。

据中共中央东北局政策研究室1950年底对黑龙江省白城县三个村的调查，中农已占三个村总户数的63.8%，占总人口的67.3%，占总劳力的69.5%，占总畜力的87.5%，占总土地的75.7%。由此可以看出，中农已成为农民的主体，在农业生产中起到了重要作用。与此同时，农村的土地买卖和雇用现象也已经发生，如吉林省舒兰县的天德区，1950年共出卖土地14.67垧，其中雇农出卖土地占73.2%，贫农占12.3%，中农占15.5%。卖地的原因很多，有回关内的，有缺少生产资料无力耕种的，也有卖坏地换好地的。农村的新富农也开始产生，如被调查的吉林舒兰县的三个村中，已出现了4户新富农，占总户数581户的0.5%。[1]

土地集中和贫富分化苗头的出现，使人们不得不思考这样一个问题：农村在打倒封建地主阶级之后，会不会出现一个新的剥削阶级？贫农中农化的结果，将会有一部分富裕中农富农化，出现新富农，是允许其发展还是限制其发展，是土地改革后面临的新问题。

二是互助组如何继续发展。东北农村原来就有插犋（指两家或几家农户合用牲口、农具，共同耕种）换工的习惯，1946年3月，中共中央东北局就发出《关于开展生产运动的指示》，要求善于根据当地人民的习惯和需要，发展劳力互助运动，提倡和鼓励农民互相学习，互相帮助，采用"换工""搭牛具"及各种适当形式，组织人力和畜力的合作互助，以提高东北农村的生产力。土地改革后，在东北局及各级党政组织的扶植下，东北的互助合作运动迅速发展，据松江省（1954年6月撤销，与黑龙江省合并）呼兰县1947年6月的统计，全县10个区共41440户，225906人，其中参加互助组的户数达36966户，139104人。到全国解放时，东北农村的农民基本上已被组织起来参加各种形式的互助合作。

解放战争时期解放区互助合作之所以取得较大发展，除了中共各级组织的大力倡导之外，一个重要原因是繁重的战勤负担，使得解放区特别是老区、半老区的大批劳动力或参军或作为民工支前，在家从事生产劳动者减少，许多家庭因此无力进行正常的农业生产，需要组织起来互相帮助。同时，土地改革对于地主的

---

[1] 中央农业部计划司编：《两年来的中国农村经济调查汇编》，中华书局1952年版，第11—12页。

土地和其他主要生产资料基本上是按人口平均分配，于是难免出现数户人家共分一匹马、一头牛的情况，翻身农民得到了土地但其他生产资料不足，这客观上也促成了农民间的联合。但是，新中国成立后随着战争的结束，农民的战勤负担大为减少，农村劳动力增多，而且土地改革后相当多的农民经过自身的努力，生产条件有了较大改善，这也使农民互助合作的积极性下降。因此，东北地区的互助合作也面临新的情况和问题。

中共中央东北局政策研究室在对黑龙江、吉林、松江和辽东（1954年6月与辽西省合并成辽宁省）4个省10个县16个村屯调查后发现，1950年换工互助虽也有发展，但单干户也在增加。黑龙江省呼兰县腰堡村，1949年到1950年常年换工组由3组增加到6组，但种完地就散者由2组增加到3组，单干户由5家增加到7家。该省肇州县何金屯38户，1948年组织起来的有37户，1949年为35户，1950年为31户。东北不少地区"对互助组的领导未能根据新的情况提出新的内容，因而产生了很普遍的松懈的现象"[1]。同时，在农民群众中少数经济上升比较快的要求买马拴车，其中许多人要求单干，他们对单干、对旧式富农感兴趣，"对组织起来苦恼"。他们说："这个国家好，就是组织起来不好。""共产没啥意思，地也没一个干净不埋汰的。"他们认为只有单干才能侍弄好地，才能发财。把他们编在互助组，是为了"拉拔"穷人。于是有的人不将资金用于扩大生产，而是用于

---

[1] 史敬棠等编：《中国农业合作化运动史料》下册，生活·读书·新知三联书店1959年版，第267—268页。

吃喝穿戴，或者生产不积极，认为够吃够喝就行了。[1]

三是农村经济如何进一步发展，能否允许雇工剥削。中国农民历来有"等贵贱，均贫富""不患寡而患不均"的思想传统，生产有了一定提高、温饱问题解决之后，下一步向什么方向发展，许多农民心中并不明确，有的怕冒尖，怕"共产"，有的不希望别人冒尖，想"共"别人的"产"。吉林省舒兰县靠山屯的群众说："雇人是可以的，但（只）可以雇半拉子（旧指小长工）、小猪倌，不许雇长工；可以单干，但不许用其他条件限制他们；发财是可以的，但不应发大财。"[2]1950年黑龙江肇州县发展村有3户想雇工，6户想单干，但干部不让。该村一农民已买妥一辆胶皮大车想单干，因干部批评其"自私自利，不团结"，而不得不将大车退回。一些经济发展较快的农民，已经感到了发展无门的苦闷。辽东省凤城县小堡屯有5户农民想买胶皮车，因为没有人力，又不愿与别人合伙，车买不起来；有4户要雇人，又雇不来人。还有不少农民满足于现状，对改进农业技术、发展生产不感兴趣。他们说："粪已上足了，粮已打够了，到份了。"[3]一些经济条件较差的农民，则抱有农业社会主义的平均思想，有的人欠了别人的粮食，还说：我虽然短你粮，但不过几年还不是一同和你走入"共产社会"。甚至看到别人买马，他们说：

---

[1]《农村工作座谈会上高岗主席作总结发言》，《东北日报》1950年1月4日。

[2]史敬棠等编：《中国农业合作化运动史料》下册，生活·读书·新知三联书店1959年版，第266页。

[3]史敬棠等编：《中国农业合作化运动史料》下册，生活·读书·新知三联书店1959年版，第266页。

"将来走入社会主义,你还不是一样没有马!"[1]

在农村党员及一些村干部中,遇到的困惑也不少。有的党员开始雇长工,又不了解许不许群众和党员雇工;有的党员听了不应剥削雇工的党课后,回到家里全家大哭,于是出卖牲口,解雇长工,感到没有前途;有的村干部不让上升户买马买车拴独犁,怕他们单干;有的干部不让农民单干,强迫其参加互助组,而且认为参加三马组不算组织起来,非要参加六马组、八马组不行,不参加就要罚交手巾、肥皂。[2]

土地改革后农村出现的新情况和新问题,归根到底,就是如何对待农民单干和部分中农富农化的问题,也就是如何看待农村可能出现的阶级分化及何时实行社会主义步骤的问题。

二、东北局的主张

土地改革之后农村出现新的阶级分化是不可避免的。对于这个问题,1948年7月新华社信箱《关于农业社会主义的问答》中明确指出:"土地改革之后,农村中的经济竞争,不可避免地会有新的发展,并使农民之间不可避免地会有新的阶级分化,而绝不能永远保持平均的小农经济。"《问答》进而指出:"农民在分得土地后,是作为小的私有主而存在的,他们的生产条件不可能完全相等,尤其不可能保持不变。有些农民,因为生产条件比较有利,又努力生产,善于经营,他们的经济就可能发展,而

---

[1]高岗:《农村工作问题》,《东北日报》1950年1月4日。
[2]高岗:《农村工作问题》,《东北日报》1950年1月4日。

逐渐地富裕起来，其中有小部分就有可能进行剥削，而成为新的富农。而另外有些农民，因为生产条件比较不利，或者不努力生产，或者不善于经营，或者遇到某些不可抗拒的打击，他们的经济就不能发展，而逐渐地贫困下来，其中有一部分就不能不受人剥削而变为新的贫农或雇农。这种竞争与新的阶级分化，即使在新民主主义的社会里，也是不可避免的，而且是被允许的，不是可怕的。因为在一定的历史条件之下，只有允许这种竞争，才能发动广大农民的生产积极性，把农业经济广大地发展起来，所以这种私有制经济基础上的竞争，有其一定的进步性。"[1]

由此可以看出，中国共产党人对土地改革后农村可能出现的阶级分化和富农经济的一定程度的发展，是早有预见和充分认识的。这样做的目的，在于调动农民的生产积极性，在于发展农业经济。土地改革消灭了封建剥削，使乡村人口大致相同的家庭得到大致相同的土地与其他财产，实现了社会财富的相对均平，但土地改革之后又不可避免会出现新的贫富分化，这是一个必须面对也必须正确对待的问题。要从根本上消灭剥削实现全体人民的共同富裕，必须首先发展社会生产力。正是基于这样的考虑，在新中国成立后新区的土地改革过程中，采取的是保存富农经济的政策。

在新区土改中应当保存富农经济这个问题，党内没有根本性分歧，但对于已经完成土地改革的老区，如何看待由中农上升而成的新富农、党员能不能也雇工等问题，党内曾存在不同的看

---

[1] 中央档案馆编：《中共中央文件选集》第 17 册，中共中央党校出版社 1992 年版，第 661 页。

法。为此，1950年初，作为中共中央领导人之一的刘少奇与中共中央东北局书记高岗之间，就党员是否可以致富、何时引导农民放弃单干走集体化道路等问题，产生了不同意见。

1949年12月5日至7日，东北局和东北人民政府联合召开农村工作座谈会。参加座谈的一些县委书记、县长反映，土地改革后，目前东北农村经济发展的趋势是：除一部分及少数灾情严重的地区外，一般群众的经济普遍开始上升，绝大多数农民的生活已经超过了他们刚刚完成土改之时的情况，最普遍的是粮食都有增多，生产所必需的牲畜、大车、衣物、房子也均有增加。其中一小部分人除了添车买马之外，有的已开始雇用长工，并发生了"单干情绪高，发财没用处"的苦闷；一部分人保持原状；另有一小部分人因为缺乏劳动力或因疾病灾害，或因缺乏生产资料与马力，或因好吃懒做，经济不仅没有上升，反而下降了，他们中的一部分人，或向前一部分人出卖土地，或出租土地，或开始借贷，或开始去做雇工了。

面对土改后农村出现的新情况和新问题，参加座谈会的不少干部心存疑虑，他们问：新民主主义的农村究竟如何？农民应该经过怎样的道路走向富裕，什么叫提高一步，什么叫组织起来？除了组织起来，农村还要干什么？等等。

对于这些问题，高岗在座谈会上发表了自己的看法。他明确表示："我们农村经济发展的方向，是使绝大多数农民上升为丰衣足食的农民。而要做到这点，则又必须使绝大多数农民'由个体逐步地向集体方面发展'。组织起来发展生产，乃是我们农村生产领导的基本方向。"[1]对于党员雇工与不参加变工组的问题,高岗表示,党员雇工应说服他不雇工,多买车马参加互助组;党员不参加变工组是不对的,必须带头实现党在农村中组织起来提高生产的方针。但这些问题应主要采取教育的方法解决,非在必要时,不采用组织手段。

高岗虽然在座谈中也表示要批判农业社会主义思想,"允许单干,允许雇工","允许借贷","原则上应允许"土地买卖和土地出租,但重点是强调如何对这些情况加以限制,并且加强领导,把农民组织起来。他说:"我们现时这种互助合作,在获得生产工具的改进之后,还可以进一步提高与发展。"以小型为主的变工互助组,要"根据当地农业与副业生产的需要,依据群众的自愿原则,逐步地提高到联组"。[2]

高岗宣布了对变工互助组加以帮助的五种办法:农贷除水利、防疫、农业建设之外,应全部贷给好的但生产上比较有困难的变工组;新式农具,应首先贷给变工组,或变工组自购时给以优待;各种优良品种及国家可能的对农业的扶助,一切变工组应有优先权;劳模的奖励基本上应奖励好的变工组;各级领导机关应研究如何克服目前变工组存在的毛病,提出胜过单干的有效办法。[3]高岗提出的帮助互助组的五种办法,其实就是对单干的五条歧视措施。正如时任中共中央华北局第一书记的薄一波后来回忆时所言:"他实质上主张土改后立即起步向社会主义过渡,无

---

[1]高岗:《农村工作问题》,《东北日报》1950年1月4日。
[2]高岗:《农村工作问题》,《东北日报》1950年1月4日。
[3]高岗:《农村工作问题》,《东北日报》1950年1月4日。

须有一个新民主主义阶段。"[1]

12月31日,东北局组织部就党员参加变工组的问题作出了《农村支部工作指示》,其中说:"我们今后农村经济发展的方向,是奖励农民生产发家,勤劳致富,使绝大多数农民上升为富裕的农民,而达到富裕的办法,则是提倡'以个体经济为基础,在自愿两利原则下组织起来,逐渐地由个体经济向着集体方向发展'。""应当教育党员积极参加变工组,大量在合作社入股,搞好变工组与合作社,是农村党员的基本任务。批评某些党员只想个人发财,不管多数群众贫困,甚至想剥削别人的富农思想。""教育党员带领群众'组织起来'购买新式的农具并学会掌握新式农具的使用,以此来与单干的群众开展生产竞赛运动,创造出'组织起来'比单干增加收入的事例。以此教育党员引导群众组织起来。"[2]

1950年1月4日,东北局机关报《东北日报》发表了高岗的讲话,东北局还以综合报告的形式,将高岗讲话的主要内容报告给中共中央。东北局组织部也将《农村支部工作指示》报请中共中央组织部批复。

高岗这次座谈会的讲话,《东北日报》和东北各省报都刊发了全文,中央人民政府农业部主办的《中国农报》创刊号也加以转载,在东北地区产生了不小的影响。几个月内,东北农村的互助合作运动出现了严重的强迫命令和形式主义。在辽西、辽东两

---

[1] 薄一波:《若干重大决策与事件的回顾》上卷,中共中央党校出版社1991年版,第196—197页。

[2]《建国以来刘少奇文稿》第1册,中央文献出版社2005年版,第397页。

省新区和吉林、松江一些老区，采取各种办法排斥和限制单干，如单干户出门不开路条，开荒时不准先占场子。松江有的地方提出对单干农民实行"三不贷"和"一不卖"，即不贷款、不贷粮、不贷农具，供销合作社不卖给单干户任何东西。有的地方甚至还提出，单干户没有公民权，不准和他们来往，从而使单干的农民"不但在生产上处处感到困难，且在人权上受到歧视"[1]。

东北一些地方还在"把互助组织提高一步"的口号下，对发展互助组只追求数量，不讲质量，甚至采取挑战竞赛的办法，要求组织起来的农户越多越好。有的连夜开会对单干户进行"说服"，不同意加入互助组就不散会，直逼得农民怕耽误生产不得不答应入组为止。据吉林省的检查了解，依靠强迫命令方式组织起来的互助组占70%至80%，这些互助组绝大多数都是"干部在场就干，干部走了就散"。也有的地方把"提高一步"理解为互助组越大越好，辽西兴城县一下子搞了1125个大型联社。为了保证互助组不垮台，有的地方硬性规定，组员提出退组，先给予批评，批评后仍要退的，只能"净身出组，地马留互助组"，而且不准组员同退组户来往。群众称这种"强迫的自愿"建立起来的互助组是"糊涂组""麻烦组"。[2]

三、刘少奇的意见

新中国成立前后，刘少奇对新民主主义的建设问题有过深入

---

[1]《各省组织大批干部下乡，深入领导抢种大田》，《东北日报》1950年5月19日。
[2]《各省组织大批干部下乡，深入领导抢种大田》，《东北日报》1950年5月19日。

的思考。他认为,现在是新民主主义阶段,实现向社会主义过渡还需要一个比较长的时间,应当鼓励老区农民努力致富,充分发挥他们的个体生产积极性,以发展农业生产,提高农村生产力,而不能急急忙忙组织农民集体化。

1950年1月23日,中共中央组织部常务副部长安子文为批复东北局组织部《农村支部工作指示》请示刘少奇。刘少奇就东北的插犋换工和富农问题谈了自己的意见。刘少奇说:"东北土改后农村经济开始向上发展了。有三匹马一副犁一挂大车的农民,不是富农,而是中农。""现在的东北,应该使这种中农得到大量的发展。""现在有百分之七十的农户参加变工互助,将来会缩小。这是好现象,证明经济发展了,农民成为中农的更多了,他能够单干了,这也是应有的现象。百分之七十的农户有了三匹马,将来才好搞集体农庄。因此现在既要宣传与说明变工互助的好处,但又要允许他单干。"

刘少奇认为,富农雇人多,买了马,不要限制他,现在要让他发展,没有坏处,这不是放任自流。将来对待富农的办法,是让他发展到一定的程度,再来予以限制,三五年之后,用国家颁布的劳动法,把雇农组织起来,提高雇农的待遇,征土地税,多累进一些,多征公粮等办法予以限制。他进而指出:"现在限制单干是过早的,现在能够单干是很好的,也不可认为反对单干的农民便是集体主义,因为他还无力单干,是不能去单干的贫农。""现在的农民党员,是可以单干的。我们的党规党法上允许党员单干而且也允许雇人,认为党员便不能有剥削,是一种教条主义的思想。但能单干与应该单干是两回事,我们允许党员单干,并不是我们鼓励他们去单干。"[1]

根据刘少奇的意见,中共中央组织部正式答复东北局组织部。复信中说:"党员雇工与否、参加变工与否,应有完全的自由,党不得加以强制,其党籍亦不得因此停止或开除。如果在今天过分强调党员不准剥削别人,以及党员必须参加变工组织,并须带头作用等,则势必使部分党员对生产消极。""对农民党员进行教育时,固须指出组织起来的好处,但同时更须明确提出'单干'与'雇工'也是党的政策所允许的。同时要告诉我们的各级干部,在今天农村的个体经济基础上,农村资本主义的一定限度的发展是不可避免的,一部分党员向富农发展,并不是可怕的事情,党员变成富农怎么办的提法,是过早的,因而也是错误的。"[2]

刘少奇与高岗在东北富农问题上意见不同,当时只有小范围的人知道。"据高岗说,他收到少奇同志谈话记录后,在北京面交毛主席,毛主席批给陈伯达看,对少奇同志谈话的不满,形于颜色。后来,这个谈话记录就成为高岗反对少奇同志的重要借口。"[3]

全国解放时,根据当时的形势,毛泽东认为现时所面临的主要敌人是帝国主义、封建主义和国民党反动派的残余,当前阶段的中心任务,是为实现国家财政经济的基本好转而斗争,为此必

---

[1] 中共中央文献研究室编:《刘少奇论新中国经济建设》,中央文献出版社1993年版,第152—155页。
[2]《建国以来刘少奇文稿》第1册,中央文献出版社2005年版,第398—399页。
[3] 薄一波:《若干重大决策与事件的回顾》上卷,中共中央党校出版社1991年版,第198页。

须处理好国内各阶级、政党和民族等各方面的关系，以便孤立和打击主要的敌人，不能四面出击，树敌太多，造成全国紧张的局面。因此，在城市，应争取民族资产阶级不反对新生的人民政权；在农村，应保存富农经济，集中打击封建地主阶级，争取富农不反对土地改革。

在保存富农经济上，毛泽东和刘少奇之间没有分歧。然而，富农经济如何保存、保存多长时间，两人的认识不完全一致。富农经济在当时被视为农村的资本主义，而对资本主义的方针，中共七届二中全会已明确为利用和限制并存。对此，党内也是没有分歧的。但是，同是利用和限制，其着重点应放在哪里，是重在利用还是重在限制？作为利用与限制依据的"是否有利于国计民生"如何判断？党内的看法并不完全相同。刘少奇是将保存富农经济作为一种长期的政策而看待的，看作是新民主主义社会的应有之义，着重强调对它的利用；而毛泽东则是将保存富农经济视为一种暂时的策略方针，并将其作为不要四面出击策略的组成部分，着重强调对其加以限制。

刘少奇认为，新民主主义社会虽然是一个过渡时期，但它是一个比较长的过程，"采取社会主义步骤，少则十年，多则十五年，二十年恐怕不要"[1]。他还说：只有我们的国家做到了自给自足，变成了一个比现在富足的国家，才可以考虑到社会主义去的问题。现在就讲社会主义，讲早了，至少讲早了十年。社会主义作为一种理论和理想，在宣传工作中可以讲，但作为实践问题，

---

[1] 中共中央文献研究室编：《刘少奇论新中国经济建设》，中央文献出版社1993年版，第209页。

十年之内社会主义是讲不到的，到十年之后，建设得很好，看情况，那时就可以提这个问题。因此，社会主义什么时候搞，还要看实际情况才能答复这个问题。十年之后就可以采取某些社会主义的步骤，也可能十年之后还不能采取这种步骤，还要再等几年。[1]既然需要十至十五年的时间才能采取社会主义步骤，因此，在现阶段就要"为巩固新民主主义制度而斗争"[2]。在新民主主义阶段的中心任务，就不是向资本主义发动全线进攻，而是要以经济建设为中心。他认为，只要第三次世界大战不爆发，经济建设的任务就不变。二十年甚至三十年不爆发战争，我们的任务就一直是经济建设，要将中国实现工业化。因此，不能过早地采取社会主义步骤，不要怕农民冒尖致富，党员也可以当富农。

四、事后评说

刘少奇与高岗关于富农经济不同意见的实质，是土地改革后的农村要不要立即向社会主义过渡的问题。今天看来，刘少奇的谈话，在个别地方确有容易被人误解之处，如"富农党员"的提法。共产党员应当是无产阶级的先锋战士，尽管每个党员在入党之前，其出身可能各不相同，但在入党之后，不应该有"富农党员""中农党员""贫农党员"这样的区分与称谓。他的谈话中还说"现在还必须有剥削，还要欢迎剥削"，其用意虽然是为了说

---

[1] 中共中央文献研究室编：《刘少奇论新中国经济建设》，中央文献出版社1993年版，第182页。

[2] 《刘少奇选集》下卷，人民出版社1985年版，第62页。

明在现阶段剥削还不可避免，资本家对工人的剥削，东北富农对关内难民的剥削，是他们为了生活不能不付出的代价，离开了这种剥削，他们的生活就成问题，因为当时国家还没有建立完善的社会保障体系，还不能对失业工人和破产农民提供必要的救济。然而，"欢迎剥削"这样的说法，也容易给人一种资本家和富农的剥削是一件好事的感觉。

但是，刘少奇这篇谈话的基本观点无疑是正确的。社会主义是个好制度，只有社会主义才能救中国，中国要有光明的未来只能走社会主义道路。在新中国成立之初，世界各国的社会主义事业正蒸蒸日上，新民主主义革命刚刚胜利的中国人民，自然是对社会主义心向往之。但是，新中国毕竟脱胎于半殖民地半封建社会，现代工业在国民经济中的比重很小，旧中国资本主义的发展处在帝国主义与封建主义的双重挤压之下极不充分，如果没有一个较长时间的新民主主义社会阶段，使社会生产力得以充分发展，就匆忙地过渡到社会主义，其经济基础就不牢固。

新民主主义是中国这样的半殖民地半封建社会，走向社会主义的桥梁，这也是以毛泽东为代表的共产党人对马克思主义的一个创建性贡献，它成功地解决了中国这样的非资本主义国家如何建立社会主义制度的难题。新民主主义社会在经济上一个很重要的特征，就是允许多种所有制存在，既要大力发展社会主义性质的公有制经济，同时也允许非公有制经济存在并得到一定的发展，在农村就是允许大量的农民个体经济存在，也容许具有资本主义性质的富农经济存在。既然中国仍处在多种经济成分并存的新民主主义社会，存在一定程度的剥削，一批翻身农民由中农而上升为富农，就是不可避免的，也是新民主主义社会所能容许的。这种剥削，能在一定程度上促进生产的发展，还能解决部分人的生计问题，并不是什么坏事。为了最终消灭剥削，在特殊阶段允许剥削，这也是历史发展的辩证法。

刘少奇提出现时限制单干还为时过早的观点也是正确的。土地是农民赖以生存的主要生产资料，没有土地或只有少量土地是他们受封建地主阶级压迫剥削的根源。他们成为中国革命的热情拥护者、积极参加者，一个重要的原因，在于革命的领导者中国共产党实行"耕者有其田"的政策。"耕者有其田"这个口号虽然是孙中山先生提出来的，但他没有认真执行过。共产党人沿用了这个口号，并且将其变成了实际行动。土地改革刚刚结束时，广大农民还沉浸在获得土地的喜悦中。土地改革后农村阶级关系的最大变化，并不是少量新富农的产生，而是贫农大量的中农化。1950年5月，中共中央华北局对华北老区的河北、察哈尔两省23个村庄进行调查的结果是，经过土地改革，占总户数51%的贫雇农减少到了15%（这其中还包括土地改革后地主富农下降者），而原占总户数37.6%的中农增加到77%。中农已占农村人口的绝大多数。大批的贫雇农上升为中农，说明土地改革改变了广大贫雇农的经济地位，提高了他们的生活水平。土地改革刚刚完成之时，对于广大中农特别是刚刚由贫雇农上升者而言，固然他们对组织起来不会公开表示反对，但他们更多的还是愿意通过单干发家致富的。为什么有农民要求变工互助，正如刘少奇所分析的——"因为个体经济的破产，农民不得不变工"。所以，他们参加变工互助，并不是想"共产"，而是防止破产。土地改革之后，农民个体生产的积极性才刚刚激发出来，如果此时急急忙忙地限制单干，对农业生产的发展并不有利。

关于党员可不可以致富的不同意见论，实际上反映的是何时实行社会主义的不同认知。历史证明，刘少奇的基本观点是符合《共同纲领》的精神的，而高岗关于限制单干和过早消灭富农经济的观点，反映了党内存在着急于实现向社会主义过渡的急躁情绪。

如何看待土改后一部分农民上升为富裕中农甚至富农化的趋势，实际上就是如何看待农民致富的问题。刘少奇在这篇谈话中认为，土改后出现了新富农、富农雇人买马求发展，没有坏处只有好处，实际上回答了党员可不可以致富的问题。在革命战争年代，共产党无疑是领导穷人干革命的党，也是为穷人谋利益的党。但革命胜利后，进行新民主主义建设时期，共产党作为国家的执政党，就应当把发展经济作为自己的第一要务。自然，共产党人的最终目的是要消除两极分化，实现共同富裕。但是，共同富裕不是同步富裕，消除两极分化不是搞平均主义。曾经有一个时期，我们在农村、农业、农民问题上，始终为农村会不会出现新的阶级分化所困扰，总是担心在经过土地改革打倒封建地主阶级之后，会不会由于一部分农民在生产条件改善、富裕起来之后雇工剥削，进而演变为新式富农，出现一个新的剥削阶级，造成农村的两极分化。对农村有可能出现的两极分化，必须予以预警并且防止其由可能变成现实，但也不可将可能当成现实，害怕农民致富。新中国成立之时，刘少奇就提出让一部分土地改革后条件较好的农民先富起来，甚至发展成为新富农，不但不要去限制，而且在一定时间内还应让其发展。在当时提出这样的观点的确是有远见的。

关于山西农业合作化问题的争论

新中国成立前,中共领导人曾设想要经历一个比较长(一二十年)的新民主主义社会之后,才采取向社会主义过渡的步骤。但实际上,新民主主义社会存在的时间并不长,新中国成立后不久就很快采取措施向社会主义过渡,比原定的时间大大提前。这与1951年围绕山西农业合作社问题而展开的一场争论有着直接的关联。

一、争论的由来

山西在抗日战争和解放战争时期,分属晋察冀、晋冀鲁豫、晋绥等解放区。1940年开始,山西省境内的抗日根据地就出现了一些农业生产互助组。1943年毛泽东发出"组织起来"的号召后,山西各根据地的劳动互助运动发展很快,据1944年26个县的不完全统计,参加互助组的劳动力,晋察冀边区占劳动力总数的18.1%,晋绥边区占总数的37.4%。1946年5月中共中央发出《五四指示》后,山西各解放区进行了土地改革,解放区农民实现了"耕者有其田"。由于长期战争的原因,土改后广大农民在生产和生活上仍面临不少困难,有了土地的农民没有耕畜、没有生产资金,于是在各级党组织的号召之下,普遍实行了劳动互助,把劳力和畜力组织起来参加生产运动,从而促进了农业生产的恢复和发展。

1949年4月24日,太原解放;5月1日,大同解放。这样,山西全境得以解放。9月1日,中共山西省委、山西省人民政府成立。9月5日,时任中共山西省委副书记的赖若愚,同来太原参加省人民政府成立大会并即将赴长治任地委书记的王谦进行了一次谈话。

谈话中,赖若愚直截了当地对王谦说:省委成立后,大约在两年左右的时间内,主要工作要放在同蒲路沿线近400万人口地区的土改和土改复查上。因此,没有更多的时间和精力考虑老解放区的问题。长治地区包括了太行、太岳两个战略区最腹心的地区。这个地区,土地改革完成已经有三至五年的时间。这些老解放区,群众在想些什么,有什么问题,应该走什么样的发展道路,采取什么样的方针和措施,才能使老解放区的工作提高一步,是一个非常重要的问题。省委把这个任务交给你,希望你能经过调查研究,向省委提出建议。[1]

为了完成省委的任务,中共长治地委于1950年春季和1950年秋冬之交,两次派出调查组到农村进行调查。调查内容包括农村经济发展情况,农业生产中的问题、困难和互助组的发展情况,各阶层的经济变化和群众生活变化,农民的思想状况,党组织和农村党员的思想状况,妇女的政治经济地位和农村的婚姻状况,农村的教育和扫盲,等等。

在调查研究的过程中,长治地委将有关情况用口头和文字的

---

[1]王谦:《为什么要试办农业生产合作社》,载山西省史志研究院编:《山西农业合作化》,山西人民出版社2001年版,第656页。

方式，几次向山西省委作报告。1950年11月14日的《人民日报》上，还发表了其中一篇报告。报告中说：土地改革后，由于农民是在自己的土地上为自己劳动，表现了高度的热情与积极性。老区农民的生活，确已开始富裕起来了。不少农民不只生活有了改善，而且已有存粮，部分村庄农民余粮有向合作社投资或信用部存款者。当然这一事实，并不能自满地说，老区农民已是十分富裕了。但这一事实却说明，继续提高农业生产力，扩大农业再生产已有了一个良好的基础。报告提出：由于农业生产的迅速恢复与发展，农民生活日渐富裕，新的阶级分化开始出现。伴随着这一变化，产生了一些新的问题与要求。这就是在农民群众中，特别在经济上升比较迅速的农民中，产生了愿意自由地发展生产，而不愿意或者对组织起来兴趣不大的"单干"思想。这是老区互助组今年呈现涣散、萎缩以至部分陷于解体的基本原因。

那么，怎样才能解决这个问题，推动劳动互助运动向前发展？长治地委在调查报告中认为，农业生产的发展方向，就是要经过合作社，即"建立在个体经济基础上的集体劳动"的合作社（报告中将互助组织亦看作是合作社的一种形式）。这就是说：新民主主义的农业生产，从其远大的目标来说是近代化集体化的方向，但要达到这一目标，又必须是"由个体逐步地向集体方向的发展"过程。在向集体方向发展过程中，不只需要农业生产上的劳动互助，而且需要组织各种各样的——供销的、生产的、信用的——合作社，使农业生产逐步地向合作社的道路发展。经过这一道路，才能使绝大多数农民上升为富裕的农民。因此，在贯彻这一方向时，一方面必须反对各种各样的空想的农业社会主义思想，和以贫为荣不事生产的思想作斗争，也要反对企图在一个早上就把农民组织起来走向集体化的急性病;另一方面也必须反对对农业生产放弃领导,任其自由发展的自流主义。应该了解,党对农业生产必须加以领导,就是说,要贯彻组织起来,逐步走向集体化的方向。

《人民日报》对这篇报告给予了很高的评价,其编者按说:"中共长治地委关于组织起来的情况与问题的报告,提出了老区农村互助合作运动中的一些新的问题。这个报告,并提出了长治地委对于这些问题的看法和做法。这是一个很重要的报告,值得各地参考与研究。"[1]

据王谦回忆,长治地委选择合作社作为农村劳动互助运动的发展方向,是经过反复比较的。他们曾想到过利用农会的方式进一步把农民组织起来,但随着情况的变化,"农民对农会不再有兴趣了,而是一种自然消亡的趋势"。"在当时,重要的问题不只是政治上组织农民的问题,而是满足农民发展生产、改善和提高其生活的要求,从经济上引导农民前进的问题。"他们也曾想到运用苏联的方法,组织集体农庄,当时"没有敢说不行",但经过反复思考,认为用集体农庄的办法,把农民土改时得到的土地及其他生产资料,统统归集体所有,可能会损害农民发展生产的积极性而导致减产,"我们怕减产死牲畜,而不敢下决心试办苏联式的集体农庄"。最后,长治地委从常年互助组中若干组有了某些公共财产及一些地方出现的土地合作社中得到了启示,决心创办农业生产合作社。[2]

---

[1]《关于组织起来的情况与问题的报告》编者按,《人民日报》1950年11月14日。
[2] 山西省史志研究院编:《山西农业合作化》,山西人民出版社2001年版,第657页。

1951年2月,中共山西省第二次代表会议在太原召开,已升任省委书记的赖若愚在大会的报告中强调,要按照"组织起来与提高技术相结合"的方针,新区发展互助组,老区提高互助组并引导它走向更高一级的形式。

3月5日,赖若愚就此次党代会的主要内容,向中共中央华北局和中共中央作了报告。报告中说:随着老区农业生产的恢复和发展,很多农民,特别是富裕中农认为单干比互助更有利、更自由,所以互助组织发生了涣散的情形。为了解决这一问题,山西省委去年提出了"组织起来与提高技术相结合"的方针,使组织起来比单干对农民更有利一些。这样做是有作用的,但互助涣散的趋势并未完全扭转。但另一方面,也有不少互助组比战争时期有了新的发展,而且相当巩固,即不少互助组织有了公共财产,建立了公积金制度,产生了按劳分配的一些因素。因此,在老区农村,继续改良生产技术、推广新式农具是很重要的;同时,必须稳健地但是积极地提高互助组,引导它走向更高级一些的形式。报告为此提出:"为了达到这一目的,我们决定一方面把现有的公营农场、新式农具站办好,以影响农民。一方面推广已有的好经验,并在长治区各县,每县试办几个农业合作社——采取按土地、按劳力两个分配标准,征集公积金,积累公共财产。随着生产的发展,逐步提高按劳分配的比重。"[1]

按照山西省委试办农业合作社的精神,这年3月下旬,长治地委召开全区互助组代表会议,集中讨论试办农业生产合作社问题,同时讨论如何巩固提高互助组以及爱国丰产竞赛问题。会

---

[1] 山西省史志研究院编:《山西农业合作化》,山西人民出版社2001年版,第63页。

上,地委书记王谦作了关于试办农业生产合作社的报告,着重谈了办社的构想。王谦说,组织起来发展生产运动,是关系到农民群众远大利益的重大问题,所以组织起来必须不断提高。那么,如何提高,怎样提高?王谦说:"总的方面说,应该是贯彻组织起来与新的科学技术相结合的方针。在贯彻这一方针中,应该推广与提倡互助组中已经生长出来的新的因素,即采用农具公共购买使生产工具逐渐集体化,推行积累公积金制度,使农业生产基金逐渐在集体的基础上扩大起来。""为了使我们的农业生产更便于走向集体化的途径,所以在现在组织起来的基础上,试办一种比现在的互助组较高的形式——农业生产合作社。"

王谦在报告中还就组织农业生产合作社的基本原则、试办的条件、具体的做法和国家对农业社的扶持等作了说明。

会议开了十多天,代表们围绕如何巩固提高互助组和是否试办农业合作社的问题,展开了激烈的讨论,最后形成了统一意见,一致同意试办合作社,并确定了办社的原则、条件和办法。

会议确定办社的原则是:(一)入社必须自觉自愿,并保证社员退社自由;(二)采取按土地和劳力两个标准进行分配;(三)执行按劳分红为主,兼顾土地分红的原则;(四)社内实行民主集中制。

办社的条件是:(一)政治条件是首要的,必须是党的基础好,党员觉悟高;(二)互助组的基础好;(三)有较好的自然条件;(四)距领导机关近,以便帮助。

办社的办法是:(一)以互助组为基础,自愿结合,以20户左右为宜;(二)土地入股不得少于土地的三分之二,留少量自耕地;(三)所有入股的土地,应以常年产量为标准,民主评议出产量，作为土地分红依据；（四）分红比例中，土地分红不超过30%，劳动分红不少于50%，公积金10%，公益金5%，教育基金5%；（五）按各工种统一评定每一劳动力的工分底分；（六）统一计划，统一调配劳动力；（七）入社时所需种子、肥料自带，牲口暂不入股，可采用劳动记分或由社雇佣的办法；（八）社员退社不带走公积金、公益金和教育基金，但可带走土地及其他投资；（九）农业税土地谁有谁负担；（十）社成立后选举社领导，下设必要的组织和人员。

会上，长治地委还表示，国家应对农业合作社予以扶持，如在负担上予以优待，尽先给予新式农具使用，供给优良品种，派专人给予新的技术指导，各种贷款有优先权、优待权等。这些政策，对农民是很有吸引力的。

会议进行中，就有25个互助组的代表要求试办合作社。长治地委经研究，决定选择有较好的互助组基础、有坚强的党支部领导和一定骨干力量的武乡县的窑上、东监漳、西监漳、枣烟，平顺县的川底，壶关县的翠谷，屯留县的东坡，襄垣县的长畛，长治县的南天河，黎城县的王家庄等10个村庄试办合作社。平顺县西沟村的李顺达互助组一再要求试办农业合作社，但长治地委考虑到他是全国著名劳动模范，还是慎重些为好，没有批准他试办。

会议结束时，长治地委把调查研究的情况及办农业合作社的决定，向山西省委作了汇报。山西省委批准了长治地委的决定。

在长治地委和各县委所派干部的帮助下，通过传达全区互助组代表会议精神，村党支部内部酝酿，先动员党团员和积极分子，再动员全体互助组成员，自愿报名，党支部审查批准的程序,这 10 个农业合作社很快建立起来。

这些合作社基本上分别在一个自然村的范围内,由两三个原有基础较好的互助组自愿合并组成,农民自愿参加。10 个社共有 190 户(其中中农 188 户,贫农 2 户),共计 790 人(社员中党团员 147 人,313 个男女劳力)。社员共有土地 3018 亩,入社土地共 2212 亩,占 73.5%,自留地 807 亩,占 26.5%。合作社的管理机构为管理委员会,由社长、副社长、技术员、生产队长和会计等人组成,管委会成员由社员直接选举产生。

二、争论的经过

中共长治地委那篇《关于组织起来的情况与问题的报告》在《人民日报》发表后,引起了中共中央华北局政策研究室的注意,并随即派调查组前往调查核实。就在长治地区互助组代表会议期间,华北局派来的调查组到了长治。调查组对公积金的性质及社员退社时带不带走、土地分红应占多大比例、没有拖拉机建立合作社有何作用等问题提出了不同意见。长治地委不同意调查组的看法。调查组将长治地委的做法和双方的分歧整理成文,经王谦审阅并加注不同意见后,报告了华北局。调查组途经太原时,向山西省委作了汇报,赖若愚明确表示支持长治地委的意见。

华北局关于互助合作运动的观点,在这年 3 月 17 日以《人民日报》社论的形式发表的《华北春耕中应注意的八件事》一文中有过阐明。其要点是:在尚无互助组的地区应广泛地发展各种形式的互助组;在已有互助基础的地区,则应在农副业结合的基础上,进而采取新农具、大农具,以及其他提高农业生产技术的工作相结合，充实新的生产内容；至于在互助组中合伙购买公共农具等现象，只可在农民觉悟程度与组织程度较高的地区适当提倡，不能普遍推广，更不可强迫一般互助组照办。调查组回到北京向华北局报告有关情况后，华北局认为不能支持山西省委的意见，而赞同调查组的观点。华北局第一书记薄一波向刘少奇汇报了有关情况，刘少奇也表示不同意山西省委的做法。

为了统一对互助合作运动的认识，华北局决定召开所属各省、市、自治区互助合作会议。

接到华北局的会议通知后，1951年4月，山西省委召开常委扩大会议，讨论并通过了赖若愚起草的给中共中央和华北局的报告——《把老区的互助组织提高一步》。报告中讲了三个问题。

一是为什么要提出这个问题。报告认为，随着农村经济的恢复和发展，农民的自发力量也有了发展，但它"不是向着我们所要求的现代化和集体化的方向发展，而是向着富农的方向发展。这就是互助组发生涣散现象的最根本的原因"。如果这个问题不引起注意，就会产生两个结果，"一个是使互助组涣散解体；一个是使互助组变成富农的'庄园'"。这就是山西省委认为把老区互助组织提高一步的必要性所在。那么，把老区互助组提高一步有没有可能性呢？报告接着说，现在老区也有不少互助组织产生了新的因素。这里的"新的因素"，指的是先进互助组内已经有了"公共积累"和"按劳分配"成分。因此，老区劳动互助的发展，已到了一个转折点，"使得互助组必须提高，否则就要后退，必须在互助组织内部，扶植与增强新的因素，以逐步战胜农民自发的趋势，积极地稳健地提高农业生产互助组织，引导它走向更高级一些的形式"。

二是如何增强新的因素，战胜农民的自发因素。山西省委认为，最根本的是两条。其一，征集公积金，增强公共积累。山西省委强调："增强公共积累，按成员享用，这一原则在互助组见诸实施。它虽然没有根本改变了私有基础，但对私有基础是一个否定的因素。对于私有基础，不应该是巩固的方针，而应当是逐步地动摇它、削弱它，直至否定它，所以公积金应当是出组不带。"[1] 其二，应当按劳力、土地两个分配标准，按土地分配的比例不能大于按劳力分配的比例，并随着生产的发展，逐步加大按劳分配的比重。正是这两条，后来党内引发了激烈的争论。

三是尚须注意解决的几个比较具体的问题。第一，公积金的使用上用于扩大再生产的比重应多一些，用于公益事业的数目不要太大；第二，在已有公积金的互助组，新吸收社员应予优待，但也应带一定的股金；第三，国家对于农业生产合作社应予优待。

此次山西省委常委扩大会议还决定派长治地委书记王谦、兴县地委书记黄志刚、省农业厅厅长武光汤、省委政策研究室副主任王绣锦，参加华北局召开的互助合作会议，并委托王谦将报告亲交主持工作的华北局第三书记刘澜涛。

在4月下旬召开的华北局互助合作会议上，与会者围绕山西省委的报告展开了较为激烈的争论，大多数人不同意山西省委意见，认为山西省委的报告不符合新民主主义政策，不符合《共同纲领》，混淆了新民主主义与社会主义的界限，现在组织农业生

---

[1] 中共中央文献研究室编：《建国以来重要文献选编》第2册，中央文献出版社1992年版，第353—354页。

产合作社是空想的农业社会主义。王谦、黄志刚等山西代表则坚持认为，逐步动摇、削弱直到否定私有基础是正确的，应当防止农村两极分化，克服农民自发势力，积极试办和发展农业生产合作社。会议开了四五天，没有形成统一认识。最后，华北局政策研究室主任李哲人作了总结。他根据刘少奇的指示和华北局常委讨论的意见，系统地批评了山西省委的报告。参加会议的山西代表明确表示保留自己的意见。

　　5月3日，华北局第三书记刘澜涛在华北区互助组座谈会上发表讲话。他强调新民主主义即人民民主主义的国家政权性质，是我们现阶段各种政策的根本出发点和总根据。土地改革后，华北地区农业经济大体存在着四种主要形式，即个体经济、互助组和合作社、富农经济、国营农场，这四种经济在今天都是必不可少的，都受国家法律保护。

　　刘澜涛在讲话中同时提出：组织起来实行劳动互助，是发展农业生产的根本方向，是工人阶级在当前乡村中领导农民生产唯一正确、必须坚持、不可动摇的道路，对个体的农民和社会经济都很有利。现在华北地区已组织起来的农民大约占总户数的百分之三十至四十，要在两三年内能够普遍地组织起来，这是目前千百万农民的要求。提高与巩固互助组的中心，是互助与供销、与副业、与提高技术相结合。公共财产与公积金是在私有财产基础上的共同使用的财产，要完全在农民自愿与需要的条件下积累并完全由农民自由处理。有的同志提出用增加公共财产的办法来逐步动摇、削弱甚至否定私有基础的意见，是和当前政策不一致的，是一种空想，因而是错误的。农业合作社是农业互助进一步发展的形式，无疑比互助组更进一步，但不是目前广大农民的普遍要求，并且条件不成熟，因此不可搞成群众运动，只可当作展览品，领导上要加以研究和试验。对已办起的合作社，要积极指导。要加强对互助组的政治领导，指导农民进行爱国生产并培养农民的集体观念。

刘澜涛还说，对个体经济，忽视或打击其积极性是错误的。这是涉及对待中农态度和政策的原则问题。土地改革后，中农已占农村人口的百分之八十至九十，中农问题搞不好，就会动摇工农联盟的基础。单干或互助，农民完全有选择的自由，就是在社会主义社会，原则上也不是禁止单干的。对单干的农民要采取团结、帮助、教育的态度。要反对二流子、懒汉和空想农业社会主义思想，反对在某些地方相当严重的"大锅饭"思想。

关于富农问题，刘澜涛说：目前的政策是允许其存在和发展。对乡间雇工、借贷、买卖、租佃等，在遵守国家法令的条件下都是允许的。和富农的斗争是有的，必需的，但斗争形式应是税收、价格、工资等政策，最后用剥夺的办法，把富农当作一个阶级来消灭。富农可否参加互助组问题，要根据自愿等价的原则，由农民自己决定。将来社会主义革命可能是和平转变，而不是二次革命。今天对待富农要当作整个历史阶段的问题来看，目前就限制甚至消灭富农的思想是不对的，而且是一种幻想。[1]

刘澜涛的讲话实际上也是对山西省委提出批评。会后，刘澜涛找王谦等人谈话，指出刘少奇不同意山西省委的报告，要他们回去后不再坚持报告中的观点。

---

[1] 转引自《建国以来刘少奇文稿》第3册，中央文献出版社2005年版，第528—529页。

5月初，王谦等人回到太原后，立即将会议的情况向山西省委作了汇报。5月4日，华北局正式就山西省委的报告作了批复并报告了中共中央。华北局在批复中说："用积累公积金和按劳分配办法来逐渐动摇、削弱私有基础直至否定私有基础是和党的新民主主义时期的政策及共同纲领的精神不相符合的，因而是错误的。新民主主义革命时期，革命任务只动摇封建私有，帝国主义在华特权和官僚资本主义私有；一般地动摇私有财产是社会主义革命时期的任务。目前你省有相当数量地区的互助组需要提高和巩固，但提高与巩固互助组的主要问题，是如何充实互助组的生产内容，以满足农民进一步发展生产的要求，而不是逐渐动摇私有的问题。这一点必须从原则上彻底搞清楚。""农业生产合作社，全省只能试办几个作为研究、展览和教育农民之用。即便试办，也要出于群众自愿，不能强行试办，更不宜推广。"[1]

针对华北局的批评，山西省委再次召开常委扩大会议，认为对几个问题的看法有向华北局申诉的必要，会议讨论并通过了赖若愚起草的《关于互助合作会议的几个问题》的申诉报告，其主要内容是：（一）4月17日的报告重点讲的是互助组和合作社内部的问题，不是讨论一般的农业问题或农业生产问题，而华北局却将之作为报告的主要问题。（二）试办的合作社具有土地分红和劳力分红两个特征，既承认私有基础的存在，又肯定社会主义因素的存在和发展，因而它属于半社会主义性质，而华北局调查组和华北局互助合作会议的批评都没有承认这一点。（三）省委

---

[1] 中共中央文献研究室编：《建国以来重要文献选编》第2册，中央文献出版社1992年版，第351—352页。

以积极慎重的态度在全省试办10个合作社，带有实验性质，不能因此武断地批评省委混淆了新民主主义革命和社会主义革命的界限。（四）省委没有主张普遍地限制富农，只是主张在互助组、合作社内部限制富农。（五）省委4月17日报告的总的精神是符合《共同纲领》的，因为半社会主义性质的农业生产合作社是《共同纲领》规定的五种经济成分之一。[1]

5月6日，赖若愚和省委第一副书记解学恭又联名致电华北局，对华北局的批评再次作了申诉，表示了不同意见。

在太原，山西省委对华北局的批评进行申诉；而在北京，对山西省委的批评仍在进行。

刘少奇在接到华北局批转的山西省委报告和听取华北局负责人的汇报后，连续几次对山西省委报告的观点提出了批评。

5月7日，在全国宣传工作会议上，刘少奇作了《十年准备，三年建设》的报告。报告中说："有的同志现在就想从实际上提出社会主义改造的问题。他们在农村里边提。山西省委提出要组织农业合作社，这种合作社也是初步的，十家、八家、三十家、二十家。苏联叫共耕社，把农民的土地、牲畜、耕具集中起来，大家使用。当然这种共耕社是社会主义性质的。可是单用这一种农业合作社、互助组的办法，使我们中国的农业直接走到社会主义是不可能的。""如果相信这个理论，就是幻想的社会主义，就是空想的社会主义，也叫空想的农业社会主义，它是实现不了的。我们中国的党内有很多的农业社会主义思想，这种思想要纠

---

[1] 参见山西省史志研究院编：《中国共产党山西历史纪事（1949年9月—1976年10月）》，中央文献出版社1999年版，第42页。

正。因为仅仅依靠农村的条件不能搞社会主义，农业社会化要依靠工业。"[1]

6月1日，正在北京参加全国宣传工作会议的山西省委副书记陶鲁笳，被通知去参加华北局办公会议。会上，华北局负责人对山西省委的报告和申诉意见再次作了批评。华北局负责人一方面肯定了山西互助合作取得的成绩，一方面要求山西省委认真讨论为什么会突然发生现在的错误。

两天后，刘少奇在华北局作了讲话，对山西省委作了"更严厉、更系统"的批评。刘少奇说："在农业生产上，不能发动农民搞生产合作社，只能搞互助组。现在是三年准备十年建设，十三年或十五年之后，才可能考虑到社会主义问题。将来实行社会主义，不是先从农村，而是先从城市，即先工业国有化，然后才是农业集体化。"

刘少奇认为，富农要求参加互助组或互助组里有了富农，领导上应采取不干涉的态度。富农一定会发展，富农大一些多一些也没有关系。现在富农固然有剥削，但也有好处，能稳住中农，有利于社会生产。现在农村阶级分化，正是将来社会主义的基础。将来富农作为一个阶级出现后，可以采取税收、价格、工会等办法加以限制。

刘少奇还说，在新民主主义阶段，不可轻易地动摇、削弱和否定农民的个体所有制。不要怕农民冒富，只有80%的农户发展到"三马一车一犁"的富裕程度后，才能由他们自愿地走农业

---

[1] 中共中央文献研究室编：《刘少奇论新中国经济建设》，中央文献出版社1993年版，第182—183页。

合作化的道路。农业集体化要等机器,不要机器不妥当。农业集体化必须以国家工业化使农业能用机器耕种和土地国有为条件。

刘少奇明确表示:"普遍发展农业合作社是错误的,现在搞合作社,富农反对,中农动摇,贫农要求,供给制干部热心。凡办事要重多数,少数人拥护的事是不能推广的。现在试办合作社,只能起到培养干部、积累经验、教育农民的作用,不能起别的作用。企图由此直接转变到集体农庄是错误的,它本身没有前途。将来实行集体农庄,它是要被取消的。"

最后,刘少奇对陶鲁笳说,你们试办几个是可以的,但不能推广,不要注意那些空道理,要注意那些如何管理的具体办法。[1]

针对这些批评,山西省委不得不于6月19日向华北局检讨说:"目前阶段提出对私有基础不应该是巩固的方针,而应当是逐步地动摇它、削弱它,直到否定它,确是错误的。"同时申辩说,省委并没有把老区的互助组织普遍地提高到农业合作社,或在农业合作社的基础上实行集体化的想法。4月17日的报告中所提的转折点的意思是互助组不提高就要涣散,不进则退,而不是要转到社会主义和农业合作社。[2]

6月29日,华北局第一书记薄一波在《人民日报》上发表题为《加强党在农村中的政治工作——纪念中国共产党三十周年》的文章,提出:没有强大的国有化的工业,就不能有全体规模的

---

[1] 山西省史志研究院编:《山西农业合作化》,山西人民出版社2001年版,第643—644页。
[2] 山西省史志研究院编:《山西农业合作化》,山西人民出版社2001年版,第68页。

农业集体化。农民必须依靠工人阶级的努力和援助，才能使自己得到进一步的解放。所谓"在互助组内逐渐动摇、削弱直至否定私有财产，来达到农业集体化"，这样的农业集体化道路，是一种完全的空想，因为目前的互助组是以个体经济为基础的，它不能在这样的基础上逐渐发展到集体农场，更不能经由这样的道路在全体规模上使农业集体化。此外，在目前的互助组内逐渐动摇、削弱直至否定私有财产，也是错误的。这要直接破坏目前的互助组，是一种空想的农业社会主义思想。

文章还说："今天的互助组是建立在私有财产基础上的自愿和等价交换的一种组织，一般地是保护私有财产而不是削弱和否定它，而如果这样做了就要犯错误。""已经组织起来的地方，应充实生产内容巩固民主制度并与改善生产技术相结合加以巩固；还没有组织起来的地方，应在等价自愿的原则下继续组织和推广。但发展互助组并不反对个体农民的'单干'；对富农也允许其存在和发展。在农民完全自愿的条件下组织个别的集体农场也是可以的。但这在目前只能是个别的，决不能在目前使农业集体化。"

薄一波的这篇文章，实际上对山西省委作了不指名的批评。

对山西省委的批评并没有就此结束。7月3日，刘少奇在批阅山西省委给华北局的报告《把老区的互助组织提高一步》时，写下了这样一段批语："在土地改革以后的农村中，在经济发展中，农民的自发势力和阶级分化已开始表现出来了。党内已经有一些同志对这种自发势力和阶级分化表示害怕，并且企图去加以阻止或避免。他们幻想用劳动互助组和供销合作社的办法去达到阻止或避免此种趋势的目的。已有人提出了这样的意见：应该逐步地动摇、削弱直至否定私有基础,把农业生产互助组织提高到农业生产合作社,以此作为新因素,去'战胜农民的自发因素'。这是一种错误的、危险的、空想的农业社会主义思想。山西省委的这个文件,就是表现这种思想的一个例子,特印发给各负责同志一阅。"[1]

7月5日,刘少奇在中南海的春耦斋给马列学院第一班学员作了题为《中国共产党今后的历史任务》的报告。报告中,刘少奇再次对山西省委作了批评。他认为,山西省委是对农民的自发力量害怕,企图在互助组内逐步动摇、削弱直到否定农民的私有财产,走向集体化,是不可能的。破坏私有财产,是"左"的冒险倾向。集体农庄是新的东西,要重新组织,不能由互助组、供销合作社发展到集体农庄。现在的互助组是建立在私有基础上的,破坏了私有基础就破坏了互助组。所以,由"互助组发展到集体农庄"这样的提法是不对的。

7月25日,华北局向中共中央作了《关于互助组问题的报告》,再次表示不能同意山西省委的意见。《报告》说:"山西省委提出在互助组内对私有财产不是巩固,而是逐渐动摇、削弱直到否定的方针,是错误的,是根本违反在私有基础上自愿等价原则的。这就要直接破坏目前的互助组。富农已经开始发展,但这并不可怕,到将来适当时期可予以限制,如实行农业累进税等;但现在即提出以限制富农的政策来阻止和避免农村阶级分化,不但不可能,而且对发展农业生产是有妨碍的,所以也是不对的。

---

[1] 中共中央文献研究室编:《建国以来重要文献选编》第2册,中央文献出版社1992年版,第350页。

上述错误思想的实质，是一种空想的农业社会主义思想。"[1]

这场围绕山西农业合作化问题的争论，持续了三四个月的时间。这年8月，毛泽东在了解到双方的意见分歧后，找刘少奇、薄一波和刘澜涛谈话，他明确表示，不同意刘少奇和华北局在这个问题上的意见，而支持山西省委的意见。毛泽东对互助组不能生长为农业合作社的观点和现阶段不能动摇私有基础的观点作了批评。毛泽东认为，既然西方资本主义在其发展过程中有一个工场手工业阶段，即尚未采用蒸汽动力机械而依靠工场分工以形成新生产力的阶段，则中国的合作社，依靠统一经营形成新生产力，去动摇私有基础，也是可行的。1953年8月13日，毛泽东在全国财经工作会议上讲话时说，关于个体的农业经济和手工业经济实行合作化的问题，中共七届二中全会已有明确规定，"但是相当多的同志不注意，当作新闻，其实是旧闻"。

毛泽东的一番话说服了刘少奇等人。接着，薄一波打电话将毛泽东的态度告诉了正在北京治病的赖若愚，赖又马上通知了山西省委。关于山西农业合作社问题的争论就此结束。

1951年10月14日，高岗就东北农村互助合作运动报告中共中央说，农村的互助合作运动，关键是看我们对互助合作运动领导的实际成效如何，即是否提高了生产力，多打了粮食，增加了农民的收入。各类形式的合作互助组要做出比较优良的成绩，来积极动员和吸引单干户自愿加入，但必须强调自愿，不能对单干户有什么强迫和歧视。农业生产互助合作运动的指导方针是根据

---

[1] 黄道霞等主编：《建国以来农业合作化史料汇编》，中共党史出版社1992年版，第39页。

群众的自愿与需要,加以积极扶助与发展,并逐步由低级引向较为高级的形式。毛泽东对这个报告给予了很高的评价,认为"报告中所提出的方针是正确的",并亲笔写了中共中央关于转发这个报告的通报。通报中说:"一切已经完成了土地改革任务的地区的党委都应研究这个问题,领导农民群众逐步地组成和发展各种以私有财产为基础的农业生产互助合作组织,同时不要轻视和排斥不愿参加这个运动的个体农民。"[1]根据毛泽东的提议,中共中央办公厅将中共中央的通报、高岗的报告及其三个附件,印成小册子,作为《党内文件》发给各地学习。1951年12月,中共中央通过《关于农业生产互助合作的决议(草案)》,农业互助合作运动由此在全国展开。

三、争论的是与非

1951年关于山西农业合作化问题的争论,实际上是1950年东北富农问题不同意见的继续。刘少奇和华北局不同意山西发展农业合作社,其根本的依据,还是基于由新民主主义向社会主义过渡,需要一个比较长的阶段的认识,这也是刘少奇所一再强调的只有在经过10至15年生产发展后,才可以采取社会主义的步骤的原因。他认为,现阶段动摇、削弱和否定私有财产还为时过早,富农经济还应允许其发展,对农民富裕起来不要害怕,一定的阶级分化是不可避免的,互助组不能过渡到集体农场,只有先机械化和土地国有化,才能搞合作化。因此,现在还不具备农业

---

[1]《建国以来毛泽东文稿》第2册,中央文献出版社1988年版,第477页。

集体化的条件，不要急于建立农业生产合作社。

刘少奇的上述观点自然有值得商讨的地方。后来的实践证明，以土地入股分红为基本特征的初级农业合作社，生产资料的所有权仍归农民个人所有，并没有否定私有基础，但又具有社会主义的因素，是易为农民所接受的向高级农业合作社（也就是当时所说的集体农场或集体农庄）过渡的有效形式。按照自愿与互利原则，在一些互助基础较好、群众觉悟较高的老解放区进行建立农业合作社的试点，对于探索出一条适合我国国情的农业集体化道路是有其积极意义的。所以刘少奇和华北局对山西省委的批评，用作为当事人之一的薄一波的话说"是有缺点的"。至于先机械化后集体化的观点，更是有照搬苏联经验之嫌，也是不符合中国实际的。中国的工业基础十分薄弱，农业生产条件又复杂多样，如果等农业机械化后才搞集体化，就必然会使农业集体化延宕很长时间。

山西省委的意见当然有其可取的地方。通过创办"土地入股、统一经营"为特征的半社会主义性质的初级农业生产合作社，把互助合作运动引向更高阶段，并以此作为过渡形式，以渐进的方式进行个体农业的社会主义改造，实现农业集体化，不能说"是一种错误的、危险的、空想的农业社会主义思想"。山西省委创办合作社的意见，也符合中共七届二中全会精神。在这次会议上，毛泽东就讲过，把土地分配给农民，只是无产阶级对农民实现了一半领导权，只有组织合作社，引导农民走向集体化，才实现了对农民的全部领导权。土地入股分红的农业合作社没有否定私有基础，只是动摇和削弱了私有基础，并不违背《共同纲领》的基本精神，《共同纲领》明确规定："合作社经济为半社会主义性质的经济,为整个人民经济的一个重要组成部分。人民政府应扶助其发展,并给以优待。"山西大部分是老区,土地改革完成较早,劳动互助基础较好,群众对于组织起来已不陌生,在此情况下进行农业集体化的探索,应当加以鼓励和支持,至少应当是允许的。

但是,正如薄一波在《若干重大决策与事件的回顾》一书中所言,刘少奇对山西省委的批评,"在主导方面是正确的"。

刘少奇一向不主张过早地采取社会主义步骤。他不止一次提出只有在 10 至 15 年的新民主主义建设之后,才能着手搞社会主义,现阶段要坚持新民主主义的各项政策,其中自然包括不要急于动摇、削弱和否定私有基础。我国大规模的社会主义改造是从 1953 年开始的,但农业领域的改造,在这场争论结束后就已开始了。也就是说,原定 10 至 15 年之后由新民主主义转变到社会主义的时间大大提前。不可否认,我国农业的社会主义改造取得了很大成绩,实现了个体农业向集体农业的转变,确立了公有制在农村的主体地位,其意义不可低估。但是,农业集体化过程中也存在一些问题。1981 年中共十一届六中全会通过的《关于建国以来党的若干历史问题的决议》中所说的"改变过快",便是其中之一。"改变过快"自然包括由互助组到初级农业合作社的改变过快,也包括后来从初级农业生产合作社到高级农业生产合作社改变过快。如果在土地改革后稳定一段时间,才开始大规模的农业集体化,不急于改变当时农村的生产关系,在充分发挥农民个体生产的积极性后,才去动摇私有制,对农业社会主义改造途径的多样性进行广泛的探索,那样,"不仅对生产力的发展可能更有利些,而且也可能不至于搞成后来那样千篇一律的农业集体化模式"[1]。

虽然刘少奇对山西省委的批评中有过火的地方，认为把农业互助组织提高到农业生产合作社，"这是一种错误的、危险的、空想的农业社会主义思想"，就山西的情况而言，也许不尽恰当。但是，作为当时党内的一种思想倾向，刘少奇对农业社会主义思想的批评还是有道理的。什么是农民的自发势力，列宁曾经讲过："小商品生产者自发地、经常地使资本主义和资产阶级复活和再生。"[2]这说明经典作家们对农民的自发势力是持否定态度的。所谓农民的自发势力，就是农民中的一部分人有可能富农化，而富农在生产经营的方式上类似于城市的资产阶级。所以农民的自发势力如果任其发展，有可能导致农村出现阶级分化。问题是，到底应该怎样看待农民的自发势力，当时中国农村有没有严重的阶级分化，会不会在短期内出现一个新的富农阶级或农业资产阶级。

发家致富是农民的普遍要求。土地改革后，随着战争的结束，国家进入和平建设阶段，一部分生产条件好、劳动力强、技术水平高、门路广而又勤劳的农民，可能会先富起来，在其剩余资金还不可能投向其他领域时，买地买马买牛扩大再生产成为必然，雇工剥削也会随之产生。这种情况发展到一定程度，少量翻身农民可能会演变为新富农。然而，新富农的形成有一个基本前提，就是这种农民必须首先发展生产，在当时我国生产力

---

[1] 薄一波：《若干重大决策与事件的回顾》上卷，中共中央党校出版社1991年版，第206页。
[2]《列宁选集》第四卷，人民出版社1995年版，第180页。

水平还很低的情况下，这是有积极意义的。如果像斯大林所说的："这样一个农民，他积累了一点钱，但不用这些钱去修理犁头，去改进自己的经营，而却买了一架大留声机，结果……破产了。"[1]这样，农业生产又如何搞得上去？

土地改革后的中国农村，存在着阶级分化的可能性，但可能性与现实性之间是有距离的。当时，土地买卖和雇工剥削虽然已有发生，但并不是很严重。一部分农民进城当工人、做小生意或者从事其他服务性工作等，离开了农村，土地改革中分到的土地无人耕种或无力耕种，将之出卖或出租，这是社会分工发展的结果，不是两极分化。在当时中国的生产力水平下，资本主义式的富农很难形成。即使偶有出现，也可以如同刘少奇所说的通过税收等手段加以限制。担心农民两极分化，对农村可能出现的剥削保持警惕并加以防范，出发点无疑是好的。问题是两极分化并没有一些人担心的那么严重。

"农业社会主义"这个概念是毛泽东提出来的，实际上指的就是农民平均主义思想。新中国成立初期，在东北富农问题和山西农业合作社问题上的不同意见中，刘少奇对农业社会主义思想作了较多的批评，这是十分必要的。中国农民的平均主义思想有深厚的社会基础和广泛的影响。不但历史上的农民英雄们以此作为揭竿而起的旗帜，就是资产阶级的思想家们也把农民的均贫富思想与西方资产阶级政治理念糅合起来，作为改造中国社会的武器，康有为在《大同书》中对他理想中的大同社会的描述，就是一个例子。中国革命胜利前夕，毛泽东提出要警惕农业社会主

---

[1]《斯大林选集》上卷，人民出版社1979年版，第468页。

义,体现了他的远见卓识。农民的平均主义思想,在反抗封建统治的时候有其合理性,但它产生的基础是小农经济,不但与社会化的大生产格格不入,而且也与社会主义的要求相背离。这种平均主义思想,简言之,就是要富大家一起富,要穷大家一块穷,不能有先富后富,也不能有你富我穷,其结果只能是大家一起穷而不能共同富裕。如果当年刘少奇所批评的空想的农业社会主义思想引起全党充分重视的话,在后来的农业生产合作社和人民公社化运动中,平均主义"大锅饭"就可能不会有那么严重,中国农业和农村的发展就不会有那么多的曲折。

统购统销政策的制定

统购统销是我国计划经济时期的重要经济制度。1953年起，新中国开始实施第一个五年计划，随着大规模经济建设特别是工业建设的到来和非农业人口的迅速增加，要求商品粮的供应也相应大量增加，但由于当时粮食的购销都未纳入国家计划，农民存在惜售余粮心理，再加上私营粮商囤积居奇，造成了全国性的粮食供应紧张局面。针对这种情况，同年10月，中共中央、政务院决定实行粮食的计划收购与计划供应即统购统销。

一、粮食紧张

粮食统购统销是从1953年底开始实施的。当初采取这一措施，其实是一种无奈的选择。

中国是一个传统的农业大国，但由于长期的战争，农村生产力遭到了严重破坏，1949年全国的粮食产量仅有2264亿斤，人均不到420斤。同样由于战争，需要国家供应粮食的军政人员越来越多。因此，如何掌握足够的粮食，以保证城镇居民以及经济作物区和灾区农民基本的粮食供应，就成为中国共产党执政后一个重要的课题。

1949年4月至1950年2月，在不到一年的时间里，曾先后发生了4次物价大波动，而前3次物价上涨，都是由粮价上涨开头的。据统计，北京市1950年3月的粮食批发价格指数，比1949年2月上涨了70多倍；上海市1950年2月每石大米的市场成交价，比1949年5月刚解放时上涨了60多倍。

新中国成立伊始，党和政府就花了极大的力气来解决粮食问题。在前两次物价上涨风潮中，人民政府集中了大量的粮食，在物价上涨最严重时平价抛售，从而有效地遏制了粮价继续上涨。平价抛售粮食虽然平抑了物价，但抛售的粮食却容易被私商套购而转手高价销售。鉴于这种情况，在1949年10月的第三次物价大波动时，国营粮食公司一度暂停平价销售，而是在一定时间里牌价随市价向上浮动，当牌价与黑市价格基本持平时，各主要城市一齐抛售。开始之时，投机商人以为人民币也会如同过去国民党时期的金圆券一样暴跌，物价上涨一定会超过银行利息，于是不惜大量举债购进粮食，等到国营粮食公司大量抛售粮食，物价迅速回落时，投机商人囤积的粮食已卖不出去，而高利贷却必须偿还。这一下投机商人叫苦不迭，仅上海一地，粮食投机商就倒闭了几十家。自此之后，粮价逐步稳定。

1950年6月，中央人民政府发布《中华人民共和国土地改革法》，在广大新解放区启动了土地改革，从而极大地调动了亿万农民的生产积极性，促进了农业生产的恢复和发展，粮食产量也得以稳步上升。1951年全国粮食产量比1949年增产了25.7%。到1952年，全国粮食总产量达到了3278亿斤，又比1951年增长了10.6%，比1949年增长了44.8%，与战前最高产量的1936年的3000亿斤相比，增长了9.3%。在如此短的时间里，粮食产量达到了这样一个增长幅度，已实属不易。

然后，尽管从1949年到1952年，粮食的年平均增长率达到了14.9%，却仍不能满足国民经济发展和人民生活水平提高的需要。特别是到了1953年，已有所缓解的粮食供需矛盾再一次尖锐起来。

经过几年的努力，原来设想需要一个比较长的时间才能完成的国民经济恢复任务，到1952年就提前完成了，由此新中国开始进行大规模的经济建设，而与此相伴随的是粮食需求量亦大幅度攀升。1949年，全国城镇人口为5765万人，占全国总人口的10.6%。1953年，城镇人口增加到7163万人，比1949年增加了1398万人，占全国总人口的12.5%。新增加的城镇人口中，除了自然增殖外，均来自于农村。这些人原来粮食消费自给，而进城后需要商品粮供应。同时，随着国家经济建设的开展，经济作物种植面积不断扩大，全国种植经济作物的农民加上其他缺粮农民，总数接近1亿人，他们也需要相应的商品粮供应。

可是，1953年国家和社会能提供的商品粮，却呈现下降趋势，其中一个重要的原因是全国出现了较大面积的灾荒。国家粮食部在4月23日给中共中央的一份报告中说："河南、皖北、苏北大部地区及晋西南、山东一小部地区，于4月11、12日前后发生严重霜灾。据各地报告初步了解的情况，计河南9个专署97个县，重灾39个县，受灾面积3千万亩，少数最严重的，麦苗已完全无望，必须改种。轻者减产百分之二、三十。一般减产百分之四十至七十。据河南粮食厅报告，约减产20至30亿斤。皖北阜阳、宿县两个专区，阜阳更为严重。皖北受灾田地约3000万亩，情况与河南同，估计减产百分之四十至七十。苏北的徐州、淮阴、盐城三个专区，情况大致同豫、皖，受灾区种麦面积约 2300 万亩（估计颗粒不收者 800 万亩），损失 6 至 10 亿斤。三省约计受灾田亩 8000 余万亩，估计减产约 30 至 50 亿斤。"[1] 这一年，全国共有 35463 万亩农田受灾，其中成灾面积 10629 万亩，受灾面积和成灾面积都大大超过了 1952 年（分别是 13553 万亩和 6198 万亩）。

1953 年以前，市场粮食供应主要有两个渠道：一是国家（包括国营粮食公司和供销合作社）掌握的粮食，二是私人粮商手中的粮食。国家掌握的粮食又有两个来源：一是向产粮农民征收的公粮（农业税），二是国家粮食部门和供销合作社从农民手中收购来的余粮。

1950 年 2 月 28 日，政务院发布《关于新解放区土地改革及征收公粮的指示》，规定中央人民政府所征收之公粮，在新区不得超过农业总收入的 17%，地方人民政府附加公粮不得超过正粮的 15%，即国家征收公粮 100 石，地方附加公粮不得超过 15 石。应按照各户实际收入规定其公粮征收额，最高者不得超过其农业总收入的 60%，有特殊情形者，亦不得超过 80%。

同年 5 月 31 日，政务院又发布《关于 1950 年新解放区夏征公粮的决定》，对尚未进行土地改革的新解放区的夏季公粮征收政策作出具体规定：（一）夏征国家公粮，以大行政区为单位，征收总额平均不得超过夏收正产物总收入的 13%；地方附加以省为单位，不得超过国家公粮征收额的 15%（1952 年 6 月 10 日，政务院发出《关于 1952 年农业税收工作的指示》，决定从 1952 年夏征开始，农业税只由中央统一征收一道农业税，地方附加税

---

[1]《粮食部关于运粮救灾的报告》，1953 年 4 月 23 日。

一律取消）。(二) 凡烈士家属、军人家属、供给制工作人员家属中贫苦者，孤寡老弱，及夏收后灾区中仍无力负担者，夏季均可免征或减征公粮；但除灾区外，贫苦户较多地区，以区为单位，免征户不得多于该区有夏粮收获的总户数的20%。(三) 夏粮征收实行累进率，贫农最高不得超过其夏收的10%，中农不得超过15%，富农不得超过25%，地主不得超过50%。特殊户每年收入在2000石以上者，可以由各省人民政府另定征收额，但最高不得超过80%。

13%的农业税率较之与旧中国相比，农民负担已有了很大减轻，但依靠多征收公粮的方式来增加商品粮，显然是不现实的。因为长期的封建压迫和封建剥削，使这些刚刚翻身的农民家底普遍很薄，他们需要休养生息，如果再加大农业税赋，对于农业的恢复和发展不利。正是基于这种情况，早在1950年上半年，毛泽东就提出，这年的夏征要减少，秋征也要减少一点，税率在三五年内一般不要提高，一部分还要略为降低一点。1953年5月25日，中共中央发出的《关于彻底做好农业税征收工作给各级党委的指示》中，明确指出今后国家掌握商品粮实行"少征多购"的方针，几年之内公粮征收数目，稳定在1952年即348亿斤减去特殊灾情的减免数水平的基础上。因此，不可能通过增征公粮的方式来满足国家日益增加的粮食需求。

还在新中国成立前，各解放区就曾成立了各级粮食公司，负责城乡粮食的购销、粮食市场的管理和财政拨粮的经营业务。1950年初，成立了由中央人民政府贸易部所属的中国粮食公司和中央人民政府财政部所属的粮食管理总局（1952年9月合并组成中央人民政府粮食部），统一领导全国的粮食经营机构和粮食管理机构。随后，各大区、各省、各市及以下的粮食公司亦相继成立，国家对农民余粮的收购遂由各级粮食公司承担。

原来人们认为，土地改革后，农村的粮食产量有了很大的提高，农民手中粮食多了以后，就会积极出售余粮。但情况并非如此，农民惜售粮食的现象十分普遍，国营粮食部门或供销合作社收购的粮食并不是很多。1950年，中国粮食公司只收购了粗细粮24.21亿斤，仅完成了计划的63.84%，其中小麦5.93亿斤，完成计划的41.37%。1951年和1952年的情况也大体差不多。山东黄县1952年的秋粮较1951年增产了近1/3，但国营粮食部门和供销合作社收购到的粮食，却反而比1951年同期减少了37%。

新中国成立后，广大农民不但政治上翻了身，而且由于国家废除了国民党时代的苛捐杂税，又实行了土地改革，生活水平得到了提高，因而在粮食增产的同时，他们自身的消费量也有了较大的增加。按1952年的不变价格计算，1949年农民总收入为326亿元，1952年增加到484亿元，增加了158亿元。农民增加收入的部分，大都用于改善生活特别是粮食消费。多少年来，许多农民一年中没有吃过几次饱饭，长期处于饥饿半饥饿状态，现在手中有了粮食，多消费一点也是很自然的。1949年全国农村人均粮食消费量为370斤，1952年增加到444斤，人均增加了74斤。这样一来，虽然1952年全国粮食总产量比1951年增加了10个百分点，但粮食商品率却不升反降，全国上市的粮食加上征购的公粮占总产量的比重，由1951年的28.2%下降到1952年的25.7%。[1]

---

[1] 赵发生主编：《当代中国的粮食工作》，中国社会科学出版社1988年版，第68页。

粮食商品率下降的原因,除了农民自身增加消费外,还与农民存粮防灾或部分农民囤积惜售、待价而沽有关。中共中央东北局 1953 年 5 月在一份关于限令各地完成购粮任务的指示中说:"目前农村余粮,大部分掌握在较富裕的中农手中。他们存在着'怕露富''待价''防荒''存粮放高利贷'等思想。因之,应用经济和宣传动员相结合的方式,叫他们自愿地将余粮卖给国家。自 3 月 8 日东北局关于购粮指示下达后,省县干部虽已注意了这一工作,但由于区、村干部对购粮的政策及重要性认识不足,又怕重犯强迫命令的错误,不敢积极推动购粮工作,遂使粮食工作形成自流。购粮进度逐月下降,3 月份全区平均每日购进 1.3 万吨,4 月份以来每日平均仅买 7000 吨。"[1]

据新华社记者对江苏江宁县的调查,农民惜售粮食有这样几个方面的原因:

一是丰收以后迫切要求改善生活,因此粮食的消耗量大大地增加。很多农民说:一年辛苦到头收下来的粮食应该多吃一点,吃好些。有的说:现在哪个想发财,为什么不多吃一些在肚子里呢?麒麟乡五村村长刘永政说:"我们村上前年夏天大部分人家一天吃三顿粥,只有少数富裕中农一天吃两顿饭;去年夏天,大部分人家每天都能吃上两顿饭了;可是今年却大不同啦,家家都是一天三顿饭了,农忙的时候,还有吃四顿饭呢。"

二是储粮备荒的思想十分普遍。有些老年人对青年人说:"粮食不要随便卖掉,要记住往年荒年吃草头(黄花菜)、吃青草的苦日子。"有些农民说:"不知道明年年成怎样?老鼠还要放

---

[1]《中共中央对东北局限期完成购粮计划的指示的批示》,1953 年 5 月 10 日。

三天陈粮呢！"有的说："过去没办法，地主逼租，放债户逼债，现在日子才好些，哪个舍得把多余的粮食卖掉？"有些农民说："今年稻子价钱很大，但是钱放在手里容易化掉，种田人一年辛苦到头，收点稻子放在眼前看看也是好的，再说碰上荒年，借也借不到，爷有娘有总不比自有好。"

三是等价惜售的思想十分严重。很多贫雇农都这样说："过去种人家田，欠人家钱，稻子一收到手，逼着去卖，私商杀价，苦头吃足。现在翻身了，债也还清了，哪个要急于卖粮呢？等等总有好处。"还有的农民说："远的不讲，去年新稻上市，粮食公司和合作社的牌价也不低，后来一步涨一步，早卖吃了亏；今年小麦一开始价钱也很高，后来还是一天大似一天。"更有一部分农民说："今年稻子价格比往年任何一年高，国家要粮食，等些时候价钱一定还要大。"

四是农民丰收后，手中有钱不急卖。有些农民说："现在我不欠张三的债，也不欠李四钱，要钱用时就卖，不用钱就不卖。"该县湖熟、东山等供销合作社动员农民卖粮，有些农民就这样回答："粮一定要卖的，也一定卖给你们合作社的，就是现在不用钱，到明年春上再说。"[1]

山东黄县农民的想法也差不多。他们说："过去多年来都吃红薯、野菜，苦日子过够了，好容易收到这么些粮食，还是留着吧！来年的年景是好是坏，还不知道，拿不稳呢！"另外，由于城乡物资交流活跃，黄县农民靠出卖土产、特产、工业原料和副业产品，也能换回大部分生产资料和生活资料，因而这里的农民

---

[1]《江宁县农民惜售粮食的六种原因》，《内部参考》第 21 号，1953 年 9 月 10 日。

很少出卖甚至不需要卖出剩余的粮食。而且当地的工业原料,由国营公司或供销合作社"包收",没有季节价差,而市场的粮食季节价差则很大,农民们认为,工业原料是政府掌握的,价钱也是不变的,留着还有损耗,而粮食将来再卖或许能卖个好价钱,自己又不急着用钱,当然用不着卖粮食。[1]

对于这种情况,中央高层并非没有注意到。1953年4月,中共中央在《关于粮食问题的指示》中明确指出:"目前及今后,在一定时期内,粮食方面的基本形势是:一方面国家经济建设在各方面的开展,城市工矿区经济作物区和畜牧区的粮食需要迅速增加。另一方面是粮食的生产,仍然是建立在分散的使用旧工具的小农经济的基础上,产量在一个相当时期内还不可能希望有飞跃的提高。同时,土地改革后,农民生活逐渐改善,他们正在改变着过去半饥饿的状况,部分农民已经能够储存少量粮食备荒。因而,农民每年增加的粮食,不可能全部或大部投入市场,这就是说,虽然粮食是增产了,但商品粮不能有相应的增加,国家在调度粮食上,必须小心谨慎,必须掌握更多的商品粮,巩固国营粮食的阵地,才能保证城市、工矿区、经济作物区和畜牧区以及灾区的粮食供应。稍一忽视这方面的工作,在粮食紧张的情况下,就会犯大错误的。"[2]

本来农民就有惜售和待价而沽的心理,而当时粮食市场是自由市场,农民除了缴纳完公粮外,粮食可以自由上市。也就是

---

[1] 商业部当代中国粮食工作编辑部编:《当代中国粮食工作史料》下卷,1989年编印,第110页。
[2]《中共中央关于粮食问题的指示》,1953年4月11日。

说，农民既可把余粮出售给国营粮食公司或供销合作社，也可以自己在市场上销售或卖给私营粮商。总的来说，国家粮食部门收购数量占社会上公私收购总量的比重，是逐年上升的，1950年占23%左右，1952年上升到73%左右。但在1952年7月至1953年6月的粮食年度内，私商却再度活跃起来，这一年度全国上市粮348亿斤，国家和供销社收购了69.9%，私商收购了31.1%。

到1953年新粮上市后，这种情况仍在继续发展。这年10月10日，湖北省荆州专区共上市黄豆28200斤，国营粮食部门和供销合作社收购的比重为53.3%；11日上市为67200斤，收购比重也只有58.2%，并且市价已高于牌价。江西省私商抬价抢购现象也时有出现，如瑞昌县凤山乡有些经营酒类副业的农民，以高于牌价300元至400元（旧币，1万元相当于新币1元，下同）收购稻谷。东北地区过去私商较少，但秋粮上市之后亦有发展。如辽西省[1]义县七里河子集市上市大豆3000斤，私商购走的即达2000斤。[2]浙江省温州专署粮食局在温州县蒲江乡36个村调查发现，有74%的农民卖了青苗或禾花谷，粮食投机商预购青苗的价格，一般比牌价低20%—30%，有的则低40%以上。[3]

从理论上讲，私商购进粮食，最终的目的也是为了满足市场需要。但私商进行粮食买卖，是以牟利为前提的。当时，凡私商活跃的地区，粮食的市价都要高出牌价20%至30%。"那时，国家经济实力很弱，人民收入低微，很难承受这样的价格。在粮

---

[1] 1949年设置，1954年撤销，所辖大部分县、市划归辽宁省，其余辖区划归吉林省。
[2] 中国社会科学院、中央档案馆编：《1953—1957中华人民共和国经济档案资料选编：商业卷》，中国物价出版社2000年版，第121页。
[3] 赵发生主编：《当代中国的粮食工作》，中国社会科学出版社1988年版，第69页。

食自由市场存在的条件下,粮食价格波动,会引起一系列的物价波动。"[1]

由于粮价的变动,在旧中国饱受了通货膨胀之苦的中国老百姓,纷纷拿出自己有限的积蓄,甚至出卖棉花、生猪等换钱抢购粮食,导致粮价上涨。中共河南省财委分党组在给河南省委的报告中说:"从去年10月在洛阳(棉产区)许昌(烟产区)及其他特产区,即出现小麦紧张,群众集中售棉(烟)集中购粮(特别是小麦),牌市价日趋脱节(一般高于牌价5.1%左右)的现象。""到12月份情况更为严重,脱销现象,价格波动,由局部地区蔓延到河南全部,由小麦波动到秋粮紧张,全省玉米市价均比牌价高6.1%(其中许昌烟产区高23.58%),小米平均高7%,特别是小麦,每天平均销售391万斤,全月销售大于收购32倍多。"[2] 1953年初,河南粮食紧张情况更为严重,粮食上市更加减少,小麦根本不上市。有些市场粮食虽然上市,但商人掌握了市场,囤积居奇,哄抬粮价,使粮价迅速上涨,一般比牌价高20%—40%,个别地方竟高出近1倍。粮价上涨加剧了群众紧张心理,个别农民卖了牲口储存粮食,一些城镇居民大量囤积粮食,驻马店30余个搬运工人,一次集体购买大米200包共4万斤。一些机关也参与到抢购套购粮食之中,平舆县政府挪用公款套购小麦3万斤,舞阳县政府机关干部百余人抢购了够3个月吃的小麦。[3]

---

[1]薄一波:《若干重大决策与事件的回顾》上卷,中共中央党校出版社1991年版,第258页。
[2]《河南省财委分党组关于粮食市场工作的检查报告》,1953年3月6日。
[3]《河南省财委分党组关于粮食市场工作的检查报告》,1953年3月6日。

东北作为我国重要的产粮区，对于粮价的稳定举足轻重。在1949年的几次物价大波动中，都是从东北调运了大量的粮食投放关内主要城市，从而平抑了物价。当时，人们曾将解决粮食问题的希望寄托于东北，但这一年东北的情况也不理想。1953年4月，中共中央东北局在一份指示中说："近数月来全国粮食购少销多，情况较紧，中央已决定削减拨给东北细粮20万吨；又因苏北、皖北、河南、山西等共约7000万亩麦田遭受霜灾，群众不安，销粮骤增，而关内粗粮供应，又主要依靠东北，所以中财委决定再由东北增加25万吨粮食进关。但东北的购粮工作完成得不好，计划争取购粮509万吨，至4月17日只买进了381万吨，尚差128万吨，自4月以来，每日平均只收购7000吨，且仍在继续下降中，这一严重情况，应引起各级党政十分注意。"[1]

粮食的收支出现了严重的逆差，那么国家粮食库存情况又如何呢？据1953年3月末的统计，全国粮食库存约有330亿斤，至新粮上市前，收入计划为70亿斤，各项支出计划为272亿斤，如能按预计数完成，期末库存约有120亿斤。数字诚然不少，但由于购少销多的情况未能扭转，1953年一季度原计划收购63亿斤，实际少收21亿斤，计划销售110亿斤，实际多销了8亿斤，购销差额共29亿斤。

1953年4月22日，国家粮食部向毛泽东和中共中央报告说：今后几个月本是青黄不接的销售旺季，购少销多的趋势还可能发展。加上灾情的影响，原计划收入的70亿斤难以完成，支出272亿斤还可能不足，因而预计130亿斤的期末库存会减少。就是预

---

[1]《中共中央对东北局限期完成购粮计划的指示的批示》，1953年5月10日。

计的 130 亿斤库存，其中有 38 亿斤在西南地区，4 亿斤在西北地区，由于交通不便，这些库存加上中南、华东死角区极难运出者约 4 亿斤，共约 46 亿斤，基本上不能用于全国性调剂。何况全国普遍分散的仓库底子，不可能扫数调净，而经常调运在途、加工周转和公司货底，根据历年经验来推算，约需 90 亿斤左右，否则必有地区粮食脱销。[1]

到 1953 年夏秋间购少销多的局面不但未能扭转，而且还日趋严重。1953 年 10 月，全国粮食销量比 1952 年同期增加了 31.3%，其中大米销售量增加了 59%，而收购量却没有完成计划，这年 9 月的粮食收购量，虽然比 1952 年同期增加了 27%，但只完成了计划的 80.1%。据当时的推算，在 1953 年至 1954 年的粮食年度内，国家需要掌握的粮食达 700 亿斤，通过征收农业税可得到 275 亿斤，剩余的 400 多亿斤要通过市场收购根本难以完成。因为上年度费了很大的力气，也只收购了 243 亿斤，而 1953 年的收成并不比 1952 年好。

二、高层决策

如何改变这种日益严重的粮食紧张局面，就成为一个重大问题摆到了党和政府的决策层面前。

还在 1953 上半年粮食供销矛盾进一步加剧的时候，毛泽东就要求负责国家财经工作的中财委（全称为中央人民政府政务院财政经济委员会）拿出具体办法。当时，中财委主任陈云在外地

---

[1]《中共中央批转粮食部关于运粮救灾的报告》，1953 年 4 月 25 日。

休养，由副主任薄一波主持工作。薄一波组织粮食部和中财委粮食组草拟了《粮食收购办法》《粮食计划供应办法》《加强粮食市场管理办法》《节约粮食办法》等文件。据薄一波后来回忆，在草拟的《粮食收购办法》中，并没有提出征购的问题，主要原因是"考虑到农村工作人员和农民可能难于接受"。薄一波提出的方案是除征收公粮外，有选择地实行余粮认购法、结合合同收购法（即订立合同用工业品换粮食）、储蓄支付货币法（按储粮时牌价将款存入银行保本保值并计息）和预购。[1] 这几个文件交中共中央审阅后，于1953年6月中旬提交给正在召开的第二次全国财经会议粮食组讨论、修改。

这次财经会议并没有对采取何种方式解决粮食问题统一意见。有的与会者提出，为了减轻中央的压力，增强地方及时处理粮食问题的机动权，建议粮食由中央统筹统支改为中央与地方分级管理，地区的调剂由地区间互相协调。也有人认为还是应维持原来的办法，但可略为增加一点地方的机动数。

在此之前，中共中央为解决粮食问题，也曾就余粮征购、取缔私人粮商、粮食按需分配（即根据地方实际需要分配粮食）等问题，向各省、市委征求意见。当时担任河北省委副书记、副省长的薛迅，根据调查掌握的情况，在省委常委会上谈了自己的看法。薛迅赞同取缔私人粮商和粮食按需分配，但认为不要采取"余粮征购"的办法，而建议征购农村余粮的70%，给农民留一点自主销售，粮食市场不要取消，国家可用掌握的粮食来平抑

---

[1] 薄一波：《若干重大决策与事件的回顾》上卷，中共中央党校出版社1991年版，第259—260页。

市场粮价,把余粮都征走会挫伤农民的积极性。薛迅认为,给农民留点余粮自主销售,可以使刚刚走上合作化的农民仍能多劳多得,利用得到的部分现金改善生产和生活,对巩固工农联盟也是有益的。薛迅还将自己的意见,写信向中共中央华北局书记刘澜涛作了汇报。[1]

当时担任中央农村工作部部长的邓子恢,则设想通过供销合作社来吸收农民手中的粮食保证供应。他在1953年7月22日召开的农村工作部部务会议上说:粮食问题是今后十年打下工业化基础的根本问题。供销合作社应了解取得粮食是自己的根本任务。粮食在农民手里,我们不能强征强购。我们取得粮食的办法,主要是供销合作社同农民签订产销合同,用工业品和商品来交换农民手里的粮食,就是按照等价交换的原则,推销工业品和收购粮食,实行系统的产品和商品交换。[2]

正当党内对如何解决粮食问题莫衷一是的时候,周恩来想到了陈云。1953年6月23日,周恩来给正在浙江莫干山疗养的陈云去了一封电报,其中说:"三年来,在粮食问题上采取慎重政策,由中央统一集中管理,得以渡过难关。自去年下半年,由于疏忽,加以今年部分地区发生灾荒,致粮食紧张。今后若干年,此基本情况尚难改变。会议中乃有改变管理与供应制度的提议,

---

[1] 顾卓新等:《女中英杰——忆薛迅同志》,《党史博采》1992年第3期。1955年,薛迅被指责为反对统购统销,受到党内严重警告处分(1990年中纪委决定撤销该处分),并被免去了省委副书记和副省长职务。当时,不赞成实行统购统销的高级干部,还有全国供销合作总社副主任孟用潜。1957年1月,毛泽东在省市自治区党委书记会议上的讲话中曾说:"全国供销合作总社副主任孟用潜。他上书言事,有信一封,也坚决反对统购统销。"

[2]《邓子恢传》编辑委员会:《邓子恢传》,人民出版社1996年版,第466页。

同时亦有主张维持原办法,可略增加地方机动之数者。""此事关系颇大,你过去考虑较深,请提出意见,以便中央通盘考虑作出决定。"[1]

早在1951年底,陈云就考虑过对粮食实行统购的问题。1952年1月15日,他与薄一波、李富春联名向中共中央递交了《1952年财经工作的方针和任务》的报告,其中提出:"由于今后若干年内我国粮食将不是宽裕的,而且城市人口将逐年增加,政府还须有粮食储备(备荒及必需的对外贸易),因此征购粮食是必要的。只要使人民充分了解征购意义,又能做到价格公平合理,并只购农民余粮中的一部分,则征购是可能的。目前先做准备工作,在1952年夏收时,采取合作社动员收购和地方政府下令征购的方式,重点试办,以观成效。如试验成功,即于1952年秋后扩大征购面,逐渐在全国实行。"[2]由于一些地方领导人感到对粮食实行征购事关重大,希望从缓推行,因而1952年并没有进行粮食征购的试点。

在接到周恩来的电报后,陈云对财经会议上关于粮食问题的不同意见,进行了深入的分析,并提出了自己的见解。6月25日,他复电周恩来说:"关于粮食的管理和供应,我主张维持原办法,但要克服工作中的缺点,略增地方机动性。如果把由中央统筹统支改为中央和地方分级管理,则各大区、各省为了各自保证自己方面的需要,余粮者必然希望更少调出,缺粮者必然要求更多调入,其结果很可能发生下述两种情况:(一)上缴粮不能

---

[1]中共中央文献研究室编:《陈云传》上,中央文献出版社2005年版,第839页。
[2]《陈云文选》第二卷,人民出版社1995年版,第160页。

达到中央要求的数量,使我们处于被动地位。(二)地区之间的调剂,因一方要得多,另一方供得少,而不能达成协议,仍然要求中央作决定,甚至形成地域之间互相封锁(此种情况1948年在北满,1949年在赣浙之间都发生过),市场发生混乱,后果可能更坏些。"陈云提议为慎重起见,必须先对下述两点作出决定,一是各大区、各省上缴中央粮食数量(连同品种)的具体方案,二是各大区之间调剂的数量、品种的协议草案。在此两点未确定前,以暂缓实行新办法为稳妥。[1] 在复电中,陈云并没有提到对粮食实行征购的问题,而只是提出粮食仍应由中央统筹统支。对于如何从根本上解决目前的粮食问题,他仍在考虑之中。

第二次财经会议召开之后,粮食紧张的状况不但没有缓解的迹象,购少销多的现象反而仍在发展。为此,这年9月,中共中央在《关于收购粮食问题的宣传指示》中不无忧虑地提醒各级党委:"随着经济的恢复和发展,我国粮食的需要量正日益扩大;而以小农经济为基础的商品粮产量增长速度,却远远赶不上商品粮食需要额增长的速度。""这种依靠个体农民零星出售的收购工作的艰巨性,1952年就已显露出来。1952年粮食收购季节中,7月至10月销多于购,和1951同期恰恰相反。1953年上半年内,一方面出售超过计划很大,若干市场并曾在入春以后一度发生问题,情况相当紧张;另一方面,收购的计划却没有完成。小麦上市以后,7月份北方各产麦和食麦的主要地区,不仅没有完成收购计划,而且收购的数量比1952年同期减少很多。这种情况,

---

[1]《陈云文选》第二卷,人民出版社1995年版,第191—192页。

应引起我们的严重警惕。"[1]

1953年7月底,陈云从浙江回到了北京,参加后期的全国财经会议。根据会议提出的各种意见,陈云归纳总结出了八种解决粮食问题的方案:一是又征又配,即农村征购,城市配给;二是只配不征,就是只在城市配给,农村不征购;三是只征不配;四是原封不动;五是"临渴掘井",就是说,先自由购买,到实在没有办法的时候,再来抓大头,即到占农村人口15%至20%的主要产粮区去征购;六是动员认购;七是合同预购;八是各行其是,也就采取哪种办法由各地自行决定。陈云还对这八种方案逐一进行分析,他认为:

又征又配的办法是硬性的,跟每个人都有关系,问题太大。如果在这件事上出了毛病,后果很严重。它会影响我们跟广大农民的关系。

只配不征的办法只是"关了一道门",在城市里面只准一个人买多少,不准囤积,也不准拿到乡下去。但是农民也有眼睛,也有耳朵,看到城市在配给,他就会不卖粮食。所以,只在城市配给,不在乡村中征购,政府就会买不到粮食。

只征不配的办法也不可行。如果只在农村征购,在城市里面不配给,结果一定会边征边漏。农民就会拿征购粮得到的钱,转一个身再跑到城市的粮食公司里去买粮食,使得征购到的粮食又倒回农村,征购也就失去意义。

原封不动的办法就是照现在这样做下去,自由卖出,自由买进,困难会日益加剧,其结果必乱无疑。如果在乱了一年以后再

---

[1]《中共中央关于收购粮食问题的宣传指示》,1953年9月25日。

来征购，困难就会更大。

"临渴掘井"的办法还不如现在就实行征购，因为等到粮食已经不够的时候再去收购粮食，城市的供应就无法继续下去了。

动员认购的办法东北在1951年实行过认购，就是上面有一个控制数字，交到省，省到县，县到区，区到支部，支部开一个会，号召大家认购，认购不足就不散会。这个办法可以称为强迫而不命令。与其这样，还不如有命令而不强迫好。不强迫就要对农民做说服工作。

合同预购的办法好是好，就是现在来不及了。而且前几年合同预购证明，预购合同对农民的约束力有限，收成好时，农民可能按合同交售，甚至希望国家多买；收成不好，市场价格看涨，虽订了合同，但农民也不一定会履约。何况现在粮食产量不是多而是不足，因此希望全面推行合同制来完成收购任务，对此并没有把握。

各行其是虽然也可以试一试，但各地之间会互相影响，势必使政策不一，难以掌握。

在经过反复比较之后，陈云认为，只有实行农村征购、城市定量配售即又征又配，才能渡过目前的粮食难关。

陈云随即将自己的想法同周恩来、邓小平进行了交换，并得到了他们的支持。他又向正在外地考察的薄一波征求了意见。陈云在电话中说，为解决粮食购销困难，准备实行"统购统销"。又说，过去英国实行过这个办法，当时他们遇到的经济情况与我国类似，实行统购统销成功了，可资借鉴。陈云问薄一波有什么意见。薄一波首先表示同意，同时建议在实行统购统销时，可否给农民留一些可以自由支配的粮食，比如20%或者30%。陈云表示这个意见要考虑进去。[1]

10月1日晚,陈云在天安门城楼上向毛泽东汇报了粮食征购和配售的办法,并得到了毛泽东的赞成。毛泽东还当即要陈云为中共中央起草《关于召开全国粮食紧急会议的通知》,并要邓小平负责起草关于粮食统购统销的决议。陈云连夜拟好了通知,毛泽东于2日凌晨作了修改,并决定当天下午召开中央政治局扩大会议讨论此事。

在这天的政治局扩大会议上,陈云作关于粮食问题的报告。报告指出:目前全国粮食情况非常严重。一些主要产粮区未能完成粮食收购任务,而粮食销售量却在不断上升,京、津两地的面粉已不够供应,到了必须实行配售的地步。现在已有大批粮贩子活动于集镇和乡村之间,只要粮食市场乱,一个晚上就可以出来上百万粮贩子。如不采取坚决措施,粮食市场必将出现严重混乱局面。其结果必将导致物价全面波动,逼得工资上涨,波及工业生产,预算也将不稳,建设计划将受到影响。这不利于国家和人民,只利于富农与投机商人。陈云又说:粮食问题上必须处理好四种关系,即国家与农民的关系,国家与消费者的关系,国家与商人的关系,中央与地方、地方与地方的关系。处理这些关系的基本办法就是:农村实行征购,在城市实行配售,严格管理私商,在坚持统一管理的前提下调整内部关系。只要通过征购把粮食搞到手,其他的问题就好处理了。实行这个办法,可能会出毛病,如妨碍生产积极性,逼死人,打扁担,个别地方甚至暴动。但不采取这个办法后果更坏,如果把本来不多的外汇用来进口粮

---

[1] 薄一波:《陈云的业绩与风范长存》,《人民日报》1996年4月10日。

食,就无法进行工业化建设,改变不了落后的局面,结果帝国主义打来,我们还是要挨扁担。[1]

陈云报告之后,毛泽东作会议结论。他肯定了陈云的报告,并着重分析了农民和农村的现状。毛泽东说:"马克思、恩格斯从来没说过农民一切都是好的,农民有自发性和盲目性的一面。农民的基本出路是社会主义,由互助合作到大合作社(不一定叫集体农庄)。现在是'青黄不接',分土地的好处有些农民已开始忘记了,他们正处在由个体经济到社会主义集体经济的过渡时期。""我国经济的主体是国营经济,它有两个翅膀即两翼,一翼是国家资本主义(对私人资本主义的改造),一翼是互助合作、粮食征购(对农民的改造)。"[2]

对于农村的现状,毛泽东认为,农村的"底"有六条:第一是小农经济。这个经济不好,但是个现实。第二是10%左右的缺粮户。共约有4800万左右的农民缺粮,其中老区情况较好,新区比较严重,要五年才能解决。第三是每年2000万到4000万灾民。灾有六种:水、旱、风、虫、霜、雹,这个问题几十年才能解决,但搞得好可以减少。第四是有10%左右的落后乡。根据整党和"新三反"(指当时进行的反官僚主义、命令主义和违法乱纪的运动)的材料,这些乡的坏干部85%到90%是异己分子钻进来的,10%至20%是好干部蜕化的。以上4条都是不好的方面,以下2条是好的方面。第五是80%到90%的农民欢

---

[1] 中共中央文献研究室编:《陈云年谱》中卷,中央文献出版社2000年版,第178—179页。

[2]《毛泽东文集》第六卷,人民出版社1999年版,第295页。

欣鼓舞，拥护政府，缺粮户和灾民也拥护政府。不拥护政府的人中包括地主、富农在内。第六是互助合作已经发展起来。老区已达60%到70%，新区是20%到25%，其中也有部分是假的。农村将来进一步的发展，基本上是靠这第六条。

关于农村征购和城市配售的问题，毛泽东说："今天讨论的问题，就是涉及百分之八十到九十欢欣鼓舞的人的问题，也涉及缺粮户的问题，这就是对农民实行粮食征购制的问题。实行粮食征购依靠谁呢？主要依靠党员，他们是乡村干部和农民中的积极分子，贫农、中农、缺粮户中都有这样的积极分子。光靠缺粮户是不行的，缺粮户可以作我们的同盟军，也可以作中农的同盟军。""配售问题。粮食征购、整顿私商、统一管理这三个问题，势在必行。配售问题可以考虑，我观察也势在必行。因为小农经济增产不多，而城市粮食的需要年年增长，如果我们能够做到城市、乡村不同时紧张更好，但恐怕办不到。至于名称，不叫配售也可以，可叫计划供应。这样做可能出的毛病，第一是农民不满，第二是市民不满，第三是外国舆论不满。问题是看我们的工作。"[1]

同一天，中共中央发出了《关于召开全国粮食紧急会议的通知》。通知指出：自今年1月以来，全国粮食的基本情况是收购少，销售多，收购不能完成任务，销售总是超过计划。今年秋收以后，这种情况基本上没有改变，有些省区虽然收购达到了计划，但销售则远远超过了计划。这说明粮食问题的极端严重性。

《通知》还透露了对粮食即将实行统购统销的信息。其中说：

---

[1]《毛泽东文集》第六卷，人民出版社1999年版，第296—297页。

如果不采取有效办法，例如采取向农民征购的办法，使国家能够掌握足够的商品粮食，以供应市场；如果不采取有效的办法，例如在城市采取计划供应（如定量配售）的办法，使粮食供应得以保证，并防止投机囤积；如果不采取有效的办法，例如对于城市和乡村的私商采取严格管制的办法，把粮食市场放在国营粮食公司及合作社的绝对控制之下，那不久将在全国粮食战线上产生严重的混乱和波动，从而影响整个物价，影响国家建设的计划。从根本上找出办法来解决粮食问题，是全党刻不容缓的任务。

这时正好已到了公粮征收时节，为了使余粮统购与公粮征收能够同时进行，根据邓小平的建议，中共中央决定将这一年度的公粮征收推迟一个月进行。10月2日，中共中央发出《关于推迟今年征收工作的紧急通知》。通知说：中央已决定于10月10日到12日召开全国粮食紧急会议，在这个会议上，将对粮食问题作通盘的考虑，并拟实行粮食征购的政策。因此，今年征收公粮的时间，必须略为推迟，等到全国粮食会议作出新的决定之后，与粮食征购工作同时进行，较为有利。各地接此通知后，应即转知各县，暂不进行征收公粮工作，其开征时间，以后由中央另行通知。

1953年10月10日，全国粮食会议在北京召开，出席会议的有各中央局和主要省市的负责人。

会议第一天，陈云作了关于实行粮食统购统销的讲话。他首先分析了粮食问题的严峻形势。

第一，收进的少，销售的多。7、8、9三个月共收进了98亿斤，超过原定计划7亿斤；销售了120亿斤，超过原定计划19亿斤。收增加了，但销增加得更多。购少销多的原因，就在于现在农民不把粮食卖给商人，商人也就无粮可卖，全部由国营粮食公司和合作社来卖，所以国营公司和合作社卖出的就多了。

第二，不少地方已开始发生混乱。全国的大、中城市大体上是平静的，但是，在受灾地区和粮食脱销地区，小城市和集镇已开始发生混乱现象。粮贩子大肆活动，特别是粮食少的地方，粮贩子的活动更厉害。从事这种活动的，有的是农民，有的是集镇上的小贩，数量达几十万人。有些原来不做粮食生意的，也收买囤积粮食。

第三，东北的灾情很重。今年东北的水灾比1951年大，减少了收成，将完不成收购任务。东北今年原计划产粮440亿斤，收购100亿斤。而据东北局估计，产量最多只有370亿斤，只能收购76亿斤。东北上调中央的粮食数，原计划是42亿斤，现只能上调26亿斤，减少了16亿斤。中央掌握的粮食一共是96亿斤，减少16亿斤是个不小的数目。

第四，北京、天津的面粉不够供应。北京、天津需要面粉16亿斤，现在实际掌握到的只有10亿斤，而以从全国调麦子来京津救急又难以做到，一来数目很大，二来很多会流到外地去。

第五，粮食混乱现象如不采取措施加以制止，今年全国的收购计划将完不成，销售计划将大大突破。照现在的情况估计，到明年2、3月以后，粮食情况一定会紧张，3月以后能收到多少粮食，很值得怀疑，会有很大的数量收不上来。销售数量原计划是480亿斤，比1952年的460多亿斤（私商在外）稍多一些。这个计划一定会被突破，估计要达到550亿斤以上，可能到600亿斤。

陈云为此算了一笔账：如果1953年度销了567亿斤，就比原计划多销了87亿斤；如果收购比原计划减少30亿斤，差额就是

117亿斤。即使收购计划全部完成了，87亿斤的差额也不是一个小数目。解决这87亿斤粮食差额的办法，一是增加国家掌握的粮食，可是按以往的办法，难以做到，因为增征公粮行不通，这年6月中共中央就已决定今后几年公粮征收只能稳定在1952年的水平；二是向农民购买余粮，可农民又不愿将手中的粮食卖出。

增加的办法行不通，可否减少粮食的支出？陈云说，减少支出的途径他都一个一个地想过了，也都不行。因为市场上的粮食销售量是不能减少的，城市和集镇人口的吃粮必须按数供应，农村灾民和缺粮户的口粮也必须供给；出口也不能减少，全年出口的32亿斤粮食中，不是跟苏联等国换机器，就是跟锡兰（今斯里兰卡）换橡胶，这些都是必要；军队和机关人员的口粮也不能减少；储备粮和库存粮也不能减少，如果减少了，明年的情况比今年还要紧张，波动的面比今年还要大。

陈云在讲话中再次强调，粮食问题上要处理好国家与农民的关系，国家与消费者的关系，国家与商人的关系，中央与地方、地方与地方的关系，并认为这四种关系中，难处理的是头两种，而最难的又是第一种。处理好了第一种关系，天下事就好办了。只要收到粮食，分配是容易的。他指出："根据现在的情况，处理这些关系所要采取的基本办法是：在农村实行征购，在城市实行定量配给，严格管制私商，以及调整内部关系。"

陈云又说："'征购'这个名称是骇人的，究竟叫什么可以考虑，但性质是这么一个性质。为什么提出征购呢？基本理由是，我们的需要量一天一天地增加，但是粮食来源不足，需要与来源之间有矛盾。""鉴于粮食供应紧张的状况，必须采取征购的办法。如果继续采取自由购买的办法，我看中央人民政府就要天天做'叫化子',天天过'年三十'。"他接着说:"这个办法是不是太激烈了一些?可不可以采取自由购买的办法把粮食买齐呢?如果能够买到的话,那当然是求之不得。我这个人不属于'激烈派',总是希望抵抗少一点。我现在是挑着一担'炸药',前面是'黑色炸药',后面是'黄色炸药'。如果搞不到粮食,整个市场就要波动;如果采取征购的办法,农民又可能反对。两个中间要选择一个,都是危险家伙。现在的问题是要确实把粮食买到,如果办法不可行,落空了,我可以肯定地讲,粮食市场一定要混乱。这可不是开玩笑的事情。"

对于在农村征购,城市配给,陈云充分考虑了实行这项政策的难度和可能遇到的严重问题,他提醒与会者说:"如果大家都同意这样做的话,就要认真考虑一下会有什么毛病,会出什么乱子。全国有二十六万个乡,一百万个自然村。如果十个自然村中有一个出毛病,那就是十万个自然村。逼死人或者打扁担以至暴动的事,都可能发生。农民的粮食不能自由支配了,虽然我们出钱,但他们不能待价而沽,很可能会影响生产情绪。""现在只有两种选择,一个是实行征购,一个是不实行征购。如果不实行,粮食会出乱子,市场会混乱;如果实行,农村里会出小乱子,甚至出大乱子。我们共产党在长期的革命斗争中,跟农民结成了紧密的关系,如果我们大家下决心,努一把力,把工作搞好,也许农村的乱子会出得小一点。而且,这是一个长远的大计,只要我们的农业生产没有很大提高,这一条路总是要走的。"[1]

关于城市配给问题,陈云说:"配给"这个名词有点不太好

---

[1]《陈云文选(一九四九——一九五六)》,人民出版社1984年版,第210、211页。

听，一说起它就想到日伪统治时代的情况。现在改了一个名字，叫作"计划供应"，是粮食部长章乃器先生想出来的。我们的配给不同于日伪时代的配给，那时是油、盐、酱、醋都配给，现在配给的只是粮食。那时的配给量是填不饱肚子的，我们现在的配给量可以吃饱。种类不同，数量不同，至于性质那更是完全相反的。配给要迅速地在全国实行，供应的等级可以先粗后细。配给最大的好处是人心定了，也可以防止粮食向外流，制止城市有人囤积粮食。

陈云还在讲话中讲到了严格管制私商和调整内部关系的问题。最后，他说："我们要在农村中采取征购粮食的办法，在城镇中采取配售粮食的办法，名称可以叫做'计划收购'、'计划供应'，简称'统购统销'。"[1]

在听完陈云报告后，会议进行了认真的讨论，与会人员一致同意中共中央提出的粮食统购统销的政策，认为这是解决当前粮食问题的最佳方案。

10月13日是会议的最后一天。陈云在这天的会议上，再次就统购统销问题讲了话。他一开始就说："毛主席昨天晚上说：'征购、配售'的名称可否改变一下？因为日本人搞过这个事情。这个名称有些吓人的。章乃器先生提出把'配售'改为'计划供应'。我们把'征购'也改为'计划收购'，简称'统购统销'。"[2]

接着，陈云总结了会议关于计划收购、计划供应、对付私营

---

[1] 以上引文见《陈云文选》第二卷，人民出版社1995年版，第203—217页。
[2]《陈云文集》第二卷，中央文献出版社2005年版，第457页。

粮商和粮食管理等方面的意见，并着重谈到了计划收购的问题。关于计划收购的数量，这次会议上各大区提出了具体的数字，为了稳妥起草，陈云建议这次会议不做最后定案，先搞征购，征购完了之后再专门召开一次粮食平衡的会议，集中讨论全国收支平衡和大区收支平衡的问题。关于计划收购面的大小，陈云传达了毛泽东的意见：在农村50%的人口中进行计划收购。这50%里头又有重点，其中25%粮食更多一点，应该更多收购一点；其余的25%就少收购一点。陈云同时也表示，收购的面不宜太小，也不能像征收公粮那样太宽。对于计划收购的价格，陈云提出：就农民来说，收购价格应该是合理的、适当的。不要使农民感到又要计划收购，又是杀价。对国家来说，不能长期赔本。

在这天的会议上，邓小平也作了讲话，他着重讲了粮食统购统销与总路线的关系。邓小平说，有一个问题想补充一下，就是毛主席昨天晚上交待的：要搞统购，必须结合总路线来讲。就是说，一定要把总路线讲明白了，才能使全党和全国人民赞成这个东西，并执行得好，这是一个很重要的问题。他又说：如果不结合总路线来讲，区、县两级干部是不容易一下子想通的，因为挨扁担、有困难都在他们头上。把总路线讲通了，大家头脑一亮，一切都想到远大、光明的前景，即使有困难，办法也会想出来。邓小平提出：统购是对资本主义自发势力的一次很大的阶级斗争。农民有积极的部分，有消极的部分，要引导农民走社会主义，走互助合作的路子。要对农民讲社会主义的好处。告诉他们要想真正使生活好起来，只有走社会主义道路。应该诱导农民发扬冒社会主义之尖的积极性，走互助合作道路，而不是鼓励他们冒资本主义之尖的积极性。

三、政策出台

1953年10月16日，中共中央政治局再次召开会议，讨论并通过了《中共中央关于实行粮食的计划收购与计划供应的决议》（以下简称《决议》）。11月19日，政务院第194次政务会议又通过了《关于实行粮食的计划收购和计划供应的命令》（以下简称《命令》）。就这样，与全国人民息息相关的粮食统购统销政策正式出台。

粮食统购统销政策，包括四个方面的内容：（一）在农村向余粮户实行粮食计划收购（简称统购）的政策；（二）对城市人民和农村缺粮人民，实行粮食计划供应（简称统销）的政策，亦即是实行适量的粮食定量配售的政策；（三）实行由国家严格控制粮食市场，对私营粮食工商业进行严格管制，并严禁私商自由经营粮食的政策；（四）实行在中央统一管理之下，由中央与地方分工负责的粮食管理政策。

这四项政策，是互相关联缺一不可的。正如《决议》所指出的："只实行计划收购，不实行计划供应，就不能控制市场的销量；只实行计划供应，不实行计划收购，就无法取得足够的商品粮食。而如果不由国家严格地控制粮食市场，和由中央实行统一的管理，就不可能对付自由市场和投机商人，且将由于人为的粮食山头的相互对立，给投机商人以更多的捣乱机会，结果计划收购和计划供应亦将无法实现。"

当时，中共中央对统购统销给予很高的评价，《决议》为此指出："实行上述政策，不但在现在的条件下可以妥善地解决粮食供求的矛盾，更加切实地稳定物价，和有利于粮食的节约；而且是把分散的小农经济纳入国家计划建设的轨道之内，引导农民走向互助合作的社会主义道路，和对农业实行社会主义的改造，所必须采取的一个重要步骤，它是党在过渡时期的总路线的一个不可缺少的组成部分。"[1]

统购统销政策的具体内容是：对农村余粮户实行粮食计划收购（统购）。政务院的《命令》规定："生产粮食的农民应按国家规定的收购粮种、收购价格和计划收购的分配数量将余粮售给国家。农民在缴纳公粮和计划收购粮以外的余粮，可以自由存储和自由使用，可以继续售给国家粮食部门或合作社，或在国家设立的粮食市场进行交易，并可在农村间进行少量的互通有无的交易。"[2]也就是说，国家在农村实行粮食统购的对象，是缴纳公粮之外还有余粮的农民，即所谓的余粮户。

那么，余粮户如何界定呢？《决议》和《命令》中并没有作出具体规定。一般来说，余粮户是指生产粮食的农民，在留足其全家的口粮、种子、饲料和缴纳完公粮（农业税）外，尚有多余粮食的农户。这两个文件也没有规定口粮、种子、饲料的留粮标准以及余粮统购的比例，而是由各省、市、自治区根据本地情况决定。从后来实际操作的情况看，一般是规定统购余粮户余粮的 80% 至 90%。

1953 年至 1954 年粮食年度国家需要掌握粮食 700 亿斤，其

---

[1]《中共中央关于实行粮食计划收购与计划供应的决议》（1953 年 10 月 16 日），中共中央文献研究室编：《建国以来重要文献选编》第 4 册，中央文献出版社 1993 年版，第 478—479 页。

[2]《中央人民政府政务院发布关于实行粮食的计划收购和计划供应的命令》，《人民日报》1954 年 3 月 1 日。

中通过征收农业税可得275亿斤。根据这种情况,中共中央决定1953年向农民统购余粮总量为431亿斤。中共中央认为,这个数目虽然很大,但由于过去三年的丰收,农民手中存有若干余粮;1953年的年成亦不坏,粮食总产量相当于1952年;1952年农民缴纳国家的公粮和卖给国家及私商的粮食,共约670亿斤,而1953年实行计划收购,农民要拿出的粮食,所多不过30余亿斤,应当是可能的。

中共中央同时又认为:"粮食的计划收购(统购)是涉及广大农民,首先是广大中农切身利害关系的问题,它不但会遇到投机商人的抵抗,遇到反革命分子的破坏活动,而且如果工作做得不够,还会遭受到一部分余粮户的反对。"针对这个情况,中共中央在《决议》中提出了如下具体要求:

——统购价格必须合理。国家所定的统购价格,在大体维持现有的城市销售价格的基础上,以不赔不赚为原则。在此原则下,全国各地的秋粮统购价格将大体维持目前的收购牌价,只有对于某些大区之间的毗邻地点和其他个别地点的粮价定得不合理者,才予调整。目前统购牌价尚未颁布,各地的收购牌价,未经大区批准,一律不准提高。

——统购价格及统购粮种,必须由中央统一规定,杂粮是否实行统购及统购品种,亦由中央规定,以便于合理地规定地区差价和调节品种比价,消除粮食投机的可能。

——统购价格必须固定,以克服农民存粮看涨的心理。在既定的收购数字和收购价格下,农民可以分期交粮,分期取款;可以一次交粮,一次取款;也可以一次交粮,分期取款,而在后一种场合,可由银行给予较为优厚的利息。以上办法可根据地方情形，酌量采用。

——实行统购的同时，必须加强农村的物资供应，加强地方国营工业和手工业的生产，使农民出卖粮食所得之现款，能够买到生产和生活必需的物资，以便利农民。

——统购面宜于稍大，不宜过小，才利于完成统购的任务。

——实行统购必须进行充分的政治动员，并须采取由上级颁发控制数字和由群众实行民主评议的办法。在乡一级应将控制数字公布，使群众心中有数。

——粮食入仓的运输，适用公粮入仓的运输办法（即送粮时间来回在一天之内者不给报酬）。

——为了帮助贫农解除困难，避免购粮资金的投放过分集中，应在1954年考虑实行粮食预购的办法。

中共中央认为，国家实行粮食计划收购，只是不利于奸商，不利于囤积居奇牟取暴利的粮食投机者和剥削者，不利于农民中那种资本主义的自发倾向，而对于所有农民，包括余粮户在内，都是有利的。这不仅因为农民得到了合理的粮价，得到了物价稳定的好处，更主要的是因为国家和粮食投机商以及农民的资本主义自发势力作斗争的结果，使农民摆脱投机者的操纵和剥削，并将加快地促进农民对于社会主义的觉悟，因而就可能加快地促进互助合作运动的发展，而农民只有走互助合作的道路，走社会主义的道路，才能最后地解除自己的贫困，过着一年一年富裕起来的生活，才能使商品粮大量增加，供应城乡人民的需要。

对城市人民和农村缺粮人民实行粮食计划供应（统销）。按照政务院的《命令》，粮食统销的对象和方法是：

（一）在城市，对机关、团体、学校、企业等的人员，可通过其组织，进行供应；对一般市民，可发给购粮证，凭证购买，或暂凭户口簿购买。

（二）在集镇、经济作物区、灾区及一般农村，则应采取由上级政府颁发控制数字并由群众实行民主评议相结合的办法，使真正的缺粮户能够买到所需要的粮食，而又能适当控制粮食的销量，防止投机和囤积。

（三）对于熟食业、食品工业等所需粮食，旅店、火车、轮船等供应旅客膳食用粮，及其他工业用粮，应参照过去一定时期的平均需用量，定额给予供应，不许私自采购。

按照上述规定，计划供应的范围，不但包括县城以上城市及集镇的居民，也包括缺粮的经济作物区的农民、农村人口中大约1/10左右的缺粮户和灾区农民。这样一来，计划供应的人口仅在农村接近1亿，加上城市人口，总数接近2亿，约占当时全国总人口的30%。

在这之后，粮食的计划收购与计划供应在全国城乡实施，统购统销成为计划经济体制的重要组成部分。

粮食统销在城市的实施

1953年10月，中共中央通过《中共中央关于实行粮食的计划收购与计划供应的决议》，同年11月，政务院下达《关于实行粮食的计划收购和计划供应的命令》，决定在农村进行粮食的计划收购，在城市实行粮食计划供应，简称统购统销。那么，城市的粮食统销是如何开展的，笔者拟以北京市为中心作简要的历史回溯。

一、粮食计划供应的初步实施

根据中共中央的指示精神，各地在贯彻统购统销政策时，城市的计划供应要早于农村的计划收购。华北、东北两大区大中城市的计划供应工作，于1953年11月上、中旬开始实施；中南和西南地区的大中城市，均在11月15日后陆续开始计划供应；华东地区和西北地区交通沿线的城市则在12月上、中旬开展这项工作。至于县一级城镇除西北、云南等交通不便的地区在1954年初进行外，其余县城均在12月底以前开始计划供应。[1]

北京是全国第一个实行粮食计划供应的城市。

---

[1] 赵发生主编：《当代中国的粮食工作》，中国社会科学出版社1988年版，第88—89页。

北京首先进行的是面粉的计划供应。还在中共中央作出《中共中央关于实行粮食计划收购与计划供应的决议》前，即1953年10月12日，北京市委就向中共中央和华北局呈送了关于实行面粉计划供应的初步意见的报告，提出准备在这年11月1日起实行面粉计划供应。报告中说："今年本市面粉求过于供，数量相差甚大，目前面粉实际价格又与邻近地区相差甚远，因此，外流数量也很大。7、8、9三个月的小麦销量已达中央粮食部原拟供应的全年总数的44%。如不迅速设法解决，势必因脱销而造成市场的严重混乱。我们即准备根据中央10月2日的指示，对面粉实行定量配售，待取得经验后，再酌量对大米和全部粮食实行配售。"[1] 10月24日，中共中央同意了北京市委的报告。

1953年10月23日，北京市委又就面粉计划供应问题，向中共中央和华北局递交了一份补充报告，提出对私营面食业所需面粉的供应，暂时仍按其过去实际销售量和统销价格供应，并限定其按原价出售。如国家所供应的面粉不能满足其营业需要时，在大米、粗粮未实行统销前，他们可以从市场购买大米或粗粮。对粮商和面食等业现存的面粉和小麦，在实行计划供应时，一律加以登记，由粮食公司收购。中共中央于第二天即同意了这个报告。10月27日，北京市召开了市政府委员会和市协商委员会的联席会，通过了实行面粉计划供应的决议。

10月28日，北京市委书记彭真在全市党员干部大会上作了

---

[1]《中共北京市委关于实行面粉计划供应的初步意见向中央、华北局的请示报告》（1953年10月12日），北京市档案馆等编：《北京市重要文献选编（1953）》，中国档案出版社2002年版，第419页。

《关于北京市实行面粉计划供应的报告》，详细地说明了北京市必须立即实行面粉计划供应的原因。针对干部中存在的许多关于面粉计划供应的疑问，彭真一一作了解释。

对于可不可以推迟一个月再执行这个政策的问题？彭真说：不行，推迟不得。因为今年中央拨给北京 5.2 亿斤面粉，在 7、8、9、10 四个月就吃掉了 3 亿斤，占了 60%，如果再不实行计划供应，到腊月二十三灶王爷上天时就吃不上面了。到那个时候，老百姓就要把我们骂透了。

那么，推迟 5 天行不行？彭真说：也不行。因为下月 1 号发薪，面粉就会一下子卖出七八十万斤。调皮的人把面粉堆得高高的慢慢吃，老实的人就根本吃不上，这在首都是不能允许的。

有干部问：不采取这个措施，行不行？彭真说：充分供应，让大家敞开吃好是好，但就是面粉不够。让粮食公司挂牌"面粉没有了"不行，名誉不好。老百姓要说我们还不如日本鬼子。

针对有人提出的可以提高面粉价格控制销量的建议，彭真说：这个办法倒是既省事又赚钱，把面价一直提高到吃面的人少了，面粉就够了，但坑了工人和机关干部，他们吃不起白面，有钱的人多贵他都吃。这样做没有阶级观点，不行。

有人问：苏联为什么不帮助？彭真说：我们提出来，苏联也会帮助，但问题是我们"是要机器，还是要面粉"？蒋介石就不要工业化，只要外国的面粉，这是亡国的政策，我们不能这样做。

又有人说：首都有特权，应该多给一点。彭真说：这话我看不好开口，实际上首都已经享有特权了，面粉供应已经比别的地方高，河北省每人只能得到 6 斤，现在北京附近的面粉价格已经比北京高得多,农民很不满意,说"我们种麦子的人反而吃贵的面粉",这样会影响工农联盟。

彭真强调,只有实行计划供应,才是解决根本问题的办法,别的办法统统不行,而且必须从11月1日起就执行,不然就不得了。[1]

10月31日,北京市制定了《面粉计划供应实施办法》,提出了面粉计划供应的具体标准:(一)凡在北京市居住并已办理正式户口登记的居民(农业人口除外),一律每人每月供应面粉8斤;(二)对国家机关工作人员、中等以上学校学生、教育卫生工作人员、三轮工人、搬运工人、手工业者及所有公私企业职工本人,每人每月增加供应面粉4斤,连前共计12斤;(三)对国营工矿、交通、建筑等企业(不包括银行、贸易系统)职工和100人以上的私营工矿职工本人,每人每月再增加供应面粉6斤,连前共计18斤。此外,外国使馆、领馆等外籍人员、外国留学生、医院病员暂均按其实际需要量供应。对郊区农民中完全不种粮食的菜农,按一般市民供应面粉每人每月8斤。凡按规定供应面粉者,须持面粉购买证于当月到国营粮食公司或其代理机构购买,逾期无效;面粉购买证暂由北京市人民政府商业局统一印发。

北京在决定面粉计划供应时,一开始并没有打算分等,而是考虑按每人每月10斤供应,但权衡利弊后,还是决定分等供

---

[1] 彭真:《关于北京市实行面粉计划供应的报告》(1953年10月28日),北京市档案馆等编:《北京市重要文献选编(1953)》,中国档案出版社2002年版,第444—445页。

应。分等的原则是"搞生产的人理应多供应一点","干活的要吃好点"。[1]

11月1日面粉计划供应后,北京发生了挂面销售数量激增、大量外流的现象。崇文区李兴荣挂面铺一天之内接到了一百多个电话要货。前门区东升挂面铺,过去一天只卖20斤,面粉计划供应后一天即卖200斤,增加10倍。为此,北京市又决定对挂面实行统销,规定挂面采取凭面票购买的办法,但为照顾到群众的零星需要,购买不足1斤者,可不收面票。

北京市实行面粉计划供应后,面粉市场基本稳定,但大米和粗粮销量大增。11月2日,大米的批发销量相当于10月29日的4倍,粗粮的销量相当于10月29日的3倍,部分零售商店和供销合作社一度发生了粗粮脱销的现象。同时,一些原来套购面粉牟利的粮商又转而套购大米,造成北京大米外流。为此,北京市又决定对大米和粗粮实行计划供应。

1953年11月9日,北京市财委提出了《关于实行大米、粗粮计划供应的初步意见》,其中说:"自实行面粉计划供应后,大米、粗粮供应量增加,而一部分粮商、粮贩拒绝为国家加工及供销,已进行加工者则消极怠工,或倒运粮食企图扰乱市场。因此,对粮商、粮贩必进一步的加以严格限制。""我们主张对大米、粗粮的计划供应先采取按户、凭证、登记购粮的办法,即按户口簿逐户发给购粮证,各户凭证到粮食零售机构购粮。""购粮数量一般地以一个月的实际用量为限,具体数量暂不作规定,

---

[1]彭真:《关于北京市实行面粉计划供应的报告》(1953年10月28日),北京市档案馆等编:《北京市重要文献选编(1953)》,中国档案出版社2002年版,第445—446页。

由内部掌握出售；在总数内除去面粉规定定量供应外，对其他品种如大米等一般不定量，而对某些特殊粮种可采取临时定量供应办法。这样既可控制销量，防止囤积，又可满足人民需要，经过一定时间待取得经验后，再考虑定量配售问题。"[1]

北京市委采纳了市财委的意见，并于11月17日向中共中央和华北局报送了《关于实行大米、粗粮计划供应问题的请求报告》。11月22日，中共中央同意了北京市委的报告。12月1日起，北京市对大米和粗粮也实行计划供应。

北京市采取的计划供应办法是：按公安派出所管辖区设置若干粮食零售机构和代销店，居民凭购粮证到其居住的派出所管辖区的粮食零售机构或代销店，按每月的食用量购买粮食，并根据公私营代销店的分布情况划分供应区，实行定点供应。定点的原则是既照顾群众购粮方便，也要照顾公私代销店的分布情况及具体条件。

继北京之后，全国各大中城市也相继实行粮食计划供应。例如，天津市规定：

市区内全部人口（包括盐滩盐民、渔民）每人每月一律供应面粉8斤。

国家机关工作人员、学校教职员、中等以上学校学生、医务工作人员、三轮工人、搬运工人、国营和私营手工业工人和店员、交通建筑和工矿等独立经营的管理单位的职工、农场职工、脱产的团体工作人员、100人以下私营工厂企业的职工、退休工人、救济院的工人、窑业工人、内河航运木船职工、以工

---

[1] 北京市财委：《关于实行大米、粗粮计划供应的初步意见》，1953年11月9日。

代赈工人、养护队和清洁队工人、盐滩工人、文艺工作者、在工厂工作的资方代理人等，除供应8斤外，每人每月补助面粉4斤，共12斤。

机器生产的国营工厂矿山工人，基建工人，铁路、邮政、电信、电业等单位的职工，轮船职工和码头工人，公共汽车和电车的职工以及国营企业10辆以上汽车的运输队，机器生产在100人以上的私营工厂职工等，除供应8斤外，每人每月补助面粉10斤，共18斤。

外宾、外交人员，病人，由国家赡养的荣誉军人，交际处的客人，托儿所、保育院的小孩，基本上全额补助，但托儿所的小孩每人每月的总额暂以12斤为限，其他人员的总额每人每月暂以18斤为限，如确系不足，其不足部分可另造计划，经批准后，以小站大米补助之。

各机关、工厂、企业、学校、团体等来往客人，病号的机动用面，暂按各该单位定额标准总额的0.5%至1%进行供应，其有招待所的部门，可根据实际来往客人的需要，逐月编造计划，经批准后进行供应，但客人食用标准不得超过本单位的职工标准。

天津市还制定了《面粉计划供应关于年、节、婚、丧、生育、疾病补助暂行办法》，规定：春节全市每人增加面粉2斤；五一劳动节全市每人增加面粉1斤；元旦全市每人增加面粉1斤；市民在产期增加面粉4斤；患病一个月以上的市民经医生证明，派出所审核批准后，每人每月增加不得超过8斤；市民嫁娶男女双方增加部分各不得超过一袋面粉（44斤），当在区政府登记结婚手续的同时，并向区粮食科申请批给，除市民外，其他人员结婚一般不予补助，但在家结婚者，在不超过前项规定的原则下可予补助；凡成年人丧亡需补助者，经派出所证明、街公所批准，补助面粉不得超过一袋。[1]

西安市在实行粮食计划供应时，开始没有规定每人的供应量，只有一个内部掌握标准，即不分粗细粮居民每月34斤、机关干部和学生32斤，重体力劳动工人（如砖瓦、铁匠、担水、搬运工人等）48斤，一般体力劳动工人（如纺织、木器、印刷工人等）40斤，7周岁以下的小孩最多18斤。此定额不公布，只作为内部掌握。

1953年11月5日，太原市开始按计划实行面粉供应，该市采取的是分类定量的办法，将全市人口分为三类，即市民每人每月供应面粉6斤，机关、团体工作人员每人每月供应10斤，厂矿企业职工每人每月供应18斤，粗粮自由购买。购买办法是按人口类型每人发给一份供应条证，分为普遍、机关、生产单位三种，一律凭证购买面粉，对病、丧、婚等特殊情况另行发给照顾条证。[2]

实行粮食计划供应之初，南方以大米为主食的城市，一般没有对居民粮食定量作出规定。如江苏省的办法是对居民按照人口数，核定用粮计划；对集体伙食单位，按参加搭伙人数核定计划，计划供应的数量按需自报。[3]贵州省采取的办法是对机关、团体、工厂、学校等有组织的单位，按实有人数和需要的粮种、

---

[1] 中共天津市委：《天津市面粉计划供应关于年、节、婚、丧、生育、疾病补助暂行办法》，1953年11月。
[2] 太原市粮食局编：《太原市粮食志》，山西人民出版社1993年版，第198页。
[3] 江苏省粮食局编：《江苏省粮食志》，江苏人民出版社1993年版，第106页。

数量编制计划，经审核后，按核定计划凭证购粮。市镇居民每月口粮一般内部控制在 30 斤内，体力劳动者的口粮可略高于此数。根据每户实有人口和实际需要，经民主评议，凭户口簿或购粮证，按月分期购粮。[1] 杭州市在实行计划供应时，对一般城市居民，采取的是划片、定点、凭证购买的办法，对机关、团体、医院及 25 人以上的学校、企业、工地等，划为集体供应户，由粮食部门指定供应点开票供应。[2] 当然，也有的南方城市对大米供应作出数量规定，例如成都市决定实行粮食统购统销后机关、学校、团体及一般市民每人每月定量 23 斤，一般工人每人每月 26 斤，建筑、板车等工人每人每月 41 斤。[3]

至于粮食计划供应的品种和数量，当时全国并没有一个统一的规定。归纳起来，主要有这样几种类型：一是细粮（大米、面粉）定量供应，按月公布供应标准，粗粮暂不定量。东北地区实行的是这种办法。二是面粉定量供应，大米、粗粮暂不定量。华北全区及河南省实行这种办法。三是粗细粮均不定量，按其实际需要通过民主评议，批准供应。实行这种办法的只有山东一省。四是内部掌握供应标准，用购粮登记的办法控制销售。实行这种办法是除河南外的中南全区、除山东外的华东全区及西南、西北地区。各地的计划供应，一般都是先由大、中城市开始，逐

---

[1]贵州省地方志编纂委员会编：《贵州省志·粮食志》，贵州人民出版社 1992 年版，第 105 页。

[2]《杭州市粮食志》编纂领导小组编：《杭州市粮食志》，杭州大学出版社 1994 年版，第 57 页。

[3]《四川省委转发成都市委关于宣传粮食计划供应的简报》，1953 年 11 月 20 日。

步推及到小城市。[1]在后来的实践中,统购统销政策越来越细化,统销的品种也不断增多。

二、各方对粮食统销的最初反应

对粮食实行计划供应,本意在于保证城镇居民基本的粮食需要。那么,城镇居民对这一政策的反应如何呢?

北京在全市实行面粉计划供应前,曾于1953年10月25日、26日两天组织全体党员学习中共中央关于粮食计划供应的文件。北京市委办公厅整理的一份学习情况简报说:"绝大多数党员认为党的决定是正确的、必要的,应该坚决执行,有人说早该如此。"但同时"党员普遍反映问题来得很突然,在群众中更是如此,而这一措施对人民生活改变很大"。简报接着说:

(一)党员普遍感到太突然。很多人认为:今年丰收,余粮出口,抗美援朝已经胜利,五年计划已经开始,为什么要实行粮食统购统销呢?其主要原因是人民需要增加供不应求、农民惜售、灾情严重,还有我们工作有错误,抑或是资产阶级捣乱。

(二)有的工人、干部和学生党员认为可以少配售他们一点。工人阶级本就应"吃苦在前,享乐在后",何况建筑工人配售18斤,南方工人吃不了,壮工吃不起。干部则认为他们应"发扬艰苦朴素的优良传统",而有的机关按供应标准算反而比过去吃得更多。学生则说自己年轻,"少吃点没关系"。

---

[1]中国社会科学院、中央档案馆编:《中华人民共和国经济档案资料选编(1953—1957):商业卷》,中国物价出版社2000年版,第153页。

（三）很多党员建议向群众宣传时切不可使用"配给""混合面"等名称，因为它们极易引起群众对日伪时期悲惨生活的回忆。

对粮食实行统购统销原因有各种推测。例如，私营厂店中很多人认为是"粮食出口了"，特别是"运到苏联"。有人提出："自己粮食不够吃，为什么还出口？"市委机关系统的一个党员说："我们粮食困难，为什么苏联不帮助？"郊区农民、私营工厂及建筑工人中有的党员认为："这就是社会主义，吃大锅饭了。""这下可好了，工农生活看齐了，没贫没富，生活拉平了。"[1]

按照北京市的规定，国营工矿、交通、建筑等企业（不包括银行、贸易系统）职工和100人以上的私营工矿企业职工，每人每月供应18斤面粉，为各阶层中面粉供应量最高者。"因此，虽然对他们的面粉供应较过去减少了，他们仍然热烈地表示拥护。"[2]

华北农业机械总厂一老工人说："我们是头一等，真是照顾我们工人阶级，不完成生产计划，可对不起政府。"北京第一机床厂有的工人说："别看资本家戴十八钻的表、金戒指，可就只能吃8斤。"一个装卸工人说："咱们装卸工人的待遇比一般市民高、比职员高、比大车工人高，甚至比彭市长都高，是最高的待遇了，在过去哪有这样的事。"同仁医院工地建筑工人听到100

---

[1] 北京市委办公厅：《北京市党员讨论粮食统购统销的综合简报》，1953年10月26日。
[2] 《中共北京市委关于面粉计划供应实行情况向中央、华北局的报告》（1953年11月5日），北京市档案馆等编：《北京市重要文献选编（1953）》，中国档案出版社2002年版，第511页。

人以上企业每人每月18斤,全场大鼓掌。[1]

北京国营工厂的工人说:"政府真替老百姓管事,看到粮食不够,就想出细水长流的好办法。""我们工人阶级领导的政府,不能让有钱人畅快吃白面,劳动人民吃不上。"有的说:"只有人民政府才能想出这样好的办法,国民党不搞建设,到美国买面粉,我们宁可不吃面粉,也要买机器,搞工业化。"[2]

私营工厂、商店工人和店员的面粉定量标准虽然比产业工人低,规定为每人每月12斤,但他们对"一般比资本家待遇高一等乃至高二等感到很兴奋"。前门区工人、店员开会讨论时,一谈到资本家8斤,工人、店员12斤,"大家便兴高采烈,有些一向开会不说话的也发表意见了,议论劳动人民光荣,资本家不值钱,有的提出和资本家一起吃饭怎么办?有些人即表示工人阶级伟大,不和他们计较这点小事,团结他们搞好生产要紧"。一位印书馆工人说:"我们和干部、大学教授一样12斤,比资本家多4斤,政府还和我们商量,真是当家作主了。"冀兴铁工厂工人吴英全说:"听说12斤我就打了一下算盘,觉得不够,但一想到解放前一个月只吃了两顿面,现在好得多了,以后想要多吃白面,就得加油干活,早日到达社会主义。"[3] 还有私营工厂、商店的工人、店员因为与资方同灶吃饭,听到自己是12斤资本家是8斤后,兴奋地说:"资本家和咱一个伙食团,不向他多要面票,

---

[1] 北京市委:《北京市工人对面粉计划供应的反映》,1953年11月5日。
[2] 北京市委:《北京市工人对面粉计划供应的反映》,1953年11月5日。
[3] 北京市委:《北京市工人对面粉计划供应的反映》,1953年11月5日。

就对他说：'你是吃我们的面。'"[1]

大车工人、三轮车工人虽然供应量也只有12斤，但因为供应量与机关干部相同，因而他们"最满意和干部一样待遇"。他们说："我们三轮车工人和干部、教授一样待遇，真是地位提高了。过去也是粗细粮搭配着吃，其实就8斤面也够了。"一位叫韩春林的三轮车工人说："这办法好，物价涨不了，又能吃上白面，12斤正好，再多了买不起。"[2]

但工人也不是人人都接受这个政策的。比如，国营运输公司中的有些大车工人，就对其和装卸工人待遇不同表示不满，他们说："为什么一个公司两样待遇？"[3] 11月30日晚上，崇文区召开2000多人参加的私营工厂大会，宣传有关面粉计划供应政策。会上有工人在人群中说："我非给毛主席提意见不可，他应该带头吃6斤。"会后，京华印书局一位工人发牢骚说："反正政权掌握在你们手里，叫我们吃什么就吃什么。"[4]

北京一般市民、小贩也表示拥护面粉计划供应。有人算了一下细账，大人小孩一拉平还吃不完，有的市民满意地说："这样治住奸商，吃面细水长流，真好！"[5] 许多市民对取缔粮商这一条最为认可。因为粮商总是在粮食紧张时哄抬粮价，特别是在旧政权时期，物价飞涨，一般老百姓认为粮价上涨就是粮商在其中

---

[1]《北京市各阶层人民对实行面粉计划供应的反映》，《内部参考》第259号，1953年11月5日。
[2]北京市委：《北京市工人对面粉计划供应的反映》，1953年11月5日。
[3]北京市委：《北京市工人对面粉计划供应的反映》，1953年11月5日。
[4]市委办公厅：《崇文区私营工厂有些工人对面粉统销不满》，1953年10月30日。
[5]《北京市各阶层人民对实行面粉计划供应的反映》，《内部参考》第259号，1953年11月5日。

捣鬼，因此有相当多的市民对粮商没有好印象，甚至把粮商叫作"米蛀虫"。统购统销开始后，"奸商"往往成了粮商的代名词。因此，有的市民说："满清、日本、国民党都没解决得了，毛主席把它办好了。"也有的说："把他们饿死也应该。""干脆像整地主一样搞掉他们。"

因为北京市实行面粉计划供应之初，对粗粮的供应并没有限制，而以往一般收入不多、生活水平不高的市民，即使对购买面粉数量没有限制，但因面粉价格高于粗粮，因而吃粮也是粗细搭配或以粗粮为主。因此，这些人听到粗粮吃多少可以买多少后说："什么都不怕，有共产党就有饭吃。"[1]

当然也有市民对这一政策表示不理解或不满。有位家庭妇女说："老说日本、国民党搞配给面，现在不也搞这个吗？这回算是拿馒头塞住了自己的嘴巴子。"[2]

据北京市委办公厅了解，对于面粉计划供应，"教授一般反映甚好，拥护政府措施"，认为"彭市长政策讲得好，使人心服"，"应当多要机器，少吃面粉"。有的说："工人卖力气，光吃粗粮顶不上劲，应该多吃点细粮。"北京大学经济系教授陈振汉说："国民党搞配售，只往报上一登，事前还透露给私商，人民政府做法不同了。"北京师范大学有些教授表示："多吃点粗粮问题不大，用不着开那么多会讨论，领导把我们估计过低了。"[3] 北京市委写给中共中央关于面粉计划供应实行情况的报告中也说：

---

[1] 中共北京市委办公厅：《大米、粗粮统销情况简报》，1953年12月2日。
[2] 北京市委办公厅：《十月三十日群众反映》（根据《北京日报》原稿摘要），1953年10月30日。
[3] 市委办公厅整理：《高等学校教授职工及学生反映》，1953年10月30日。

"大学教授均表示拥护,认为:'这是向社会主义迈进了一步','分等办法很实际,照顾劳动人民很合理'。"[1]但是,"也有少数教授表示冷淡或不满"。北京大学化学系一位教授说:"不要找我开会了,只要大米里砂子少些就行。"清华大学无线电系一位教授说:"粮食运到苏联去了。现在是饥饿输出。"[2]

高等院校的职工对面粉计划供应也是"反映满意",其中主要原因是他们的面粉标准与教授们一样,而在过去,大学教授与职员的待遇差别是相当大的。他们中有的说:"马约翰(清华大学著名体育教授——引者注)也12斤,我也12斤。"有的说:"这几年把解放前的事都忘了,现在想起来,生活水平比解放前高得太多了。"[3]

对于面粉计划供应,心情最复杂、反映最强烈的要数资本家。用北京市委的话说:"面粉计划供应政策对于粮商、粮贩是一个突然袭击,是致命的打击。在工商界中震动很大。"[4]

在此之前,工商界进行了"五反"运动,即反行贿、反偷税漏税、反盗窃国家财产、反偷工减料、反盗窃国家经济情报。在"五反"运动中,有不少资本家因沾染"五毒"而被检举揭发,并受到了不同程度的处理。"五反"运动之后,资本家已普遍感到日子没有以前那么好过了,他们也知道,社会主义这一关是迟早要过的,但又不知道什么时候过,更是担心马上就过,因而他们对统购统销政策十分敏感。北京中央打字机行的资本家说:"这是第

---

[1]《北京市委关于面粉计划供应实行情况的报告》,1953年11月5日。
[2] 市委办公厅整理:《高等学校教授职工及学生反映》,1953年10月30日。
[3] 市委办公厅整理:《高等学校教授职工及学生反映》,1953年10月30日。
[4]《北京市委关于面粉计划供应实行情况的报告》,1953年11月5日。

一个五年计划的头一年,五年计划完了,咱们就活不了啦!"三联化学厂经理说:"一夜工夫就变成这样了,真叫人害怕。"[1]但是,因为"这次打击的对象乃是粮商粮贩,对一般工商业者有利无损。因此,一般工商业者虽然对粮食投机商人的被打击,有兔死狐悲之感,但经过解释后,情绪已经稳定,多数表示拥护"[2]。

得知面粉将实行计划供应,特别是自己的供应标准比工人、店员还低之后,北京资本家感受最深的是现在自己"不值钱"。那些规模较大的资本家,多数对面粉分等供应表示不满,认为这是资本家政治待遇低的表现,有人说,一提到配售 8 斤便感到有些"刺激"。还有些与店员、职工同灶吃饭的资本家说,供应标准比工人低,是政府故意这样做的,是要让资本家承认自己是吃工人的。建中铁工厂经理说:"会上公布配售标准后,我考虑了半天,我不同工人比,就考虑职员的劳动强度也不大吧,他们还有上下班的时间,为什么他们吃的与我们不同。"义聚成山货庄经理说:"我回去把配售标准等告诉我老婆,我老婆说:'就你们资本家不值钱。'"天景隆纸店经理说:"同工人分开,配售 8 斤面粉,随便怎么说也有刺激性。"首都工厂厂长说:"我想这到了社会主义就好了,大家都一样,政府这样做就是叫你承认你是吃工人的。"[3]还有一个资本家说:"那怕工人吃 4 斤,我吃 4 斤,也干。这回工人吃白面,掌柜的倒吃窝窝头,这算怎么回事?"[4]

---

[1] 北京市委办公厅整理:《资本家的反映》,1953 年 11 月 1 日。
[2] 《北京市委关于面粉计划供应实行情况的报告》,1953 年 11 月 5 日。
[3] 北京市工商联:《粮食统购统销后搜集反映情况汇报》,1953 年 12 月 3 日。
[4] 北京市委办公厅:《十月三十日群众反映》(根据《北京日报》原稿摘要),1953 年 10 月 30 日。

也有的资本家发牢骚、讲怪话。东四区行记车行经理说:"政府说什么都有理,反正政府嘴大,嘴大就有理,嘴小就没有理。"在一次有资本家参加的宣传统购统销会上,一个资本家要上厕所,另一个资本家对他说:"还上厕所呢!吃白面都不自由了,把嘴都拴住了。"[1]永利号经理说:"权力在政府手里,政府要宽大小民,抬抬胳臂就过去了,不搭拉胳臂就过不去。"吉兴号经理说:"柜上 11 人,家里 16 口人,全靠柜上,别的干不了,只有加工代销,如加工费不够,就不好办啦!谁都知道社会主义好,可是过渡时期不好办。"[2]

资本家产生这种情绪,也不足为怪。自从新政权建立以后,原来为资本家所管理的工人,成了新社会的领导阶级,而资本家成了被改造的对象,双方的地位一下子反过来了,心理上也就难免产生某种不平衡。

不过,资本家们对统购统销的心态也是各不相同。有一些由资方供应伙食的中、小工商业户,认为"五反"后工人生活水平提得太高,吃大米白面都嫌不行,还想吃好菜,想降也降不下来,这回实行面粉计划供应,可是个"好机会",于是对面粉计划也表示拥护。振兴隆煤厂经理说:"政府眼光真亮,虽然谁吃什么看不到,但是消耗多少东西总有数,'五反'后工人提高得挺高的,伙食标准只能增不能减,吃大米白面嫌不好,这一回可好啦,除非政府能这样办得了。"养成铁工厂经理说:"我厂工人一天两顿白面,还整天挑剔,不是碱大了,就是碱小了,这

---

[1] 北京市委办公厅:《资本家的反映》,1953 年 11 月 1 日。
[2] 北京市工商联:《粮食统购统销后搜集反映情况汇报》,1953 年 12 月 3 日。

回好，就甭搁碱了，这个办法非政府不行。"同兴顺麻铺经理说："政府早就发动增加节约，就是行不通（指工人吃粗粮），现在的工人全吃细粮也不多干活，我当学徒时尽吃粗粮，一天干十五个小时，都比他们干得多，这回这样办法真好，非政府还真办不到。"利盛长布店经理说："不少工商户都说，现在的工人大米白面都不想吃，这回可该换点粗粮了。"[1]

反应最为强烈的莫过于粮商粮贩和一部分面食业主，他们"开始是惊惶失措，后则采取各种方式实行抵抗。主要是用消极怠工的办法来抵制。许多粮食加工业在我粗粮加工力量不足之际，拒绝加工"。北京全市有38家被委托加工的粮店每日本可磨面9万斤，但在10月31日，即面粉计划供应前一天，却只出面7000多斤。有的粮商则拒绝代销，理由是："你们也是卖，我们也是卖，都是为人民服务，谁卖不一样？"许多面食业主过去为偷税而少报所用面粉数量，现在则以面粉不够"迟开早歇"来消极抵抗。也有少数面食业主抬高市价，少给分量。在登记存面时，粮商"多数极不老实"，前门区检查了60户粮商，就有40户隐瞒谎报。[2]

12月1日，北京市宣布自3日起实行大米、粗粮统销。听到这个消息后，粮商普遍惶惶不安，认为"完了，这行没指望了"，纷纷召开股东会、家庭会研究出路问题。一般粮商因转业困难，大都申请加工或代销。粮商中较大户多要求公私合营，认为"大势所趋"，"早走也是走，晚走也是走"，"跟下馆子一样，

---

[1] 崇文区委办公室：《崇文区面粉统销工作简报》，1953年10月31日。
[2]《北京市委关于面粉计划供应实行情况的报告》，1953年11月5日。

去晚了就没有座位了"。有的在工商联会议上说:"给政府好好干,现在当经理,将来可能当厂长,我们是有前途的。"小粮商认为合营没条件,加工代销又嫌利小,但也晓得"今后只有依靠政府才有出路"。他们被批准代销后,高兴地说:"这下饭碗子可有着落了。"

但也有不少粮商发牢骚、情绪对立。有的在登记存粮时,将大米标牌使劲往远处扔,又故意把有土的粮食倒进好粮食里。有的说:"当干部连自己的吃喝都顾不上,公私合营也挡不住受罪。"有的为"二三十年的买卖一下子全完了"感到心疼,认为"代销不够吃,找别的事没技术,没房没地,怎么也是愁"。有的说:"混一天,算一天。"粮食摊贩对计划供应也甚为不满,有的说:"我又交税,又守法,为什么不叫我做买卖?"一般摊贩感到"这下完了,赶快转业"。[1]其他地方关于粮食统销的反映和各阶层的态度,与北京有类似之处,限于篇幅就不一一列举了。

三、实施粮食统销的宣传与准备

虽然社会各阶层对粮食计划供应的态度不尽相同,但各地对这一政策贯彻执行还是十分迅速的。

实行粮食计划供应,最为关键的是做好宣传工作,使广大群众能够接受这一政策。因此,各地在实行粮食计划供应之时,首先进行了广泛的宣传动员。

北京市在全市开始面粉计划供应前,就由市委宣传部拟定了

---

[1]中共北京市委:《北京市大米、粗粮统销后粮商的反映》,1953年12月8日。

《北京市面粉计划供应（统销）宣传工作计划》，强调："必须组织与动员一切宣传力量大张旗鼓地对各阶层群众进行充分的解释和动员，做到最大限度的普遍和深入；使得广大群众明白实行面粉统销的意义、政策及作法，并结合宣传党在过渡时期的总路线，以提高群众的思想觉悟，从而使广大群众积极拥护人民政府的面粉统销措施。"

这个宣传工作计划要求在普遍开展宣传前，应做好准备工作，其中规定：市委宣传部要编写针对工人、农民和一般市民的通俗讲话材料及问答。各区委应组织和训练宣传力量（主要是抓紧挑选和训练报告员）的工作，制订好宣传工作计划、汇集研究党员对面粉统销的反映和意见，进而应以区委宣传部的干部为基础，增调干部，成立面粉统销宣传组，负责协助区委进行宣传工作，掌握宣传内容，检查宣传效果和研究群众反映。至于宣传的方式，则以口头宣传为限，不作文字宣传。主要形式是作报告，也可进行个别的宣传解释。电台、报纸概不作宣传。

为了做好面粉计划供应的宣传，北京动员了970多名报告员和1.5万名群众积极分子，形成了一支强大的宣传员队伍。北京市委把报告员宣传的内容归纳为四点：（一）为什么要实行面粉计划供应？不这样做行不行？用别的办法行不行？（二）供应不分等行不行？为什么要分三等？（三）为什么要取缔粮食投机，由国家统销面粉？（四）谨防投机商人和反革命分子的破坏活动。[1]

---

[1]《中共中央宣传部关于北京、天津、保定三市面粉统销宣传工作主要经验的通报》，1953年11月13日。

1953年10月25日起,北京市在党内即普遍学习和讨论了《中共中央关于实行粮食的计划收购与计划供应的决议》和北京市委实行面粉计划供应的报告。28日下午召开党员干部大会进行动员,当晚在党员中普遍作了传达。27日召开了市政府委员会和市协商委员会的联席会议,讨论并通过了实行面粉计划供应的决议。29日晚到30日上午将各界人民代表会议的决议向干部进行了传达。从30日起向群众广泛展开宣传。北京市的这种宣传方式,得到了中共中央的肯定,认为"这样作法的好处,第一是事先可有一周左右的时间对干部和群众进行动员和宣传教育;第二是首先在党员、干部和各阶层代表人物中取得了一致的认识,然后就好通过他们做好对群众的宣传教育工作"。[1]

其他城市也十分重视粮食计划供应的宣传。兰州市为实行粮食计划供应,市、区两级即成立了粮食办公室,并抽调厅、局级干部9人、市科级干部30余人,一般干部1000余人,加上甘肃省支援的干部100多名,"组成了声势浩大的粮食工作队伍"。在面粉计划供应正式开始前,兰州市委首先在党内外干部中做了动员,市、区召开了各界人民代表大会。12月1日起,省、市、区报告员一齐出动,"向各阶层人民作了全面的、有系统的报告"。工厂、学校、矿山及城乡人民听到报告的近15万人。各区、街道又都召开了基层干部、党团员、妇女、青年等各种形式的会议,结合填发购粮证,订月需计划,向群众进行了具体的解释。供应开始后,在供应站又利用黑板报、喇叭筒、口头解

---

[1]《中共中央宣传部关于北京、天津、保定三市面粉统销宣传工作主要经验的通报》,1953年11月13日。

释等方式进行宣传。

据兰州市委介绍,"经过这些宣传,基本上消除了大部分群众的顾虑,总路线、总任务和粮食政策在城乡劳动人民中留下了深刻的印象"。有的工人说:"回想反动派的时候,粮食完全掌握在地主和奸商手里,他们要涨就涨,要跌就跌,弄的咱们吃了多少亏;现在粮食由国家掌握,是完全正确的,对人民有很大好处。"有的商贩也说:"人民政府的政策就是好,譬如今年歉收,要不是政府管得好,不知道粮价要涨到多高。"[1]

天津在1953年11月1日实行面粉计划供应以前,全市广泛开展了关于粮食统销政策的宣传。10月下旬,天津市委书记黄火青和天津市长吴德先后在党内干部会和市、区各界人民代表会议上,就面粉计划供应问题作了报告。10月29日和30日两天时间内,全市出动2000多名报告员开展面粉计划供应的宣传。市内8个区和塘沽区共有39200多名宣传员和群众积极分子参加了宣传工作。"在宣传中,报告员和宣传员一般都结合国家过渡时期的总路线,采用引导回忆、举例对比和算细账等方法,通俗地说明了实行粮食计划供应的政治意义和经济意义,并交代了计划供应的具体办法。除个别街道和单位因为没有讲透道理,少数群众曾一度发生一些思想波动外,全市人心安定,秩序良好。"[2]

严禁私商自由经营粮食是统购统销政策的一个重要内容。当时出台这项政策,根本原因当然是粮食的供需矛盾尖锐,粮食严

---

[1] 中共兰州市委:《兰州市粮食计划供应情况的报告》,1953年12月16日。
[2]《认真作好宣传教育和物资准备工作 天津市实行粮食统销情况良好》,《人民日报》1954年3月2日。

重短缺。但同时亦认为，粮食紧张局面的出现，与大量私营粮商的存在是密不可分的，是私商扰乱了市场秩序，他们不但本人大肆套购粮食囤积居奇，与国营粮食公司争夺粮源，以牟取暴利；同时还导致农民有粮不售，待价而沽，从而使国家掌握的粮食减少，造成粮食紧张的局面。因此，要解决粮食问题，除了动员农民出售手中的余粮外，不能再让私商插手粮食的收购与销售，并最终取缔私营粮商。因此，各地在实施粮食计划供应时，都严禁粮食自由买卖。这就涉及原有的粮商如何处理的问题。

这年11月10日，北京市财委发出《粮食统购统销后对私商存粮处理及作价的通知》，规定所有粮商，不论购粮店、加工户、摊贩、粮栈等所存大米、粗粮（不包括小杂粮），一律在统销开始实行时，由区人民政府派员进行登记；工业用粮户只作登记，不予收回，但其存粮在今后供应计划内扣除；国家委托供销户之存粮，登记后按统销价格出售，其他粮商存粮一律按国家粮食零售牌价（即统购价格）收购。[1]

北京市委关于大米、粗粮计划供应问题给中共中央和华北局的报告中也提出，对于现有粮商的处理方针是：有极小一部分可实行公私合营；有一小部分可予收购，并选用其从业人员；对其余专营粮食的零售店和零售兼加工店，必须尽可能委托其供销或加工，粮食批发商和摊贩，则可动员并协助其转业。北京市委在报告中还说："我们准备在目前采取比较缓和的办法，暂时尽可能多维持一些。对于地点适中、铺面较大、设备和职工较好的，

---

[1] 北京市人民政府财经委员会：《粮食统购统销后对私商存粮处理及作价的通知》，1953年11月10日。

拟长期委托其供销或加工；对于条件较差的和铺子小但难以转业的，也暂时委托其供销或加工；对于油盐店兼营粮食者，如不供销即不能维持的，暂时亦准其兼营供销粮食业务（不准自由买卖粮食）；对于实在无法维持而失业的职工，除由资本家自行安置者或逃亡地主等不可录用的分子外，原则上应由国营商店或合作社尽可能吸收。对于经营粮食的资本家，亦拟选择少数有代表性的由国营商店加以录用。"[1]

天津市则在实行面粉计划供应前的10月29日，由各区工商分局分别召集私营粮食业、磨坊业的资本家开会，宣讲粮食统销政策。30日开始让私营粮商向政府登记存粮数字。"在这个期间有些奸商曾企图隐匿和转移存粮，经政府检查和店员群众揭发后，多已改变了态度。在实行面粉计划供应后，曾有部分投机奸商向市外偷运面粉和套购大米，在政府缉查和群众监督之下也被取缔。"天津市对于私营粮食批发商，一律吊销其营业执照；对要求转业者，设法予以帮助。私营磨坊业和粮食零售业，由国家粮食部门委托其加工和代销粮食，个别有困难的代销店，准许其兼营一部分杂货、纸烟等商品。"这样就使全市私营粮食磨坊业和粮食零售业基本上顺利而妥善地纳入了国家资本主义的轨道。"[2] 其他各地均采取了严格控制粮商、粮贩的办法。所以，实行粮食计划供应后，私商基本上退出了粮食流通领域。

实行粮食计划供应后，各地的粮食销量都得到了一定程度的

---

[1]《中共北京市委关于实行大米、粗粮计划供应问题向中央、华北局的请示报告》，1953年11月17日。

[2]《认真作好宣传教育和物资准备工作 天津市实行粮食统销情况良好》，《人民日报》1954年3月2日。

控制。北京市在统销前的三个月即1958年8月、9月和10月，全市的粮食销量为19026万公斤，统销后的11月、12月和次年1月，全市粮食总销量为17724万公斤，下降1302万公斤。[1] 天津市于1953年11月实行面粉计划供应，12月份实行粮食全面统购统销。统购统销以前天津市粮食特别是细粮始终呈紧张局面。这年9月全市面粉销量达1289880袋，比1952年同期增加了23.43%，10月份虽然加强了粮食管理，但面粉销量仍然达1043017袋，粗粮销量也逐步上升。实行面粉计划供应后，面粉销量显著下降。实行粮食计划供应后，重庆市各粮种销售量减少了12%至23%，甘肃武威地区粮食销售量减少40%。全国1953年11月份粮食销售量比12月份减少1.64%，其中面粉减少了20.52%。[2]

---

[1] 北京市地方志编纂委员会编：《北京志·商业卷·粮油商业志》，北京出版社2004年版，第65页。
[2] 《广大人民拥护粮食统销政策 各城市粮食计划供应效果很好》，《人民日报》1954年3月2日。

粮食统购在农村的最初贯彻

粮食统购统销政策的核心内容，一是在农村向余粮户实行粮食计划收购（即统购），二是对城市居民实行粮食计划供应（即统销）。对于统购统销政策在实行过程中的是非曲直，学界已有相当的论述对此作了介绍与评论，而对于这一政策究竟是如何具体贯彻实施的，特别是农村的粮食是如何进行统购的，这方面的成果还较少见，笔者拟就此作一点简单的介绍。

一、基层干部与农民对粮食统购政策的心态

统购统销政策启动之初，实际上是在两个领域进行，即在农村进行余粮统购，在城市实行粮食统销。城市粮食统销具有双重性，它一方面对某些粮种（北方主要是面粉，南方主要为大米）实行分等定量供应，在一定程度上限制了居民的消费自由；但另一方面，这种限制又是为了保证城市居民能得到基本的粮食供应。农村粮食统购则是必须把以往农民自由买卖的余粮（扣除口粮、农业税即公粮、种子、饲料用粮等外还剩余的粮食）出售给国家，即按当时的市场牌价农民将余粮卖给国营粮食公司或供销合作社，不能销售给私营粮商，亦不能将粮食拿到自由市场销售。虽然根据统购政策国家征购的只是农民的余粮，而且是有偿

征集，并非苏联在十月革命后那种无偿的余粮征集，但这一政策毕竟限制了农民售粮自由，使其作为粮食生产者在一定程度上失去了自由处理自己粮食的权利。那么，在统购统销政策的贯彻过程中，农村基层干部和农民对此持什么样的态度呢？

1953年11月中旬，河北各县分别召开县、区、乡干部会议，传达过渡时期总路线和统购统销政策，总的情况是："上述三级干部听了总路线的报告后，都感到兴奋。他们一般的反映是：'心里亮堂了'，'有奔头了'，'摸着社会主义的边了'。"但在传达粮食问题的决议后，"由于部分区乡干部（主要是乡干部）没有把粮食问题与总路线有机地结合起来，特别是由于政策界限不清，打击对象不明，认为有余粮就是打击对象，因此给自己造成了思想顾虑"。其中，乡一级干部的思想状况大体有以下三种类型：

一是家有余粮的乡干部，情绪不高，在小组会上不发言。正定县古营村乡党支部书记在小组讨论会上整天一言不发。蠡县辛兴乡有一干部，家有四五千斤余粮，因而不愿参加会议。个别的乡干部甚至有抵触情绪，说怪话。大兴县（1958年划归北京市）一乡干部说："你们今年购粮，明年我种白薯，看你们还购什么！"也有干部片面地认为有余粮就是冒了资本主义的尖，不光荣。没有余粮也不缺粮的干部，认为统购和自己没有关系，因而表现得漠不关心。没有余粮的乡干部，特别是青年，则表示积极拥护，发言热烈。

二是有些干部"存在狭隘的农民意识，脚跟站在农民一边，替农民说话"。有的干部说统购对农民太刻薄，待农民不公平。徐水县大营乡党总支书记在讨论会上说："粮食涨钱，都是被工人闹的。"河间县有的干部在县、区、乡干部大会上说:"要说村里有冒资本主义尖的,是工人,不是农民。粮价上涨,是因为工人往家里捎的钱多。"任县新庄乡一个干部说:"工人待遇高,农民待遇低,工业品价高,农产品价低,总是农民吃亏。"

三是在"执行政策上,存在'左'、右两种倾向"。在大兴县三级干部会议上,有的干部说,把余粮卖给国家是光荣的,就是钱少。还有的认为,余粮是劳动所得,叫人家卖,不理直气壮。"也有的因为打击对象不明,表现了'左'倾情绪。"栾城县在讨论统购时,有的干部说:"余粮户就是社会主义的绊脚石,非铲除不可。"徐水县大石庄有的乡干部说:"国家有法律,不卖就是犯法,依法制裁。"还有的干部想用土地改革的一套办法来进行粮食统购工作,他们说:"既然只有把余粮收购归国家,才能打掉村里资本主义的尖,我们回村就一定要把村里的余粮户搞个干干净净。"[1]正定县三级干部会上,有的干部说:"这个愁什么,土改时候,地主的什么东西,也得好好地拿出来。收购粮食不给,一斗就行。"[2]唐山有的乡村干部说:"有余粮不卖,就是走资本主义的大石头,把他搬掉[3]。""有余粮是中农,回去先搞他,不卖不行。"高阳县二区一个女干部说:"有余粮不卖,就斗一斗,熬鹰也得熬出来。"定兴县有的干部说:"不卖粮就问他,

---

[1]《河北省和湖南长沙县区乡干部对粮食统购统销的思想情况》,《内部参考》第276号,1953年11月25日。
[2]河北省粮食工作办公室:《粮食简报》第3号,1953年11月18日。
[3]"搬石头"是土地改革时的用语,当时一些地方认为土改不彻底的原因,是部分干部反对土改或土改不积极,是压在群众身上的石头,要把斗争发动起来,就必须撤换这些干部,故称之为"搬石头"。

属毛主席领导不？走社会主义道路不？"[1]

河北各县在三级干部会议初期，乡村干部中，基本上搞通思想并自动报出余粮，保证回去卖给国家的约占50%。有余粮但思想没有搞通，在会上不发言或作试探性发言的也约占50%。在他们中，有的人在会上始终一言不发，也有人问："有粮食不卖给国家行不行？""回家后家长或老婆搞不通怎么办？"还有的干部认为这次统购统销是又一次土改，主要是斗争富裕户。据对通县专区三河县3个区21个乡85个村干部的统计，内有余粮户49人，占干部总数的57.6%。从余粮的数量上看，多者三四千斤，少者三四百斤。这49个有余粮干部的思想情况是：听了传达报告并经过短时间的思想斗争，"愉快地划清了思想界限，批判了自己的错误思想，决心走社会主义道路，积极表示把余粮卖给国家的"有23人，占余粮户的47%；从道理上懂得，思想上勉强接受但仍犹豫不决的有20人，占40.8%；自始至终沉默，一言不发，经过讨论动员仍不愿卖粮的有6人，占12%。[2]

一般农民对粮食统购的态度也各不相同。河北阜平县城南庄在解放战争时期曾是晋察冀军区司令部所在地，毛泽东1948年初离开陕北移驻西柏坡前，也曾在这里小住过一段时间。这个村的群众听说粮食要实行统购统销后，由于对政策不摸底，表现出了不同的心态。比较富裕的户，有的怕闹"二次平分"（按：指1947年下半年老区土地改革时采取的平分土地办法），赶忙转移藏匿粮食。土地改革时曾被斗争过的人，以为土改是平分土地，

---

[1] 河北省粮食工作办公室：《粮食简报》第4号，1953年11月19日。
[2] 河北省粮食工作办公室：《粮食简报》第2号，1953年11月17日。

这次是平分粮食。有一个农民在土改时曾被斗争,听说要统购粮食,找到乡干部说:"我有三十多斗小麦,动员出来行不行?"有的翻身户[1]也误认为统购就是平分粮食吃,不积极生产,坐等填坑[2]。翻身户李喜花说:"平分时分了土地,现在又来粮食大平分,抽多补少,来给咱们填坑。"而那些不余粮不缺粮的户,有的抱观望态度,认为天塌有大家,地塌有邻家,怎么着与自己关系也不大。[3]

河北临漳县农民最初的反应也是如此。有人误以为粮食统购就是要斗争余粮户、斗争中农,实行平均主义,吃大锅饭等。该县五区北吴庄村村主任听说县里在开县、区、乡三级干部会,内容是讨论粮食问题,就想当然地说,这次干部在县里开会是为了斗争余粮户。东南王村一个农民在村里说:"不行啦,大吃大喝吧!到社会主义一天只叫吃 10 两米。"一个姓徐的老头听了这话很是害怕,担心自己统购后没饭吃,便问别人:"说到社会主义就不叫咱这老人吃饭了吧?"他又问村里的一个青年团员:"这几天你们开的是啥会?"这个团员说,开的总路线会,闹生产哩。他摇摇头说:"不信你这一套,反正你们不是给咱说实话。"郭小屯村一个叫郭振标的农民家里有余粮,听说工作组要到村搞粮食统购,吓得他去找村分支书:"我余粮不多,要把粮食报啦,村里还不行该怎么办?我看不如上吊死了好。"该村一位 70 岁老农也找村干部说:"我这老年人没啥前途啦,有点余粮又要给弄走,

---

[1]"翻身户"即在土地改革中分到了土地财产的农民。
[2]"填坑"是华北地区土地改革时的用语,即填平补齐之意。
[3]《阜平县城南庄购粮工作组到乡后首先了解群众思想情况安定人心》,《粮食通讯》第 23 期,1953 年 12 月 11 日。

有个灾荒和三灾六难该怎么办呀!"[1]

得知要实行粮食统购统销后,河南省新乡地区受波动最大、顾虑最多的是富裕中农。他们的顾虑是:怕没收粮食、怕平均粮食、怕土改斗争、怕搞"社会"(即社会主义,当时,许多农民不知道什么是社会主义,听了总路线的宣传后,就把社会主义说成"社会"),因而生产消极,表现不安,甚至个别人分散粮食、转产,卖地卖牲口,大吃二喝。缺粮户大部分怕买不上粮,因而有埋怨政府情绪,也有个别懒汉觉得这下可好了,可以把余粮户的粮食分来自己吃了,因而"想吃斗争饭,兴风作浪"[2]。

据中共四川省温江地委对温江县和盛乡第三村的调查:贫农有的缺粮,有的没有余粮,有的虽有少许余粮,但因生产和生活所需,即使国家不统购,也得出售。因此,他们对国家实行粮食统购统销的政策表示积极拥护。有的说:"粮食是有的,我们那组随便算一下卖几十石不成问题。"有的说:"社会主义是一步一步来的,不是贴张告示就来的,有余粮不卖给国家怎能到社会主义?"有的告诉工作组干部说:"某某人存有旧粮,大约有几石。"有的主动在互助组里讨论:"种冬洋芋作猪饲料,节约粮食。"有的自报:"我卖几百斤。"

一般中农绝大多数都有余粮,但为数不多,想自己储备,或者等待高价出售。听了宣传动员后,觉得有余粮应该卖给国家,但又舍不得卖,或准备少卖一些,但又担心不卖或卖少了恐怕不行,表现出犹豫动摇。如工作组问他们准备卖多少粮时,他们

---

[1]《临漳坏分子造谣破坏收粮食工作》,《参考资料》第78期,1953年12月11日。
[2]《新乡地委关于统购工作入村后第一次简报》,1953年12月18日。

说:"按人民政府的条约走,人家作揖,我们躬腰。"在宣布其应该卖给国家的粮食数目后,他们都予以承认,不讲价钱,也没有说什么不满意的话,有的还提议:多种小麦和冬洋芋;农闲时将三顿饭改为两顿干饭,一顿稀饭,以增产节约粮食。

富裕中农存粮较多,有的还存有去年甚至前年的旧粮,"他们囤粮不卖的目的,是要从事粮食投机剥削"。因此,他们对国家实行粮食统购统销政策表示不满,有的则抵抗情绪很大。开始,他们一般是说:"没有余粮,不能卖。"因为以前宣传过要保护农民小生产者利益,反对干部强迫命令作风的缺点,他们就利用这一点说:"卖不卖粮有我的自由,又不能强迫命令,又不能侵犯私有财产。"个别人发牢骚说:"卖爱国粮,卖屎吧,我们还不够吃!"当宣布了他们应该卖给国家的粮食数目后,"这种不满和抵抗表现得更露骨"。有的说:"人民政府搬进来,我搬出去,人民政府给我饭吃,我跟人民政府劳动,零用钱我自己去找就是了。"有的说:"国民党时吃不饱饭,共产党来了一样挨饿。"有的说:"把米卖了,明年没有吃的,一起去跳水淹死算了。"不过,"经过大会、小会和个别谈话,反复的批判教育,激烈的思想斗争,才扭转了他们这种不满和抵抗情绪,承认了他们应该卖给国家的粮食任务"。[1]

甘肃省永登县各村的干部听了上级派来的工作组关于粮食统购的报告后,"有相当部分表示缄默",不少村干部表示没有余粮可卖,而且把产量往低报——水浇地每亩实产300斤,只报

---

[1]《温江地委关于温江县和盛乡第三村粮食摸底情况及粮食统购试验情况报告》,1953年11月9日。

200斤，而消费量却往高报——实际每人每月平均30斤左右，报成70斤。这些村干部对工作组说："政策好着呢，但是粮食没打下。"部分干部认为政府的任务总得完成，等待数字下来就进行摊派，觉得搞宣传是多余的。只有少数干部表示拥护政府的政策，决心完成任务。

农民的思想状况与干部大致相同，主要有三种表现：一是赞成的。一个老汉说："毛主席在北京给咱们把心操到了，不然过几年新社会又要变成旧社会了。"一个妇女听了正在上学的小孩讲了工作组的宣传后，很高兴地说："娃，好好地念书吧，咱们还能到社会主义呢。"一个叫张仲弟的中农说："公家买粮食，还可卖给一些，社会主义这么好，为什么不现在办，还要等十五年呢？"二是模棱两可的。有的中农说："公家的事情，你看咋办就咋办。""这个政策很好，今年不好办，等明年咱们好好闹生产，多打粮食卖给国家。"三是怀疑和不赞成的。如有人说："共产党执行统购统销与国民党就没区别了。"一个80岁的农民对工作组讲："告诉毛主席，我们这里遭了灾，没吃的，请他给咱们想办法，你看我们吃的尽是洋芋。"还有的人明知故问来做工作的干部："你们是干啥的？"干部说明来意后，便说："好，你们来买粮，我还要向你们买些呢！""不管你们说得天花乱坠，反正你们是为买几颗粮食。"[1]

还有一些农民，特别是余粮户，在得知粮食将实行统购后，就想方设法藏匿、转移粮食。河北沧县的余粮户认为有余粮是

---

[1]《刘长亮关于永登粮食统购情况向张德生的报告》，1953年11月22日。刘时任甘肃省财委副主任，张时任甘肃省委书记。

"遭了罪""犯了法",以为统购粮食就是政府把他们的余粮收走,于是连夜插上门砸棒子,挖坑埋,有的套上大车假装走亲戚,把粮食运到外面藏起来,还把车印用扫帚扫掉。该县第一区强家坟村农民孙保恒存着两万斤白菜,也不知如何是好,盘算着"是缴给政府好呢?还是偷卖了好呢?"[1]河北顺义县(1958年划归北京)三区东治头村一农民,听信了"斗中农,收购粮食不给钱"的谣言,把17石大米、3石小米埋在粪堆里。该县七区沙务村农民听说要搞粮食统购后,全村有13个碾子、6个磨子昼夜不停地磨面,农民郭凤岐每天磨半斗麦,吃2斤肉,后来得知统购的只是余粮后直后悔,他找到散布谣言的人说:"你这坏蛋,都是你说的,要斗中农,我胡吃起来,把年节的也吃了。"[2]

由此可见,农民对粮食统购统销的态度,因家庭存粮的多少而不同。贫农因为翻身不久,家底较薄,余粮不多或没有余粮甚至缺粮,统购任务分配不到他们身上,统购与他们没有直接的利益冲突;相反地,一些缺粮户还可以从统销中得到粮食供应,而在历次政治运动中他们都是被作为主要依靠力量,因而他们对统购统销大体是拥护的。一般中农多数有些余粮,但余粮亦不是很多,在以往的政治运动中又属于被团结的对象,受到的冲击不是很大,因而对统购统销的态度多是随大流,要他们把余粮卖出来并不那么情愿,但觉得这是国家的政策,不卖又不行,因而对统购统销既不热烈拥护,也不强烈反对,抱着能不卖就不卖、能

---

[1]《沧县县委忽视向群众宣传国家收粮食政策以致造成群众中的思想混乱》,《参考资料》第78期,1953年12月11日。
[2]《粮食简报》第20号,1953年12月13日。

少卖就少卖、一定要卖就按规定卖的态度。反映最为强烈、对这一政策有不满抵触情绪的，多是富裕中农，这些人多是由一般中农上升而来的，余粮较多，家境较好，发家致富的愿望强烈，家存的余粮本是他们发家致富的本钱，但现在政府要统购余粮，等于堵住了他们发财的路，自然是最不愿意实行粮食统购统销的。

对于农民的上述思想状况，中共领导人在制定统购统销政策之时，就有了充分的估计。毛泽东曾说："这样做可能出的毛病，第一是农民不满，第二是市民不满，第三是外国舆论不满。问题是看我们的工作。"[1] 陈云也说：统购统销"如果不实行，粮食会出乱子，市场会混乱；如果实行，农村里会出小乱子，甚至出大乱子"[2]。中共中央在《中共中央关于实行粮食的计划收购与计划供应的决议》中亦强调指出："在党员和农民群众还没有明了这个政策的必要性和重要性的时候，是会在党内和在农民中遇到抵抗的。"[3] 应当说，这些估计是符合当时农村的实际情况的。问题是怎样将农民的不满控制在最低限度，尽可能地在实施这一政策的过程中减少农民的抵触甚至抵抗心理，做到既让农民将手中的余粮卖给国家，又尽可能地保持农村社会的稳定。这样一来，对农民进行粮食统购的宣传动员，使他们感到这一政策不但对国家有利，而且对他们也是有利无害的，就显得十分重要。

---

[1]《毛泽东文集》第六卷，人民出版社1999年版，第297页。
[2]《陈云文选（一九四九——一九五六）》，人民出版社1984年版，第210页。
[3] 中共中央文献研究室编：《建国以来重要文献选编》第4册，中央文献出版社1993年版，第486页。

二、农村粮食统购的宣传动员

出台统购统销政策的直接目的,一方面是使城市粮食供应纳入国家计划轨道,有效地控制日益增长的城市粮食消费;另一方面,也是更主要的,是要求农民把余粮的绝大部分卖给国家,使国家能掌握更多的粮食,以满足不断扩大的粮食需求。因此,农村统购是为了保证城市统销,是让农民卖出更多的粮食提供城市消费和国家工业化的需要。

农民是小私有者,历来都是通过自由交易的方式出售自己所产的粮食,要动员他们服从国家的粮食统购政策,把余粮卖给国家,毫无疑问是一件并不容易的事情。因此,有效而广泛的宣传发动,就成为实施农村粮食统购政策的重要前提。为做好农村粮食统购的宣传动员工作,1953年10月31日,中共中央专门下发了《关于统购粮食的宣传要点》(以下简称《宣传要点》)。《宣传要点》主要讲了三个问题:(一)为什么要走社会主义的路?(二)什么是过渡到社会主义的总路线?(三)实行总路线,建设社会主义,为什么要统购粮食?

当时,粮食统购统销政策的宣传贯彻是与过渡时期总路线的宣传结合在一起进行的。为什么要走社会主义的路呢?《宣传要点》说,土地改革以后,农民的生活比以前好了(《宣传要点》特地注明,对于这个问题,可以用算细账的办法具体证明共产党和人民政府是为农民谋幸福的),但是,因为耕地少,耕种的规模小,耕种的技术落后,产量少,所以农民生活也还不算富裕。要过更好的日子,一定要实行社会主义工业化和对农业、手工业以及资本主义工商业的社会主义改造。就农业来说,只有在农村中一步一步地实行社会主义制度，才能使农民生活水平一步一步地和普遍地获得提高。

中国农民当然希望早一点过上社会主义的生活，但他们既是理想主义者又是现实主义者，对苏联农民那种"楼上楼下，电灯电话"的生活，虽然无限向往，可他们难免想不明白：为什么实行总路线，建设社会主义，还要统购粮食？走社会主义的路与统购粮食有什么关系？这是农民最为关心的问题，也是粮食统购中宣传工作的难点。

为此，《宣传要点》解释说：因为国家要建设，城市工业人口增加了，就要拿粮食供应工厂、军队、机关、学校、城市居民、不种粮食的农民、灾民和粮食不够吃的农民。国家建设越发展，需要的粮食也越多。这笔粮食单靠公粮（即农业税）是不够的，就现在来说，要比公粮还多一倍的数目才够吃够用。国家建设是大家的好处，也是农民的好处，农民为了帮助国家建设，应把多余的粮食卖给国家。因为私商抢购粮食，囤积居奇，扰乱人心，就使一部分农民不肯把粮食卖出来，卖了也容易被投机商人买去。为了不让粮食落到投机商人手里，所以国家要实行统一收购。就是说，农民除了公粮以外，凡余粮户（缺粮户和不余不缺户不在内）还必须把国家要买的粮食照数按国家规定的价格卖给国家，不许商人再向农民买粮。国家有了这笔粮食，再有计划地卖给要买粮吃的人，使全国人人都有饭吃，国家的建设计划就有了保障。所以实行国家工业化，一定要统购粮食。

《宣传要点》又说：还有农村要走社会主义的路也一定要统购粮食。如果有的农民有粮不卖，或者买粮食囤积起来，等到粮食涨价来发财，结果，少数人就要变成资产阶级，他们就剥削了工人，剥削了军队和机关，也剥削了缺粮的农民。缺粮的农民买不起粮食，就要欠债，就要卖青苗、卖地、卖牲口，变成无产阶级。这样农民内部贫富对立就要扩大，互助合作就有困难。现在国家实行统购粮食，就是使国家和农民两不吃亏，农村的余粮户、缺粮户和不余不缺户都不吃亏，农村也就不容易走资本主义的死路了。

农民一年到头辛辛苦苦劳动，就是为了一个好的收成，除了吃饱肚子外，还有一些余粮出售，使日子过得好一点。所以，对他们许多人来说，走社会主义的路好是好，但他们总觉得那毕竟还是以后的事，眼前所考虑的就是如何使自己手中的粮食卖个好价钱。虽然粮食卖给国家，国家也给钱，但价钱有时没有私商高，国营粮食公司和合作社的态度有的也不比私商好，所以他们觉得，不管是政府还是私商，只要谁给的价钱高就可以卖给谁。也有农民认为，自己手中并不急于用钱，用不着现在就把粮食卖出去。

针对农民的这种心理，《宣传要点》说：第一，有粮不卖，抬高粮价，好像农民占了便宜，但由此导致许多人没饭吃，结果损害了城里劳动人民、农村缺粮农民和灾民的利益，因此，"有粮不卖的农民就是犯错误"。第二，粮价一涨，其他物价也一齐要涨，全国人民和农民都不会过好日子。第三，有粮不卖，好多人没饭吃，国家就不能搞建设，无论工人农民都不能享受将来的幸福生活。第四，有粮不卖，或把粮食卖给奸商，农村就要走资本主义道路，多数农民迟早就要穷下去。

《宣传要点》强调：把粮食卖给国家，农民并不吃亏。因为农民手中的余粮本来就是要卖的，国家并不是买农民的吃粮；何况国家买粮的价钱公平，不会剥削农民。因此，把粮食卖给国家是又得了钱，又立了功，公私两利，有粮不卖，或者把粮食卖给私商，是又害了老百姓，又犯了法，公私两不利。

道理讲到这里，《宣传要点》认为该告诉农民为了统购粮食，发展生产，他们的任务是什么了。为此，《宣传要点》给农民提出了六点要求：第一，坚决贯彻政府法令，积极交售粮食，而且要晒干扬净，不要掺水掺杂。第二，消除疑虑，提高警惕，反对投机分子捣弄粮食，反对不法分子破坏统购，反对反革命分子造谣捣乱。第三，积极参加互助合作，走社会主义的大家共同富裕的路，拥护共产党领导社会主义建设。第四，努力改进技术，增产粮食，除了把国家所需的粮食卖给国家之外，要逐步改善农民自己的生活。第五，努力节约，特别是节约粮食，少用粮食喂牲口，少用粮食蒸酒熬糖。第六，把暂时不用的钱存到合作社去，不要一下子就用光。

《宣传要点》是供各级报告员宣传粮食统购政策用的，并不直接发给农民，更何况当时农民（也包括大多数的农村基层干部）文化水平低，文盲占了相当的比例。如何向广大农民群众讲清楚统购粮食的道理，就成了各级党组织不得不考虑的一个问题。为此，各地开展了各种形式的粮食统购宣传教育活动。

组织各种会议是当时进行粮食统购宣传动员的重要途径。这样的会议能否开好，对统购政策能否贯彻下去至关重要。

1953年11月25日，中共中央西南局发出《关于做好粮食计划收购的思想教育工作的指示》，指出："从各地反映情况来看，进一步证明了贯彻执行这一政策的关键，在于充分地教育全体党员、教育广大农村干部和农民。"西南局认为，为了做好这项工作，应掌握以下两个环节。首先，必须开好县所召开的区乡干部会议，向党员及全体干部说明政策、讲清道理，让大家暴露各人的思想，然后再反复进行彻底的批判及正面社会主义教育。而后通过他们的自觉和模范行为去教育和影响广大农民，这样则会产生巨大的力量。经验证明，凡是这样做的县工作就比较顺利，反之则不然。其次，必须把乡的代表会议和群众会议开好，讲清统购统销的道理，正面进行社会主义教育，批判各种错误思想。切忌采用"斗争会"的方式和给农民乱戴资本主义的帽子，要将教育工作做深做透，使农民完全懂得所以这样做对国家和对他们自己有什么好处。如果采用简单的或者粗鲁的办法，不仅会引起农民的反抗，而且会影响到任务的顺利完成。[1]

辽东省则要求在粮食统购工作开始后，先用10天左右的时间，一方面在各级干部中进行统购统销政策的教育，另一方面在农民群众中认真进行当前收购粮食的宣传工作。这一阶段的宣传内容是：宣传粮价不再涨，以克服农民中的所谓"缺粮""粮贵""等卖缺粮"和做投机买卖的思想；宣传按国家计划收购卖粮给国家的好处；宣传公粮征收的政策和要求，以防止一些农民产生国家统购余粮就不要交公粮的思想。接着再用10天左右的时间，在支部党员和农民群众中宣传统购统销政策，先进行支部教育，然后开展群众宣传。宣传内容主要是说明为什么要实行统购，统购与往年的购粮政策有何不同，实行统购对农民有哪些好处，以及如何实行统购等，以使群众认定购粮数字，接受统购

---

[1] 中共中央西南局：《关于做好粮食计划收购的思想教育工作的指示》，1953年11月25日。

任务。[1]

1953年11月19日,中共河南省委发出《河南省关于开好粮食统购工作中各种会议的指示》,要求反对急躁情绪,不能单纯为了赶时间就慌忙把会开完,结果思想"夹生",欲速不达,必走弯路。只要会议能开得好,即便因此而使入乡工作时间推迟几天也是允许的。《指示》同时要求在各种会议上都必须首先大讲总路线,宣传总路线的内容至少要占会议一半的时间,并且要讲得清楚,讨论明白,在思想觉悟大大提高、认识统一之后,再讲统购粮食。河南省委还认为,在会议中,必须采取自由思想大胆暴露问题的方法,并由各级党委领导同志以身作则根据国家总路线检查思想检查工作,引导与会人员展开批评与自我批评,这就能够提高党员觉悟,统一党内认识,加强党内团结,如果急躁粗暴,片面责备,真实思想刚一露头就迎头打击,则不能真正解决思想问题,必走弯路。[2] 12月2日,中共中央批转了这个文件,肯定了河南的做法,并且认为"只有开好县的干部会议和乡的党的各种会议,才能很好地完成统购粮食的任务,其结果也必然把农村工作推进一大步"。

为了做好农村粮食统购工作,中共中央在《中共中央关于实行粮食的计划收购与计划供应的决议》中明确指出:"必须大量抽派得力的能够掌握政策的干部,到农村中去,中央局、省委、地委及各级政府的负责同志,在计划收购的时间内除留少数处理

---

[1]《中共辽东省委批转省委宣传部关于粮食统购统销工作的宣传计划》,1953年11月1日。
[2]《河南省委关于开好粮食统购工作中各种会议的指示》,1953年11月19日。

日常工作外，应亲自到下面去，研究情况，掌握政策，创造并及时推广经验，尽可能地减少偏差和错误。特别是对于农村大约百分之十的落后地区和落后乡村，尤须十分注意掌握，并派得力干部坐镇，因为这是最容易出乱子的地方。"[1]

根据这个要求，从1953年11月起，全国各地先后开展粮食统购的宣传动员工作。中南大区及所辖的河南、湖北、湖南、江西、广东、广西6省，组织了大区、省、地、县、区、乡各级干部共330多万人，经过短期培训后，深入农村开展这项工作。

江苏省从省、地、县三级抽调机关干部12275人，其中包括地市级干部135人，县级干部807人，下派到县、区、乡帮助开展工作，做到了每一个县有一名地市级干部，每一个区有一名县级干部，每个乡有一名区级干部。在统购工作正式开始前，各县先召开了扩大的区、乡干部会议，各区、乡召开了党员大会和积极分子会议，然后以乡为单位召开支部大会和人民代表会议，以此训练干部。全省9507个乡经县以上扩大会议训练的主要领导骨干达64833人，受到教育的党员达30万人。[2]

福建省的统购统销工作从11月11日左右全面展开，各地均召开了县、区、乡干部会议，开会的方式主要有两种：一种是召开县、区、乡干部大会，参加会议的人数多在1000人以上，每个乡少者五六人参加，多者十五六人至20人，有的县与会人员达2000人以上。另一种是先召开县委扩大会议，然后再召开

---

[1] 中共中央文献研究室编：《建国以来重要文献选编》第4册，中央文献出版社1993年版，第487—488页。
[2] 江苏省粮食局编：《江苏省粮食志》，江苏人民出版社1993年版，第77页。

县、区、乡三级干部大会。同时，福建省直机关组织了796人的工作队分赴全省各地，其中有部、厅级以上干部20人，处级干部41人，县、科级干部149人，一般干部586人，各地直属机关也抽出1057名干部下乡，一般除一两名地委委员负责日常工作外，其余的地委领导均下到各县指导工作。

1953年10月25日，中共山西省委召开有县委书记、县长参加的粮食工作会议，正式启动粮食统购工作，随后花了一个半月的时间训练干部和积极分子，训练的主要方式是逐级开好一系列的会议——县委扩大会议、各县党的活动分子会议、县人民代表会议、乡村党支部党员大会、乡人民代表会议等。通过这些会议，打通思想，制订粮食统购的具体方案。此外，全省共训练积极分子100多万人，派遣了1000多名干部充实各地粮食部门，还建立了粮食系统的政治副职制度。

河北省共抽调5万多名区以上干部，深入农村，帮助开展粮食统购统销的宣传。中共中央华北局也抽调了264名干部，分赴该省的唐山、通县、张家口三个专区协助工作。[1]

其他各省也组织了大批的干部下乡开展粮食统购工作，并训练了百万计的积极分子。

在粮食统购的宣传动员中，除了召开各种形式的会议外，其他宣传方式也被广泛使用。河南临汝县组织了一支人数达2万余人的宣传队伍，大张旗鼓地开展宣传活动，广泛运用黑板报、广播筒、戏剧、快板、实物、图片、漫画展览的宣传手段，

---

[1]河北省地方志编纂委员会编：《河北省志·粮食志》，河北人民出版社1994年版，第44页。

并"采取分片包干,以大会、小会、家庭会,互相推进,步步深入"[1]。

河南郾城县出动了县委报告员7人,区级报告员125人,农村宣传员和非党员宣传积极分子16940人,进行粮食统购宣传。此外运用了91处冬学校舍,52人的盲人宣传队,51处漫画展览会,1个电影队,520座广播台,1738个广播筒,228块黑板报,76首说唱快板歌,1架收音机,深入农村开展宣传。[2]

广西灌阳县一区,利用图片、实物举办展览会,深入农村巡回展出。展览会为三部分:第一部分是国家为什么要收购粮食;第二部分是增产节约,把更多的余粮卖给国家;第三部分是卖粮的钱用到哪里最好。每一部分都有讲解员按图片内容和陈列实物进行宣传解说。[3]

经过广泛的宣传动员,广大农民对统购统销政策有了一定的认识,并在一定程度上解除了他们的疑虑。例如,四川各地"经过正确而深入宣传总路线和统购统销政策,群众认识觉悟大有提高",主要表现在"广大农民在了解国家利益与农民利益的关系后,积极拥护政府统购统销政策,把余粮卖给国家支援国家工业建设"。达县双庙乡劳模郑仁国不但自己带头卖粮10石,还动员互助组卖了1万多斤。井研县新建乡一些非统购户觉得自己没有粮食卖给国家,表示很"抱歉",他们说:"我一定要听毛主席的话,把生产搞好,来年当个统购户。"[4]从后来的情况看,农村

---

[1]中共临汝县委:《关于粮食统购工作的总结报告》,1954年2月15日。
[2]《中共郾城县委关于粮食统购统销工作的总结》,1954年2月2日。
[3]赵发生主编:《当代中国的粮食工作》,中国社会科学出版社1998年版,第82页。
[4]中共四川省委秘书处:《各地统购统销工作情况》,1953年12月7日至10日。

粮食统购的宣传效果还是明显的，它对于克服农民惜售余粮的情绪，减少农民对粮食统购政策的抵触与对抗心理，保证粮食统购政策的贯彻，起到了十分重要的作用。

三、农村粮食统购任务的完成

显然，要使农民将余粮卖给国家，仅靠宣传鼓动不够，还必须有切实可靠的组织措施。各地在进行统购工作时，主要是采取往乡村派驻工作组，工作组依靠乡村政权组织与党团组织，发挥党团员与积极分子的作用，以自报公议的方式完成粮食统购任务的。所谓自报公议，就是在宣传教育的基础上，动员农民自报可售余粮的多寡，并张榜公布，然后由工作组根据农民历年的粮食生产和消费情况等进行余粮摸底，大体掌握每一农户的余粮数量，一般要求统购余粮的80%至90%。如果自报数与工作组摸底数大致相当，则以农户自报数为统购数；如果自报数小于摸底数，则通过反复动员等方式，令其多次自报，最终达到自报数与摸底数大致接近。在农户自报之后，以组或村为单位组织民主评议卖粮数量，并经乡人民代表大会通过后报区一级人民政府批准，正式确定为余粮户的统购任务。

各地在开展统购工作的过程中，一般都经过了宣传动员、落实统购任务和送粮入库等阶段。例如河北省在试点的基础上，将粮食统购过程大体分为"三段六步"。"三段"是：由进乡到完成公粮征收为第一段；完成粮食收购为第二段；结束工作为第三段。"六步"是：第一步，到乡先出"安民告示"，以安定人心。在党内先向干部和党员说明来意，传达总路线和粮食统购统销政策的主要精神。第二步，积极负责安排生产，完成公粮征收，为余粮收购工作创造有利条件。第三步，党内思想发动成熟，培养了大批积极分子之后，即通过干部、党员、积极分子，把具体的宣传教育工作由党内转到党外，开展对群众的大张旗鼓的宣传。第四步，在党员和群众思想发动成熟，余粮摸底排队大体弄清，又培养了大量积极分子的条件下，向群众公布全乡的任务，实行自报。第五步，做好接粮入库、付款、储蓄和物资供应工作。第六步，结束工作，进行总结评比。[1]

四川省粮食统购分三步进行：第一步是宣传动员。主要是宣传总路线和粮食统购统销政策，着重说明农民出售余粮是支援国家社会主义建设、支援城市和工矿区、支援灾区，余粮多的多卖，余粮少的少卖，没有余粮的不卖，出售余粮功在国家，利在自己等。第二步是民主评议，按照政策落实统购任务。全省并没有规定统一的起购点和留粮标准，一般是核实田地面积，掌握实际粮食产量，摸底排队，分户计算余缺情况，然后由农户自报，民主评议，落实余粮统购任务。第三步则是送粮入库。[2]

陕西渭南地区的粮食统购也是分三步进行：第一步，在宣传动员的基础上，以村为单位成立评议小组。评议小组一般在原村政权的基础上，吸收一些公道正派、工作积极、在群众中有威信并熟悉村中情况的缺粮户、不余不缺的自给户和余粮户三方面的人参加，以7至10人组成。第二步，分配统购任务。通过广

---

[1]《河北省关于当前粮食统购工作情况和今后措施的报告》，1953年12月12日。
[2] 四川省地方志编纂委员会编：《四川省志·粮食志》，四川科学技术出版社1995年版，第23页。

泛宣传总路线和粮食统购统销政策后,召开全乡人民代表会议,研究讨论通过全乡的统购任务数字,然后根据各村摸底情况把任务分配给各自然村。第三步,以村为单位召开评议员、党团员、积极分子会议,研究本村任务和完成任务的办法,进行余粮户排队,预计各户余粮数字。接着召开群众大会发动余粮户自报余粮数。这时,大多数中小余粮户能主动自报,且报出的数字比较接近实际,"而大余粮户则往往采取以多报少、哭穷、转移、藏匿等方式有粮不卖,常常要经过反复的说服动员才能报出余粮实数"。自报之后,召开村民会议进行评议,然后核定各户售粮数字出榜公布。[1]

那么,具体到每一农户,其统购任务又是怎样完成的呢,试举一例。

山东泰安县九区上高乡郝培英互助组是该乡办得较好的一个长年互助组,全组共12户,67人。上级派来的统购工作组到村后,即根据中共中央山东分局和泰安地委的指示,"首先从生产入手,大力开展冬季积肥、锄麦、保苗等工作,结合这些生产活动,开展全组的总结评比",并号召互助组成员增产节约增打粮食,把余粮卖给国家,支援国家建设,支援志愿军。可是,当得知要实行粮食统购时,互助组成员"普遍产生思想顾虑,情绪低落,甚至消极对抗"。

这个互助组的12户农民中,有贫农2户,他们虽然拥护粮食统购政策,但怕得罪人而采取观望态度。新中农有7户,这

---

[1] 中共渭南地委:《关于渭南五区王村乡统购统销试办第二次检查报告》,1954年2月28日。

些人基本上自给自足或稍有点余粮，而且都是翻身户，他们虽然对粮食统购也心存顾虑，但表面还是说："如果有余粮不卖不对，还是卖出来好，在家里老鼠吃虫子咬还得损耗。"富裕中农有3户，他们对粮食统购则是消极对抗，有的装病，有的哭穷，工作组召开会议也不参加。有一户说："没有余粮可不能卖，您不信到我家去看看。"另一户说："我没粮食可没办法，收的粮食除交公粮还有千来斤，四口人吃，哪有余粮呢？不信到我家里去翻。"还有一户则干脆说："有余粮可以卖，没有余粮卖什么？"

出现这种情况后，工作组认为主要是前一阶段在总结评比过程中，没有大张旗鼓地进行总路线总任务的宣传教育，没有进行农村中两条道路的教育，群众觉悟未提高，没有体会到卖余粮给国家不仅对国家有利，而且对于自己扩大生产也有利，在这种情况下直接灌输统购统销任务，导致农民思想上转不过弯来而消极对抗。同时，一些干部存在单纯任务观点，对反复深入的政治动员、提高觉悟、打通思想是完成购粮任务的关键认识不足，因而简单化，急于求成，造成僵局。

于是，工作组检查了前一阶段情况，找出了问题的症结所在，便决定继续贯彻社会主义和过渡时期总路线总任务的教育及农村两条道路的教育，在反复进行宣传动员之后，又采取座谈讨论回忆对比的方式，从而提高了互助组成员的思想觉悟，使其明确了个人与国家的关系，并且"加强了个人对国家建设的责任感，也明确了出卖余粮支援国家建设和增加个人生产的一致性，因而纷纷表明态度，省吃俭用，节约粮食，把余粮卖给国家，扩大个人生产支援国家建设"。

贫农和新中农思想通了之后，纷纷表示应当把余粮卖给国家。组员邢玉柱说:"国家发展工业对咱们农民的好处是很大的,过去10斤麦子才买2尺布,现在能买10尺布,过去2斤粮食才买1斤盐,现在1斤粮食就买1斤盐。今年咱组共施化肥2180斤,保证了庄稼的增产,这不是工业发展了对咱的好处吗?"副组长徐宗圣说:"毛主席这个办法好,粮食由国家统一管理,今后可不再受那些有余粮的剥削了。我去年麦收前青黄不接借了100斤棒子(玉米),不到20天,麦子下来还150斤麦子,这个利钱有多大?比杀人都厉害。"组员韩玉申说:"我也是去年麦收前借了100斤棒子,麦收后归还150斤豆饼,比你借的那个还促狭(厉害之意)来。"组员郝俊英也说:"国家统购粮食稳定物价很重要,不然奸商见风就涨,咱们吃亏很大。上个月有个卖油的,他听到供销社里没了油,马上就涨钱,不要两个钟头涨了三次价,从6000元涨到8000元,看多厉害。"

接着,工作组又通过开展回忆对比,使"组员们想到了过去的苦,看到今天的生活上、政治上、文化上都翻了身,阶级觉悟空前提高"。组员张君昌说:"我是祖祖辈辈没有喂过牛,连狗也喂不起,土改后分到地分到了房子,现在喂起牛了,这是共产党和毛主席给我的,我要听毛主席的话,除了留下吃的外,再俭省细费,把余粮卖给国家。"组员张君谟也说:"俺过去穷,没有地买不起牛,我半辈子连牛笼嘴还不知道往哪里拴,现在有地了也有牛了,我不能忘本,我要响应毛主席的号召,把死粮变成活粮出卖余粮,扩大生产,支援国家建设。"对于这种情况,工作组及时给予了表扬。

随后,工作组又通过邢玉柱、徐宗圣等人反复去做3户富裕中农的工作。富裕中农郝延英为了不卖粮,没病装病,经过积极分子郝玉柱、徐宗圣个别谈话后，主动参加会议，并检讨说："我以前没想过来，怕卖了钱没处花，买不回东西来，现在我思想通了，比吃付药还痛快。我算了算，能卖1600斤粮食，（用卖粮的钱）添一口猪，买一张步犁，再买些肥料，这样生产得更好，又爱了国，多好哇。"

受郝延英的影响，不愿卖粮的互助组组长郝培英态度也有转变，不过开始时他还是多算支出少算收入，想少卖点粮食。于是积极分子批评他说："有余粮不卖给国家，是资本主义思想，是想冒资本主义的尖。"经过批评教育，郝培英最后思想通了，检讨说："我是组长，没早带头还成了当头，前几天我儿子从朝鲜给我来信要我好好生产，他在前方当模范和我挑战，我对卖粮却成了死脑筋，真对不起前方的儿子，我参加互助组，地里增产这是毛主席的领导，我更对不起毛主席，现在我想通了，我保证卖1200斤余粮支援国家支援志愿军，我这思想通了，精神也愉快了。"在他们的影响下，另一个本来不愿卖粮的富裕中农郝晋英也主动出卖余粮800斤。至此，"在工作组帮助下，通过总结全年生产，开展评比，结合贯彻社会主义和党在过渡时期总路线总任务的教育，提高觉悟开展生产节约。为了进一步增加生产，必须节约粮食，把余粮卖给国家，扩大生产投资，把死粮变活财。从而户户打谱，完成了5600斤卖粮任务"[1]。

由此可见，在农村粮食统购任务的完成过程中，上级下派的工作组起了十分重要的作用。而工作组发动群众的重要方式，便

---

[1]《中共中央批转泰安九区上高乡基点郝培英互助组以生产为中心完成粮食统购任务的情况报告》，1953年11月27日。

是进行回忆对比，论证共产党以往制定的各项政策，无一不是为了群众，说明实行粮食统购统销不但对国家有利，而且对农民也是有利无害。同时发挥党团员和积极分子的带头作用，先做通余粮较少的贫农或新中农的思想工作，然后打通余粮较多的富裕中农的思想。当然，这是通过正面教育顺利完成统购任务的例子，在具体的政策实行中，也难免存在靠行政手段甚至强迫命令的现象。但是，总体来讲，粮食统购任务的完成还是比较顺利的。

至1954年2、3月间，各地相继结束了粮食统购工作，许多地方超额完成了国家下达的粮食统购任务，如：广西当年度征购入库123773万公斤，超额8.6%完成任务，征购率占全省当年粮食总产量的31.3%；贵州省共征购原粮20.87亿斤，占全省当年粮食总产量的27.5%，农民人均交售粮食148斤；四川省共统购粮食41.1亿斤，比国家分配的任务32.2亿斤超额27.6%。在1953年7月至1954年6月的粮食年度内，各地超额完成了国家粮食的收购计划，达到了原定粮食计划收购总数的114.6%，相当于上一个粮食年度的1.7倍。同期期末粮食库存比1952年至1953年度期末库存增加了511.27%。[1]农村粮食统购任务的超额完成，保证了国家对于粮食的基本需求，也为城市粮食统销政策的实行提供了可靠保障。中国农民以这种特殊的方式，对国家工业化作出了重要贡献。

---

[1] 参见康伟中：《粮食统购统销的重大成就》，《人民日报》1954年11月3日。

农业合作化运动中的早期典型

1953年过渡时期总路线提出后，大规模的社会主义改造得以启动。农业合作化是社会主义改造的重要内容，其主要步骤是先在农村普遍组织农民易于接受的互助组，然后建立初级形式的农业合作社（即农民将土地和其他主要生产资料以入股的方式加入合作社，在产品的分配上土地和劳力按比例分配），再将初级农业合作社转变为高级农业合作社（即土地和其他主要生产资料所有权不再归农民个人而归集体所有，土地等亦不作为产品分配的依据）。农业合作化是引导亿万农民走上集体化道路的重要方式，一开始在部分具有较好条件的地方试办。对农业合作化运动初期几个影响较大的合作社进行简要的介绍，有助于我们加深对农业合作化运动的认识和了解。

一、河北省饶阳县五公村耿长锁农业生产合作社

耿长锁农业生产合作社所在的河北省饶阳县五公村，原是个地少人多的穷村。饶阳县在抗日战争时期是冀中抗日根据地的腹心地区，在1942年日军对冀中平原进行的"五一"大"扫荡"中，五公村遭到严重的抢劫破坏。1943年，该县又因天旱造成严重灾荒，从春天到二伏，没有下过一场透雨，庄稼颗粒无收；二

伏后虽然下了几场雨，但由于农民缺乏种子，又想收点实在的粮食，就种了很多晚玉米，谁知玉米刚刚结粒，就被寒露以后不几天的一场寒霜打死。这一年，全村几乎没有什么收成。当时全村共 320 户，卖土地的有 101 户，卖农具、衣物的有 218 户，牲口由 90 头减到 27 头，农民因饥饿病倒的有 57 人，死亡 15 人。

在这种情况下，抗日政府发出了"组织起来，渡过灾荒"的号召。1943 年冬天，五公村的乔万象、卢墨林、李玉田、李砚田等 4 户农民组织了一个专门进行副业生产的打绳互助组，向抗日政府贷了 200 斤高粱，合伙打绳渡过了冬荒，但到 1944 年春耕时，各家仍是没吃的。这时必须实行农副业结合，一面打绳子，一面种地，才能渡过春荒。这 4 户农民考虑：如果按一般互助组的办法，只是劳动力合作，可能发生"闲工""忙工"以及你先我后的争执；如不分"闲工""忙工"，糊里糊涂地组织起来，又怕发生你长我短、亏利不均的现象。最后，大家觉得：既然各户都是贫农，土地的数量都差不多（其中 3 户都是 10 亩地），劳动力又恰好相等（每户男整劳力 1 人），种子、肥料又都靠副业收入来解决，不如把土地按产量折成股，统一耕种，秋后按每户土地和参加劳动的多少分粮。于是就按照土地入股，土地和劳力对半分粮，打绳副业按资金和劳力三七分红的办法组织起来。大家觉得这样既简单省事，又各不吃亏。只有中农李玉田认为自己的土地多一些，对半分粮有些吃亏，并且怀疑这样干法不行，就退了组。这时候，和乔万象等 3 户土地差不多的贫农耿长锁愿意参加进来。耿长锁是共产党员，懂的道理多，人又很忠厚，大家就选他当了组长。这个合伙组就这样正式成立起来了。

这 4 户组织起来的农民，都没有牲口和大车，全凭人力耕作。他们把整劳力、半劳力都动员起来参加农副业生产,白天下地,晚上打绳。这个互助组的土地因为多用了人工,当年的庄稼收成并不比有牲口户差,每亩地产粮220斤;在副业方面,打绳一直没有间断,到秋收时,谁家也没断过粮,因此顺利地渡过了灾荒。退了组的李玉田,这一年却卖了4亩地、1块场、1副大车轮子,生活还是很困难。

1945年,五公村的农民们看到耿长锁的互助组生产不错,许多人都要求参加。互助组由4户增加到17户,土地增加到228亩,并且有了牲口4头,大车2辆。为照顾劳动力强的人,把分红办法改成土地分四成,劳力分六成,并正式订立了章程,明确地提出以农业为主的经营方针,建立了分工、记工和民主管理的各种制度。但因为规模一下子扩大了,互助组缺乏经营管理经验,所以遇到的问题也不少,例如:新参加的人中,有的是为了占便宜而入组的,生产积极性不高;土地多而劳力少的嫌土地分红少,生产积极性受到影响;加上受战争摧残的经济刚刚开始恢复,对土地投资的力量还很薄弱;等等。在种种因素的作用下,这一年互助组的生产成绩不够好,秋收后每亩土地所分粮食,除缴纳公粮外,只剩了45斤,副业收入也不甚多。这样,新入组的13户中就有8户退出了组。

1946年耿长锁互助组只剩了9户,有104亩地、3头牲口。分红办法根据大多数人的意见,改为地六劳四分粮,副业改为劳六资四分红。这样的分红办法,使劳动力吃了亏,但因为各家的土地、劳力大体相等,吃亏沾光的问题不大,而且又多是老组员,所以每个人劳动都很积极。再加上对土地有了更多的投入,这一年互助组的农副业生产都有了起色。到秋后,全组每亩地粮食平均产量提高到295斤,超过了一般农民和互助组;此外,副业生产得纯利500多万元(当时的晋察冀边区币)。

1947年,随着解放战争转入战略反攻,五公村的战争负担也大大减少,耿长锁领导互助组制订了切实可行的生产计划。过去,他们是白天种地,晚上打绳。这时,耿长锁进一步根据每个人的特长,分成农业、打油、打绳三个小组,同时进行生产。这一年农业和副业生产都有了进一步的发展。互助组把2头弱牲口换成了2头大骡子,添买了1辆大车,伙盖了8间房子。在这种情况下,原来退出的农民,又逐渐愿意参加进来。但互助组接受了过去组员退组的教训,采取了稳步发展的方针,所以从1947年至1952年初,一直没有吸收新成员。

1948年,五公村完成了土地改革,农民的生产积极性更加提高,耿长锁互助组的农副业生产也有了显著的发展。组内又买了2头骡子、1匹马、1辆大车,并且盖了7间房,养了2头猪,又开办了榨油坊。1949年,由于天公作美,政治安定,耿长锁领导的互助组迎来了第二个丰收年,全组粮食平均亩产量达到329斤。这一年五公村其他农民也有很多获得丰收,小麦平均亩产120斤,但比耿长锁互助组要少20斤。

1950年,耿长锁互助组在农业方面每亩平均产量达470斤(全村平均产量250斤),副业方面资金也有了较大增加。此外,又盖了3间房子。这一年把副业上劳六资四的分红比例改为劳七资三,每个整劳力在农、副业上平均共分得7000多斤粮。1951年,全组每亩平均产量折谷511斤,每个整劳力仅在农业生产方面就平均分得4834斤粮食。

耿长锁互助组的发展引起了中共河北省委的注意。1950年,耿长锁被评为河北省劳动模范，出席了这年11月在省会保定召开的全省第一次劳模代表大会，并在会上介绍了互助组的历史，《河北日报》对此进行了报道。1951年4月，耿长锁领导的互助组被正式命名为"耿长锁农业生产合作社"。

耿长锁农业生产合作社建立了一套比较健全的民主制度，采取了简单易行的记工分红办法，并为此制定了《耿长锁农业生产合作社社章》。

在组织领导上，合作社以全体社员大会为最高权力机关。社员大会每年定期举行三次（分别是农历正月十五、五月初五、八月十五），听取合作社主任的报告，改选正副主任和生产组长等。社员大会开过以后，以家庭代表会为权力机关，一切生产计划、工作计划和重要的问题，都要经过家庭代表会讨论通过，交主任执行。每月开一次代表会，会上除讨论以上事项外，还检讨工作中的优缺点，开展批评和自我批评。每五天开一次小组会，检讨工作进行情况。合作社主任每天都要和各农业、副业组长碰头，帮助各组长布置每天的工作。

分工方面，在正副社主任以下有农业组、打绳组和打油组组长各1名。全社还设有1个会计，1个事务员。另外，喂牲口、收拾车辆也有专人负责。

耿长锁合作社规定，全社劳动力按性别年龄评成固定工。男子18岁到65岁为整工，66岁到75岁算八成工，15岁到17岁算六成工，女子18岁到35岁算八成工，15岁到17岁算五成工，但可根据每人的劳动强度、技术高低的变化和工作实效，经家庭代表会讨论通过，随时升降。女子和男子有同样能力的，也同样记工。在劳动时间方面，把一天算成10分工，早上2分，上午、下午各 4 分。各种劳动力按参加生产的实际时间记工。每月结工一次。每年年底结账时，把每人在农业或副业上所做工数折成标准工（1 个整劳力 1 天做 10 分工为 1 个标准工），按标准工数量分红。不够劳动条件的老人和小孩等参加生产，则以雇工、包工等办法，临时给以报酬。

合作社的分红办法是：每年农业上的全部收益和副业上的全部红利，除留 5% 作为社内公积金和留出次年的种子外，其余部分按已订的土地劳力比例和资金劳力比例分红；公粮负担由土地所有者自己负责；饲草不分，作社里伙养牲口之用；私人的农具和牲口逐渐由社折成副业资本股，全社牲口农具逐渐成为社员的伙有财产，实行按股分红。

合作社对社员入社退社也作出了明确规定：社员入社须经全体社员同意，退社可以自由。退社时除公积金不带外，按章程如数分得盈余。半途出社或因发生严重错误被开除出社的，资金也允许抽回，盈余也照章发给，如有亏损，则如数补偿。[1]

二、山西省平顺县川底村郭玉恩农业生产合作社

山西省平顺县川底村是一个有代表性的华北老解放区的村庄，位于太行山区中，耕地很少，又缺水，人畜饮水问题靠窖水解决，生产条件比较困难。到 1951 年底时，全行政村共有 94 户，366 人，724 亩地。全村早已中农化，共有中农 93 户（其中旧中

---

[1] 参见姚世安等：《耿长锁领导的农业生产合作社》，《人民日报》1952 年 3 月 19 日；《耿长锁农业生产合作社社章》，《河北日报》1952 年 6 月 7 日。

农9户），另外1户生活较差的，是过去被斗争过的旧富农。全村党员29人，团员14人。

早在抗日战争时期，这里就打下了"组织起来"的基础。1950年川底村获得了农业部颁发的金星奖章，得到此类荣誉的全国只有10个村。这里又是山西长治地委于1951年试办的10个农业生产合作社之一。

这个村的互助运动开始于1943年，一直到解放后也没有停止过。全村农业生产在1950年平均已超过抗战前水平50%。抗战前全村每亩平均产粮210斤，1950年每亩平均产粮316.5斤；1950年全村共有耕畜58头，羊201只，而在组织起来前的1943年，全村耕畜不足20头，羊只有几十只。在1950年11月山西省劳动模范大会上评选的全省11个生产模范村中，川底村被评为生产模范村。

1951年4月组织农业生产合作社前，川底村已有10个互助组，共包括88户，也就是说，绝大部分农民在不同程度上已经用互助组的形式组织起来了。1951年春，有2个互助组合并起来组成农业生产合作社后，村里还有8个互助组，包括70户。1951年4月合作社成立时，有18户，76人，社内有21个全劳动力，16个妇女劳动力。全村的党员骨干分子大部分入了社。全社有土地152亩7分，入社土地共107亩，社员自留地45亩7分。

这个合作社是由两个互助组合并成的，一个是郭玉恩互助组，一个是郭小有互助组。郭玉恩互助组成立于1943年，那时耕畜只有3头，羊只有7只，互助组成立后生产发展很快，1944年当选为太行区二等模范互助组；1946年因组员增至24户，分出12户，另组郭小有互助组。组织生产合作社前，两组共有26

户，组社时退出了 8 户。

从 1943 年到 1948 年的 6 年时间里，互助组对于农民的生产，曾起了很大作用，关键是解决了劳力畜力困难。但是到了 1948 年后，劳力畜力的困难一般地解决了，农民生活中"糠菜半年粮"的时代也基本过去了。这时，川底村的农民在发展生产上主要面临的问题是：想深耕，但畜力不够，要买好牲畜，单个农户没有资本；要增加肥料，但买不起羊群（当地农民主要用羊的粪便作肥料）；劳动力有了剩余，但由于每个人必须照顾自己的一小块土地，剩余劳动力难以用于副业生产；想改变种植结构，扩大生产规模，但土地太分散，又买不起较大较好的农具。对于这些问题，靠互助组本身是难以解决的，因而互助组普遍发生涣散的现象。

1950 年 2 月，中共山西省委提出了"组织起来和提高技术相结合"的方针，对那时开始涣散的一般互助组的提高和巩固，起了显著作用。但对于川底村来说，在互助组的基础上可能采取的技术，大部分都采用过了。在这种情况下，川底村的一些农民产生了自满情绪。他们说："早起圪塔地蔓（即玉茭饼和山药蛋），晌午老瓜焖饭（老瓜即南瓜），黑夜豆面稀饭，行了。"当中共长治地委决定试办农业生产合作社之后，川底村被确定为试办的 10 个农业社之一。在长治地委和平顺县委的帮助下，川底村的郭玉恩农业生产合作社办起来了。[1]

郭玉恩合作社试办的第一年，全社的生产取得了很大的成绩，秋后每亩粮食产量达到了 454 斤，比互助组时的 1950 年每

---

[1] 范长江：《川底村的农业生产合作社》，《人民日报》1952 年 3 月 22 日。

亩增加 112 斤，增产 32.7%，比同村强单干户的平均产量 315 斤超产了 44.0%。农业劳动生产率有了提高，1950 年互助组每亩地用 18 个工，1951 年合作社用 14 个工，每亩所用劳力的劳动生产率提高了 22.2%。合作社副业生产也有了较大的发展，副业收入折合粗粮 10250 斤，比 1950 年 2 个互助组的副业生产 2100 斤粮增加了 388.0%，并腾出了 8 个整劳动力从事副业生产。社里除互助组原有的财产外，又增添了 3 头牛，2 辆铁轮车，45 只羊和部分农具。由于合作社初步显示出了优越性，社外群众纷纷要求入社，1952 年，合作社扩大到了 46 户，177 人。[1]

川底村农业合作社在当时影响很大，各部门争着来帮助做工作，总结经验，电影制片厂来拍电影，艺术家来体验生活。1952 年 4 月，作家赵树理为体验生活也来到了川底村，就住在农业社主任郭玉恩的家里。当时，社里 18 个党员，没有一个会拨拉算盘，赵树理就毛遂自荐，主动承担了会计业务。后来，他以川底村为素材，创作我国第一部反映农业合作化运动的长篇小说《三里湾》。

三、山东省莒县吕鸿宾农业生产合作社

莒县在抗日战争和解放战争时期都是山东根据地的重要地区。1944 年 11 月，八路军集中鲁中、滨海及山东军区直属部队万余人，发起著名的莒县战役，解放了莒县县城。1947 年莒县进行了土地改革。土地改革后，该县吕家庄（由吕家庄、尹家楼、

---

[1] 范长江:《川底村的农业生产合作社》,《人民日报》1952 年 3 月 22 日。

马家街三个自然村组成）的农民获得了土地，但在生产上仍面临不少困难。首先是耕畜不足，农具短缺。吕家庄自然村本来就是个佃户村，又经过战争的摧残，农民非常贫困。全村32户虽然分得了18顷地，但只有2头牛，3头驴。其次是劳力不足。这时，国民党军对山东解放区发动重点进攻，莒县一度被敌人侵占。一些农民受敌煽动外逃，加上民工支前，村里剩下的多是老人孩子。在这种情况下，村党支部书记吕鸿宾等人组织了4个变工组，开展夏种夏收，到了秋天，又把小麦种上了。这年底，外逃的群众陆续回家，他们看到该种的种了，该收的收了，对变工组很感激，开始对组织起来的好处有了初步的认识。

但是，变工组是临时性的，农忙一过就散伙。要进一步解决生产中的困难，需要建立一种比较固定的劳动互助组织。于是，吕鸿宾带头组织了互助组。

互助组建立后，积极要求入组的是缺人少物的贫农，而人强马壮、生产资料较多的中农，自己有独立经营的能力，怕别人沾光，不愿入组，而没有这些人参加，许多生产困难就难以解决。

为了吸引中农参加互助组，吕鸿宾提出了"劳力按效率评定工分，男女同工同酬；畜力按大小强弱评定工分；农具私有公用贴成色"等办法，贯彻了等价互利原则。如1头牛顶2个人工，1头驴顶1个半，小车用1天补贴11斤小麦，耙用一天补贴3斤小麦等，既保护了中农的利益，又调动了贫农的积极性。1949年，吕家庄32户人家全部加入了互助组。

吕鸿宾还领导互助组科学种地，选用优良品种，使粮食产量显著提高。互助组成立的第一年，粮食平均亩产比单干多收56斤，当年被乡里评为"模范互助组"。第二年，莒县人民政府又授予吕家庄"全县第一模范村"称号。1950年吕鸿宾被沂水地委授予"劳动模范"称号。

吕鸿宾互助组虽然取得了很大成绩，但在发展过程中也遇到了一些新的问题，如：各块土地只能按组员各自的需要耕种，不能有效地使用土地和开展农田基本建设；一部分组员有了一定的积累、牲口农具齐备、具备独立经营能力后，就想脱离互助组单干，使互助组出现"春组织、秋垮台、明年春再重来"的现象；一些富裕农民有了余钱后开始放高利贷，甚至买地雇工，而一些贫困农民或因缺乏劳力或无牲口或遇天灾人祸而不得不出卖土地，沦为雇工。面对这种情况，吕鸿宾开始考虑如何使劳动互助进一步发展的问题。

1949年冬，吕鸿宾看到了报纸上介绍的苏联"共耕社"实行土地伙种的办法后，就想将互助组的土地合起来耕种。在第二年春整顿互助组时，他就有意与3个村党支部委员、8个党员、2个团员和2个生产积极分子组成了15户的大型互助组，为土地伙种做了准备。

1950年10月1日，吕鸿宾出席全国工农兵战斗英雄、劳动模范大会并参加国庆观礼时，遇到了农业部农政司司长刘定安。刘对他说："鸿宾同志，你从1949年就跟我谈建立土地社的问题，中央可能在全国试办合作社，你那里可以试办一下。"听刘定安这么一说，吕鸿宾坚定了办社的信心。回到住地，就立即给村里写信谈办社的问题。

11月，吕鸿宾从北京回家后，首先向党团员介绍了外省办农业合作社的经验，然后又把互助组的9位家长找来开会，征求意见。开始讲到合作社的好处时，组员们都很满意，但当动员入社时，问题就来了。问组员吕安友入不入社，吕安友说："兄弟俩过日子还弄不上来，这么些人在一起能行吗？"问组员吕俊对入社的看法，吕俊怕自家劳动力少吃亏，就说家里不同意。会开到半夜，9户中有6户不同意办社，连党支部的2名成员也不愿意参加。

面对这种情况，一夜没睡着觉的吕鸿宾第二天一早就步行60多里地，到了中共沂水地委汇报办社的筹备情况。他对地委领导说："原来向地委汇报9户办社，现在只有3户了，这社还办不办？"地委领导说："这3户怎么样？"吕说："比较牢靠了。"地委领导说："鸿宾同志，你回去成立吧，3户就比2户强。毛主席说，星星之火，可以燎原嘛。"

得到了地委的支持，吕鸿宾心里也就踏实了。回到吕家庄，就准备成立合作社。

1951年11月25日，3户要求办社的农民，集合在社员吕培家，召开农业合作社成立大会。莒县县委派来的工作组和区委的几名干部、山东人民广播电台记者、《大众日报》农村版记者，以及另外2户社外代表列席了会议。会上选举了社领导，吕鸿宾当选为社长。合作社共3户17口人，2.73公顷地，1头牛，1头驴，牲畜农具全部折价入股；分配的办法是地四劳六。合作社成立后，全国有许多的报纸进行了报道。《大众日报》报道说："山东滨海区莒县发生了翻天覆地的变化，全省第一个农业生产合作社诞生，值得我们祝贺。"

吕鸿宾合作社建立后，生产得到了很大的发展。1952年夏，小麦获得了亩产317斤的好收成，受到了华东军政委员会的奖励。合作社也吸引了越来越多的农民参加。夏收时，合作社由3户增加到 8 户；到了秋天，猛增至 59 户。[1]

四、吉林延吉金时龙农业生产合作社

金时龙农业生产合作社所在地是吉林省延吉县五区的英成村。1947 年，这里进行了土地改革，由于车马农具都分散到了农民手中，给生产带来了一定的不便。这时乡村干部听说上级号召组织起来，就下了一道命令，让全屯 25 户农民（包括 7 户地主和富农）都组成一个互助组。虽然有人不愿意参加，但怕干部说不服从"命令"而被斗争，也不情愿地参加了。

互助组采取评工记分办法，在生产中由于没有很好地组织分工，不管是大块土地还是小块土地，都是全组三四十个劳动力一齐去干。有些不愿参加互助组的农民，早上先到自己的地里干一气活，然后再到组里劳动挣工分。有的觉悟不高的组员说："好社会到了，干活也吃饭，不干活也吃饭。"秋后结账的时候，地少劳多的人欠别人的工，应当缺工的人反倒赚了工。全组土地还有撂荒的，收获的粮食也不多。一些组员吃亏后到处宣传：互助组是吃人鬼，再互助三年就把咱都吃光了。秋后，互助组终于垮了。

1948 年春，东北解放区组织大生产运动，时为英成村公安委员的金时龙在思考一个问题：自从共产党来了之后，农民分到了

---

[1] 参见吕鸿宾：《山东省爱国农业生产合作社的发展历程》，载《当代中国的农业合作制》编辑室编：《当代中国典型农业合作社史选编》下册，中国农业出版社 2002 年版。

土地车马，掌握了政权，这一切说明都是为了农民好，可是，共产党提倡的互助组为什么就不好呢？他思来想去也想不出一个道理来，就跑到区里把自己的困惑向区委领导讲了。区里的领导给他讲了一番办互助组要坚持自愿互利原则的道理，金时龙顿时豁然开朗。

金时龙从区里回来后，就与村里的其他干部商量怎样再次把群众组织起来，决定召开全组组员大会，重新宣传组织互助组的好处。可是，组员都不愿意来开会，有的人来了，听说是组织互助组，又偷偷地溜了。金时龙见状，就先找积极分子商量，打消他们的顾虑，通过他们向群众宣传，不是组织互助组，而是组织插犋组。因为过去农民就有插犋的习惯，加上各户生产工具不足，生产有困难，群众觉得组织插犋组还行，全屯便组织了5个插犋组，可是4个干部却被群众抛在一边，理由是干部经常要开会，不能好好生产。金时龙等4个干部只好自己单独组织了一个插犋组。

这时，上级组织也了解到村干部参加会议过多，影响生产，就决定减少会议。这4个干部参加会议的时间少了，他们组成的插犋组每一季节生产都走在前头。群众又说："这些干部去年同我们在一个组，他们净开会，叫我们给他们干活；今年不在一个组，他们也不开会了！"也有群众说："明年我自己单干，比他们强。"听到这样的议论，金时龙他们又决定把干部组拆散，分头参加各个群众小组。

这一年，由于干部带头，各组评工记账又很认真，生产组织得也好，不但没有撂荒地，而且还开了荒，开展了副业生产，粮食产量也有了很大的提高。群众对互助组的认识也有了根本变化，一年前说互助组是吃人鬼的组员现在也说："互助组是不错啊，原来不是吃人鬼。"秋后，这5个小组又并成了一个大组，金时龙任大组组长。根据生产的需要，大组下面有时划分为3个小组，有时划分为5个小组。

接下来的两年，金时龙互助组生产年年都有新的发展，并被延吉县评为一等模范互助组。

但是，随着互助组生产的发展，新的矛盾又产生了。如在水田插秧、谷子铲地的时候，组员都是争先恐后要求全组先在自己的地里干活；给地上肥时，都想给自己的地多上。于是，金时龙互助组实行了"产量保证制"，即根据土地的好坏大小，自报公议评出产量标准，除灾害外，土地所有者按标准额得粮，但经营努力而超产的部分，则归小组劳动力平分。

"产量保证制"虽然解决了插秧、铲地先后的矛盾，但由于劳动经营和增加施肥，一部分耕地的质量提高后，产量增加了。这部分耕地的所有者又提出要重新评定产量标准，甚至还有人在土地质量上升后思量着退组单干，互助组又处在了十字路口。

为了从根本上解决互助组的矛盾，1951年春，金时龙提出了土地入股的办法，并且得到了上级党组织的支持。这时，组员对土地入股有三种态度：一是完全愿意土地入股的；二是想自己单干的；三是等待观望拿不定主意。金时龙明确宣布：土地入股完全自愿，不愿意的就不要勉强。结果，有15户自愿采取土地入股的办法，有7户仍旧实行"产量保证制"，这22户还是在一个联组内统一领导，采取不同的方法组织生产。另有2户退出自己单干。

实行土地入股后，由于合理使用土地和劳动力，实现了增产增收，粮食单产不仅超过了单干户，而且还超过了组内实行"产量保证制"的7户，全组副业收入也比没有土地入股前增加了1倍。土地入股的优越性初步显示出来。这时，组内的7户农民都要求土地入股，另外2户单干农民也不愿再搞单干，也要求入股，金时龙互助组也就变成了金时龙农业生产合作社。

五、初级农业合作社的基本特征

以土地入股为主要特征的农业生产合作社，也就是后来所说的初级社，简单地说，具有如下特征：

第一，土地入股分红。这是初级社最重要的一个特征。入社的农户将土地（也包括耕畜等其他重要的生产资料）以入股的方式，归合作社统一经营，社员仍拥有对土地和其他生产资料的所有权，并按规定的比例参与分红。如《耿长锁农业生产合作社社章》规定："入社各户所有土地，一律统一使用，所有权仍属原主。""入社各户所有的生产工具，一律统一使用，损坏了由社里修理，出社时保证归还。"[1]1953年1月由中共中央批准的《东北区农业生产合作社试行章程》第十条第一款规定："社员家庭之土地除各留出自用少量菜地及宅旁果园由自己经营外，其余土地全部入社，实行统一经营。入社土地依土地质量及其他条件，取得固定的合理报酬。在农业生产合作社试办初期，自愿采取入股

---

[1] 史敬棠等编：《中国农业合作化运动史料》下册，生活·读书·新知三联书店1959年版，第148—149页。

分红办法者，亦可允许。"[1]

土地与劳力的分配比例，初期的农业生产合作社在扣除公积金和公益金之后，有的合作社是土地分红多于劳力分红，如地六劳四；也有的是劳力分红多于土地分红，如地四劳六；还有的是地劳对半分红，耿长锁合作社就是采取这种方式。其他生产资料主要是采取租借、收买、定期还本付息等方式给予合理报酬，亦有折算为股份参与分红的情况。这样，初级社在分配上既有按生产资料分配的成分，也具有按劳分配的性质。

据1953年1月中共吉林省委的调查，吉林早期的农业合作社在土地入股与分红上，有三种情况：一是土地入股，秋后交了公粮之后，土地与劳力按三七分红。其中有的社车、牛、马、农具没有入股，评工记分时算在劳动力内；也有的社牲口、车辆作价入股，按股分红。二是社员将土地租给合作社，按土地质量的好坏规定每垧地（1垧约合15亩）五至八斗的租价，车、马、粮食皆折价入股，劳动力按强弱事先评定也算股份。年终分红时，土地分红约占10%，劳动力分红约占60%，其余为车马、粮食、农具分红所得，也就是生产资料的分红约占30%。三是土地入股，车、马、农具按土地多少平均入股，不分红。社员劳动评工记分，秋后交了公粮之后按土地数量和质量分配粮食。1952年分红的结果是，劳动力分得的约占75%，土地约占25%。[2]

第二，土地和其他主要生产资料统一使用，对社员劳动统一

---

[1] 史敬棠等编：《中国农业合作化运动史料》下册，生活·读书·新知三联书店1959年版，第138页。

[2] 吉林省委：《关于农业生产合作社的报告——一月份的专题报告》，1953年1月。

管理，分工协作。耿长锁合作社社章规定："根据不同技术条件和生产需要，劳动力统一分配使用。"[1] 与互助组不同的是，社员与社员间不再是以工换工，也不再分散使用自己的生产资料，合作社统一安排社内的生产与分配。同时，合作社对社员的劳动进行评工记分，也有的合作社采取定质、定时、定产的包工包产制，或按件记工制，或按活评分制（即按每人每日的劳动质量评工记分），或死分活计制（即按社员的劳力强弱、技术高低先评出每人预定工分，再按每日劳动效果评计实际工数）。但不论哪种方式，在按劳分配时都以工分多少为依据。

第三，公有因素增多。初级社建立了公积金和公益金，经中共中央审查的《华北区农业生产合作社试行简章》规定："农业生产合作社得从每年总收益内扣除百分之一到百分之五，作为公积金和公益金。"随着公积金的增加，合作社开始添置大型农具或耕畜，积累一定数量的公共财物。

第四，入社自愿，退社自由。自愿互利是农业合作社创办时所遵循的一条重要原则，经中共中央批准的《东北区农业生产合作社试行章程》和《华北区农业生产合作社试行简章》在总则都明确规定："农业生产合作社必须根据自愿互利的原则组织起来。""社员入社，须由本人申请或其他社员介绍，经社员大会通过。退社有完全自由。"各个农业合作社自己制定的章程都有类似的规定。可惜在后来农业合作化运动深入发展时，没有很好坚持这一原则。

---

[1] 史敬棠等编：《中国农业合作化运动史料》下册，生活·读书·新知三联书店1959年版，第149页。

由此可见，初级农业生产合作社没有改变土地和其他重要生产资料的个人所有性质，但已经有了公有的生产资料和公共积累，在分配中既有按生产要素分配的成分，亦有按劳分配的因素。根据当年人们对于社会主义的理解，公有制、按劳分配是社会主义的基本特征，这也是初级农业合作社被认为是半社会主义性质的合作经济组织的原因。

早期的农业生产合作社，一般是在较为巩固的互助组基础上建立起来的，而且合作社的负责人多为原互助组的带头人，有的还是劳动模范，具有较强的号召力与凝聚力，社内人心较齐，并且入社退社相对自由。当时农业合作社尚在试办阶段，其规模都不是很大，评工记分比较好操作，社内分配相对公平合理，平均主义"大锅饭"尚不明显。同时，组织起来向集体化方向发展为中共各级组织所倡导，因此农业合作社得到了上级部门在贷款、新农具等方面的支持。这些都是早期的农业合作社能够建立并且生产上有一定发展的重要原因。

农业合作化速度加快之因

1955年是我国农业合作化运动的关键一年，围绕合作化运动的速度问题，毛泽东与中共中央农村工作部部长邓子恢之间产生了不同看法。邓子恢因主张对合作化速度必须适当加以控制，被指责为"小脚女人"而遭到批评，结果致使农业合作化的速度迅猛加快，到1956年上半年我国广大农村就基本上实现了原定十五年左右的时间完成的农业合作化。

一、"停、缩、发"方针

1953年6月，毛泽东在一次讲话中首次提出了过渡时期总路线的基本内容；8月，他又第一次对过渡时期总路线作了比较完整的文字表述；同年底开始，在工矿企业和全国农村普遍开展了对过渡时期总路线的学习和宣传活动。随着过渡时期总路线的宣传贯彻，我国的农业合作社在1954年得到了很大的发展，到1955年1月，全国新办的合作社就达38万多个。在农业合作社的大发展中，不但有相当多的社是在条件不成熟的情况下建立的，而且这些社建立后，社干部缺乏相应的管理经验，因而在分配制度等方面也存在一些不合理现象。加之1954年是全面实行粮食统购统销的第一年，部分地方在粮食征购中征了"过头粮"，这样一来，引起了一些农民的不满，他们对党的农村政策产生怀疑，甚至用大量出卖或屠宰牲畜等方式进行消极抵抗。

1955年3月3日，由毛泽东亲自签发的《中共中央、国务院关于迅速布置粮食购销工作，安定农民生产情绪的紧急指示》中，对这种情况作了高度概括："目前农村的情况相当紧张，不少地方，农民大量杀猪、宰牛，不热心积肥，不积极准备春耕，生产情绪不高。应该看到，这种情况是严重的，其中固然有少数富农和其他不良分子的抵抗破坏，但从整个说来，它实质上是农民群众，主要是中农群众对于党和政府在农村中的若干措施表示不满的一种警告。"指示强调："粮食的紧张情况，在一个相当长的时期内是不能完全避免的，粮食紧张的根本原因在于生产不足，而发展生产则是解决粮食问题的决定环节。粮食生产增长一分，粮食紧张的情况就可以缓和一分。因此，农村工作的一切措施，都必须围绕这一环节，都必须有利于生产，有利于发挥农民的积极性，都必须避免对于这种积极性的任何损害。"[1]

农村出现的这些问题，引起了毛泽东的注意。3月5日，毛泽东阅看了由卫士带回的河北安平县细雨村副村长关于组织农业生产合作社情况给他的信。信中反映，细雨村在组织农业生产合作社的过程中，简单化地用"跟共产党走，还是跟老蒋走"一类的大帽子压群众入社，造成农民生产积极性下降。毛泽东在写给中共河北省委书记林铁的批示中说："这种情况恐怕不止安平县

---

[1] 中共中央文献研究室编：《建国以来重要文献选编》第6册，中央文献出版社1993年版，第76—77页。

一个乡里有，很值得注意。"[1]

3月上旬，他听取中共中央农村工作部部长邓子恢汇报农村工作，当汇报到当前农村的紧张情况时，毛泽东说：五年实现农业合作化的步子太快，有许多农民入社，可以肯定不是自愿的。到1957年入社农户发展到1/3就可以了，不一定要求达到50%。粮食征购已经到了界限，征购任务是900亿斤，多1斤都不行。合作化也要放慢，干脆现在就停下来，到明年秋后再看，停止一年半。[2]

邓子恢听毛泽东这么一说，甚感惊讶。1953年主政中央农村工作部后，他曾主持对发展过快的农业合作社进行过一次整顿，结果遭到了毛泽东的批评，说他是"言不及义"（即言不及社会主义）。邓子恢对这件事记忆犹新，不敢贸然接受这么低的数字，便说，50%的设想还是适合的，并解释了能够完成的理由。但毛泽东仍不同意，认为粮食征购已到了界限，合作化也要放慢。邓子恢表示，到今年秋后停下来。毛泽东说，干脆现在就停下来，到明年秋后再看，停止一年半。[3]

3月中旬，毛泽东听取邓子恢和中央农村工作部副部长陈伯达、廖鲁言、陈正人及秘书长杜润生等汇报农村互助合作和粮食征购情况。当汇报到农业生产合作社发展方针时，毛泽东说：生产关系要适应生产力发展的要求，否则生产力就会起来暴动。当

---

[1]中共中央文献研究室编：《毛泽东年谱（1949—1976）》第2卷，中央文献出版社2013年版，第349页。

[2]中共中央文献研究室编：《毛泽东年谱（1949—1976）》第2卷，中央文献出版社2013年版，第350页。

[3]《邓子恢传》编辑委员会：《邓子恢传》，人民出版社1996年版，第481页。

前农民杀猪宰羊就是生产力起来暴动。关于农业生产合作社的发展方针，毛泽东说："方针是'三字经'，叫一曰停，二曰缩，三曰发。"他与邓子恢等人当场议定：浙江、河北两省收缩一些，华东、东北一般要停止发展，其他地区（主要是新区）再适当发展一些。[1]

根据毛泽东的指示和农业合作化运动的实际，3月22日，中央农村工作部发出了《关于巩固现有合作社的通知》，强调春耕季节已到，全国农业生产合作社已发展到60万个，完成了预定的计划。不论何地均应停止发展新社，全力转向春耕生产和巩固已有社的工作。通知指出，在大发展之后，进行整顿巩固工作，社数和户数有合理减少是必要的。有些地方怕数字减少，百分比下降，就不敢贯彻自愿原则，这是不对的，应该改变。

在这之后，各地广泛开展了整顿农业生产合作社的工作。湖南省级机关抽调1000余名干部，分批下乡，加强各地对农业合作化运动的领导。山西全省抽调8000名干部准备组成长期固定的农村工作队，深入农村，协助当地农业生产合作社进行工作。河北全省组织了13000多名干部投入农村整社。各地在整社中，普遍推行了包工制，实行牲口折价归社，对土地、劳力分红比例不当的作了调整，将部分不符合条件的合作社转为了互助组。

据中央农村工作部二处1955年7月26日编印的《农业合作化运动最近的简情》统计，全国农业生产合作社在贯彻"停、缩、发"方针后，原有的67万个社中，有65万个巩固下来了。

---

[1] 中共中央文献研究室编：《毛泽东年谱（1949—1976）》第2卷，中央文献出版社2013年版，第355页。

"缩"的情况是：浙江减少15000个，河北减少7000个，山东减少4000个。其他省份无大变动，有的还有所增加。

1955年4月上旬，邓子恢出访匈牙利回来后，立即着手准备召开第三次全国农村工作会议。

会议前一天，即4月19日，邓子恢向刘少奇汇报农村工作情况。当邓子恢谈到全国农业生产合作社已经发展到了67万个，大大超过了原定的发展计划，当前农村形势仍然相当紧张，不少地区人心不稳。刘少奇问他：为了稳定局势，把全国的67万个社收缩为大约57万个社，是不是必要？你可以提出自己的意见。邓子恢谈了依靠贫农、照顾中农的问题，说去年这个问题没有解决好，对中农作适当让步，但不能损害贫农的根本利益。

刘少奇又问邓子恢：什么是贫农的根本利益？邓子恢一时答不上来。刘少奇说：应该教育干部，教育贫农，使他们看清贫农根本的利益，就是把中农团结起来，把合作社办好，共同走上社会主义道路。不要光看眼前利益，不要因小失大。[1]

4月20日，中共中央书记处召开会议，讨论农业合作化问题。会议由刘少奇主持，出席会议的还有邓小平、邓子恢、廖鲁言等。会上杜润生汇报了农村情况，中共中央副秘书长兼书记处第二办公室主任谭震林作了补充，主要是讲浙江问题。刘少奇在会议最后的讲话中说：问题的核心是如何对待中农。所谓强迫不强迫，自愿不自愿，就是对待中农的问题，强迫也是强迫中农，自愿也是叫中农自愿。为了保证中农自愿，可以把速度放慢一点，明年春天停止发展，做好巩固工作。中农看见社办好了，

---

[1]《邓子恢传》编辑委员会：《邓子恢传》，人民出版社1996年版，第486页。

就会自动来敲门,那时候我们把门开开。他们自愿,我们欢迎,这可以保证合作化运动的健康发展。

刘少奇还说,今后一年农业合作化的总方针是"停止发展,全力巩固"。现在全面停下来,秋后看情况再定。个别县、区、乡未办的,有条件的可以试办。全国农业合作社已经发展到67万个,其中发展过多的省份有超过两三万的,主观力量控制不了,要收缩一些。能巩固五十几万个社,即是最大胜利。[1]

会议讨论后决定:秋收前全国农业合作化工作的总方针是停止发展,全力巩固,首先要搞好生产,保证增产,至少不减产,这是巩固农业社的基本关键。个别县、区、乡还没有办一个社又有条件办的,可以个别试办,为以后发展打下基础。中南和西南地区可适当发展,但不要太快,河北、山东、安徽、浙江等省和其他省的某些县,新建社的数量大,问题多,超过了可能办好的主观力量,要适当收缩一部分,其中个别县甚至可以丢掉大部分。

这天晚上,邓子恢向毛泽东汇报农村工作会议的准备情况,同时分析了形成农村形势紧张的因素:(一)最突出的是粮食统购统销中发生问题;(二)城乡对私商改造太快,以至城乡间"大通小塞",影响了近几个月的财政、税收,城市一些人失业,部分农民特别是贫农收入减少;(三)更根本的因素是农业社会主义改造(其中主要是生产合作)出了毛病。这三者都是造成

---

[1]《杜润生自述:中国农村体制变革重大决策纪实》,人民出版社2005年版,第51—52页;中共中央文献研究室编:《刘少奇年谱(1898—1969)》下卷,中央文献出版社1996年版,第339页。

紧张的带根本性的因素,但是合作化方面的毛病是最根本的,而粮食问题是当前最突出的。毛泽东问了问邓子恢出访匈牙利的情况,对他关于第三次全国农村工作会议准备情况的汇报,未置可否。[1]

毛泽东之所以对邓子恢的汇报不置可否,是因为此时他正在思考农业合作化运动停下来是否合适的问题,不便立即表态。

4月21日至5月7日,中央农村工作部受中共中央的委托,召开第三次全国农村工作会议。

在会议的开幕词中,邓子恢肯定了农业合作化发展的成绩,着重讲到了农村存在的紧张形势及其原因。邓子恢说,现在农民对我们的警告,已经不只是言论上说怪话、发牢骚,并且表现在行动上,积极的是骚动,消极的是不务生产、宰牲口、砍树木。如果不迅速加以改变,就会影响生产,损害工农联盟。

邓子恢认为,农民在个体经营时,只要有了土地、牲口、农具,就可以进行生产,解决家庭生活问题。入了农业社则起了根本的变化,生产资料虽仍属他所有,但支配权转到了社里。农民把赖以生存的生产资料交社了,他看到社里牲口瘦了、趴下了、死亡了,看到社增产希望不大,哪能不紧张、不恐慌?

邓子恢还传达了中共中央书记处会议的指示,指出今后农业社的发展方针,是停止发展,全力巩固。他强调,停止发展,是为了把现有社巩固下来,有条件巩固要尽一切力量巩固。

4月23日,刘少奇邀集各省与会人员谈话,并强调指出,农业合作化目前的中心问题,是巩固办好已经建立起来的一批农业

---

[1]《邓子恢传》编辑委员会:《邓子恢传》,人民出版社1996年版,第487页。

生产合作社。为了发展,就要巩固,因为已不可能再快,干部没有训练出来,经验不成熟,如果再像1954年冬天那样的速度发展下去,是很冒险的。

5月6日,邓子恢在会上作总结报告。报告肯定了1954年以来农业合作化运动的成绩,那就是一年中发展了几十万个社,等于在农村建立了几十万个社会主义的据点,这是今后合作化很重要的依靠,并且教育了农民,扩大了党的影响,从而为今后进行农业社会主义改造创造了条件。报告特地讲到了目前农村中紧张形势的问题。邓子恢说:"是不是有紧张形势呢?显然是有的。当然,程度不同。""不承认这一点,对我们工作没有好处,就不能引起我们的警惕。"[1]

报告分析了造成农村紧张局面的原因:一方面,这种紧张是农民小生产者对社会主义改造的抵触情绪的表现,也是农民小生产者两重性不可避免的过程。另一方面则是在政策上、工作上有毛病。政策上,对互利自愿政策贯彻不够,甚至违反了互利与自愿政策;工作上是行政命令作风,缺乏深入的群众工作。客观上存在着农民对社会主义改造的抵触情绪,加上工作上、政策上有毛病,就紧张起来了。

1954年以来农业合作化运动有没有冒进现象,这是一个比较敏感的问题。1953年纠正互助合作运动中急躁冒进倾向,本来是必要的,也取得了较好的效果,但随后毛泽东却批评说是"稳步而不前进",是"言不及义"和"好施小惠"。所以许多做农村工作的干部既担心冒进,又不敢说冒进。邓子恢在报告中没有回

---

[1]《邓子恢文集》,人民出版社1996年版,第403页。

避这个问题，认为在某些省份、某些县份是有冒进现象的。同时他又很谨慎地说："冒进现象不是全国性的。"在这个问题上，邓子恢的确很为难。1954年合作社的发展在取得很大成绩的同时，急躁冒进又有所抬头。这种急躁冒进并不是单单表现在数字上，还表现在忽视农业生产合作社的半社会主义性质，压低土地分红，过分地扩大劳力分红的比重等方面。一方面是冒进的事实，一方面是一年半前"言不及义"的批评，邓子恢只好在报告中反复强调：有冒进，但不是全国性的；有冒进，也存在放任自流。

尽管邓子恢在这个问题上甚是小心翼翼，但事实上存在的冒进倾向，又使他觉得必须提醒对各地合作化时出现的急躁冒进倾向应引起高度重视。于是，他在报告中明确指出："我觉得干部中的冒进情绪带有普遍性。"他说，这种冒进情绪如果不讲清楚，不克服，它将来还要冒进，今天不冒进，明天冒进，今年不冒进，明年冒进，而这个冒进对我们的工作只有损害，会造成我们将来的困难。

邓子恢进一步分析了干部中普遍存在冒进情绪的原因：一是对农民的社会主义觉悟估计过高，对小生产者的本质认识不足。他说，不要光看农民表面高高兴兴，双手举起来，甚至哭哭啼啼要求入社，农民最终是要看互助组办得怎样，合作社办得怎样。而我们有些干部光看表象，盲目地认为农民觉悟普遍高涨，到处高涨，这是干部中有冒进情绪的主要原因。二是对合作化改变生产关系，是社会主义革命，是最深刻的阶级斗争这一点认识不足，对增产的艰巨性认识不足。他说，中国的合作社是建立在小农经济基础上的，办社并不那么容易，不是合作社办起来了，把社会主义的旗帜插上了，就自然增产。要把合作社办好，真正增产，内部团结好，样样上轨道，样样制度化，不是那么容易的事情，应该承认办合作社比土改难，而且也不是一两年的事，而是长期的事。[1]

邓子恢的这个分析是很透彻的。由于中国革命长期是在农村进行的，实际上是无产阶级领导的农民革命，农民为革命的胜利作出了巨大的牺牲，表现出高度的革命热情。新中国成立后，农民得到了他们祖祖辈辈梦寐以求的土地，切实感受到新社会新制度带来的好处，从而也积极参加各种社会改造运动。于是，相当多的干部认为，农业合作化运动将给农民带来更幸福的生活，中国农民也会如同他们以前以空前的热情投入土改一样，会毫不迟疑地投身于合作化运动的大潮。殊不知，农民毕竟是小生产者同时也是小私有者，进行农业合作化其实就是对其个人所有制的改造，是要农民放弃原有的生活方式和生产方式，这对他们来讲，是一个严峻的考验。这就必然使他们中不同经济条件、不同政治觉悟的人产生不同的感受，出现不同的心态，并不可能都会毫无顾忌地抛弃私有财产而加入农业合作社。当时，相当多的人并没有看到这一点，想当然地认为只要党和政府一号召，干部们振臂一呼，农民就会群起响应，纷纷涌进合作社来。结果当他们发现情况并非如此时，就使用强迫命令的方式把农民拉进合作社来。

对于今后农业合作社的方针政策，邓子恢讲了四条。第一，要求一般停止发展。他说："原来我们说今年秋天停止下来，以后主席说，干脆就停止下来，到明年秋后再看，停止一年半。"[2]

---

[1]《邓子恢文集》，人民出版社 1996 年版，第 408 页。
[2]《邓子恢文集》，人民出版社 1996 年版，第 408—409 页。

可见，停止发展本来是毛泽东的意见。第二，立即抓生产，全力巩固，特别是要巩固现有的新社，这是打好社会主义的基点，是巩固前进的出发点。第三，少数的省、县要适当收缩。收缩是指那些确实没有办好的社，对他们费了九牛二虎之力，还是没有办好，这些社就应该丢掉。第四，把互助组办好，整顿好，照顾个体农民，这是为了搞好生产，为了将来合作社的再发展。

会议结束后，邓子恢以中央农村工作部的名义，向中共中央报送了《关于全国第三次农村工作会议的报告》。

1955年6月14日，刘少奇主持中共中央政治局会议，听取中央农村工作部关于第三次全国农村工作会议情况的汇报。刘少奇提出："建社有很大成绩。要估计到我国和苏联情况不同。苏联农业集体化以后，一两年内减产。我国显然不同，社一建立起来，百分之七十五都增产（去年）；减产的，整顿后第二年也增产了。对农业合作化事业要有充分的信心，对成绩要有充分的估计。"[1]会议批准了到1956年秋收前农业生产合作社发展到100万个（即在已有65万个社的基础上增加35万个，一年翻半番）的计划。刘少奇在讨论时还说：明年春发展到100万个，然后关一下门，办好了让中农自愿来敲门，关键是保证中农自愿。[2]

不过，这个门根本就没有关成。不但没有关成，反而把门都拆掉了。

---

[1] 转引自中共中央文献研究室编：《毛泽东传（1949—1976）》，中央文献出版社2003年版，第379页。
[2] 中共中央文献研究室编：《刘少奇年谱（1898—1969）》下卷，中央文献出版社1996年版，第340页。

二、合作社数字之争

1955年春，毛泽东对农村紧张形势的看法与邓子恢等人是一致的，因而也赞成停止合作社的发展。但是，到了5月，他的态度发生了根本性的变化，认为合作社不但不应停止发展，反而应该加快发展。

促使毛泽东在这个问题上改变看法的原因，一是毛泽东此时感到粮食并非那么紧张。

这年春天，正当农村销粮大幅度增加，而缺粮的呼喊声也越来越大的时候，中共中央收到了一份反映山西省闻喜县宋店乡粮食统销情况的材料。

宋店乡原本有相当多的群众声称缺粮，全乡每天都有成群的人找乡政府要口粮，有的还连哭带骂，乡干部们因手中无粮，既不能满足群众的要求，又没有精力去领导生产。

为了解宋店乡是否真缺粮，中共山西省委农村工作部负责人范履端亲自到该乡了，经过两天的调查，他发现有些人供应标准过高，有的人虽喊缺粮，但已到1955年3月了才领1954年12月和1955年1、2月的粮食，乃认为该乡的粮食问题完全可以自己解决，于是指示工作组与乡党支部一起对各村的供应证进行审查，规定过期未领者一律停发，标准过高者停发高过标准部分，不该供应者坚决停发。审查的结果是：不应供应者7户，退出粮食2230斤，缺少供多和过期未领者113户，退出13753斤，超过标准者51户，退出6436斤，以上共171户，退出粮食22419斤；真正缺粮者90户，共缺粮16186斤，对其全部给予供应后，尚有余粮6233斤。自此之后，全乡再也没有人吵缺粮，也没有人找干部要粮了。随后,范履端就宋店乡的情况给山西省委写了一个调查报告。随后,山西省委又将这一情况报告给了中共中央。

中共中央很快批转了这个报告,并在批语中说:"山西省闻喜县宋店乡的经验说明,只要做好说服动员工作,摸清粮食供应的实际情况,查明漏洞,核实销量,把不合理的销量压缩下来,保证真正缺粮户的合理供应,而不突破原定销售指标是完全可能的。"[1]

类似的材料中共中央还收到不少,由此使毛泽东和中共中央认为,"所谓缺粮,大部分是虚假的,是地主、富农以及富裕中农的叫嚣"[2]。这也使毛泽东相信原来对农村粮食紧张形势的估计是言过其实了,形势并没有那么紧张。说农村缺粮,是"资产阶级借口粮食问题向我们进攻"。

促使毛泽东改变农业生产合作社发展速度的第二个原因,是他此时认为党内有部分人不愿走社会主义道路,他们对办合作社采取消极态度,这种状况必须改变。

1955年4月中旬,毛泽东离开北京,前往南方视察。此时正是春暖花开时节,毛泽东在视察的途中,看了铁路公路两旁庄稼的长势,听了一些地方负责人的汇报,对农村的形势作出了新的判断,认为农村情况并非像以往中央农村工作部所说的那样严重,农民生产也谈不上消极,否则道路两旁的庄稼不可能长得那

---

[1]《中共中央转发山西省委批转范履端同志关于粮食统销工作调查报告》,1955年4月23日。
[2] 薄一波:《若干重大决策与事件的回顾》上卷,中共中央党校出版社1991年版,第372页。

样好。尤其是中共中央上海局书记柯庆施对他讲了一个情况,说他经过调查,县、区、乡三级干部中,有30%的人反映要"自由"的情绪,不愿意搞社会主义。这使毛泽东立即意识到,这种"不愿意搞社会主义"的人,下面有,省里有,中央机关干部中也有。中央农村工作部反映部分合作社办不下去,是"发谣风"。这一系列的情况反映到毛泽东的脑子里,"不仅使他改变了对春季农村的形势的看法,而且开始用阶级斗争的观点来看待来自各方的对农村形势的估量"[1]。

4月下旬,毛泽东回到北京。5月1日,他在天安门城楼上对谭震林表示,合作化还可以快一点。他前一段出去看到沿途的庄稼都长得很好,麦子长得半人高,谁说生产消极?农民种田的积极性很高,办合作社的积极性也高。但是,给合作社说好话的人不多。柯庆施说,下边有三分之一的干部对合作化有右倾消极情绪,这和上边有关部门领导不无关系。[2] 5月5日晚,邓子恢向毛泽东汇报此间正在召开的第三次全国农村工作会议情况,准备在第二天作总结。毛泽东对邓子恢说:"不要重犯一九五三年大批解散合作社的错误,否则又要作检讨。"[3] 但邓子恢却没有跟上毛泽东认识的变化。在此次谈话后的第二天,即5月6日,他在第三次全国农村工作会议的总结报告中,仍强调要坚持停止发

---

[1] 薄一波:《若干重大决策与事件的回顾》上卷,中共中央党校出版社1991年版,第372—374页。

[2] 中共中央文献研究室编:《毛泽东年谱(1949—1976)》第2卷,中央文献出版社2013年版,第367页。

[3] 中共中央文献研究室编:《毛泽东年谱(1949—1976)》第2卷,中央文献出版社2013年版,第369页。

展、全力巩固的方针。

5月9日,毛泽东再次约见邓子恢、中央农村工作部副部长廖鲁言以及国务院副总理李先念、粮食部副部长陈国栋,谈粮食与农业合作化问题,周恩来参加。毛泽东说:粮食,原定征购900亿斤,可考虑压到870亿斤。这样可以缓和一下,这也是一个让步。粮食征购数字减一点,换来个社会主义,增加农业生产,为农业合作化打下基础。今后两三年是农业合作化的紧要关头,必须在这两三年内打下合作化的基础。毛泽东问:到1957年化个40%可不可以?邓子恢说:上次说1/3,还是1/3左右为好。毛泽东说:1/3也可以。农民对社会主义改造是有矛盾的。农民是要"自由"的,我们要社会主义。在县、区、乡干部中,有一批是反映农民这种情绪的,据柯庆施同志说有30%。不仅县、区、乡干部中有,上面也有,省里有,中央机关干部中也有。说农民生产情绪消极,那只是少部分的。我沿路看见,麦子长得半人高,生产消极吗?[1] 显然,毛泽东对邓子恢仍坚持原来的发展速度已有所不满。

5月17日,毛泽东在中南海颐年堂主持召开华东、中南、华北十五省市委书记会议。会上,有的省委书记汇报说,按照中央农村工作部的建议收缩合作社,引起了农村干部和群众的不满。也有人在汇报中埋怨中央农村工作部压制了下面办社的积极性。这些汇报进一步使毛泽东认为,中央农村工作部前一阶段反映的农村情况不真实,停止发展农业合作社是不正确的。毛泽

---

[1] 中共中央文献研究室编:《毛泽东年谱(1949—1976)》第2卷,中央文献出版社2013年版,第370页。

东说:"合作社问题,也是乱子不少,大体是好的。不强调大体好,那就会犯错误。在合作化的问题上,有种消极情绪,我看必须改变。再不改变,就会犯大错误。对于合作化,一曰停,二曰缩,三曰发。缩有全缩,有半缩,有多缩,有少缩。社员一定要退社,那有什么办法。缩必须按实际情况。片面的缩,势必损伤干部和群众的积极性。后解放区就是要发,不是停,不是缩,基本是发;有的地方也要停,但一般是发。华北、东北等老解放区里面,也有要发的。譬如山东百分之三十的村子没有社,那里就不是停,不是缩。那里社都没有,停什么?那里就是发。该停者停,该缩者缩,该发者发。"[1]毛泽东在这里虽然也重申了"停、缩、发"的方针,但他所强调的已不是"停"和"缩",而是如何"发"。

会上,一些省委书记重新自报了1956年春耕前大幅度发展合作社的计划,这引起了毛泽东的极大兴趣,也受到了很大鼓舞。经过讨论,毛泽东在会议作结论时,提出了新区各省1955年秋后到1956年秋前农业合作社发展的控制指标:河南7万个、湖北4.5万个、湖南4.5万个、广东4.5万个、广西3.5万个、江西3.5万个、江苏6.5万个。他还说:如果你们自愿,那就拍板,把这个数字定下来。东北、西北、西南、华北,由林枫、马明方、宋任穷、刘澜涛去召开一个会,把精神传达下去,讨论解决。今天在会上定了的,就这样办,大体不会错。但是,发

---

[1] 中共中央文献研究室编:《建国以来重要文献选编》第6册,中央文献出版社1993年版,第224页。

展起来的合作社,要保证90%是可靠的。[1]

6月8日,毛泽东离开北京前往杭州。6月23日,刚从杭州回到北京的毛泽东,立即约邓子恢谈农业合作社的发展问题。毛泽东提出,1956年春耕以前合作社发展到100万个,同现有的65万个比较,只增加了35万个,即只增加了半倍多一点,似乎少了一点,可能需要比原来的65万个增加1倍左右,即增加到130万个左右,基本上做到全国20多万个乡都有一到几个社。他问邓子恢:你看怎么样?邓子恢回答说,回去考虑考虑。

从毛泽东处回到中央农村工作部后,邓子恢找农村工作部互助合作处的有关人员进行商量,共同认为还是坚持100万个的原计划为好。第二天,邓子恢向毛泽东汇报说,上年度由11万个社发展到65万个社,已经太多,发生了冒进的问题,还需要做大量的工作才能巩固。下年度由65万个社发展到100万个社,都要巩固下来,更不容易。如果发展到130万个,那就超出了现有办社条件许可的程度,还是维持100万个的计划比较好。为此,两人还发生了争论,持续了好几个小时。[2]

邓子恢坚持1955至1956年度农业合作社只能发展到100万个的主要理由是:

第一,整个合作化运动应与工业化进度相适应。第一个五年计划工业化还是打基础的时期,农业技术改造的进度可能很慢,合作化还是以手工劳动为主。在这种情况下,要使农业生产有比

---

[1] 中共中央文献研究室编:《建国以来重要文献选编》第6册,中央文献出版社1993年版,第225页。
[2] 《邓子恢传》编辑委员会:《邓子恢传》,人民出版社1996年版,第492页。

较显著的发展，超过一般富裕中农的水平，初步显示出社会主义集体经济的优越性，向社外农民起到示范作用，就必须认真把农业合作社的经营管理搞好。而要做到这些，在办社的初期阶段，在各种条件很差的情况下，过多过猛的发展，是不适当的。

第二，根据各地实际情况反映，现有的65万个社中存在的问题很多，巩固工作量很繁重，如果再发展，巩固与发展齐头并进，群众觉悟水平和干部领导能力都跟不上，就可能使两方面工作都做不好，并会影响生产发展，降低农业生产合作社在农民中的威信。

第三，1955年至1956年，是打基础的一年。这一着做好，对以后全盘实现合作化有极其重大的意义。因为在老区，在过去几年里，领导力量主要忙于合作社的发展工作，对巩固工作做得很少，入社农户虽然达到了百分之二三十，但这个基础极不巩固，亟须缓和一下，以便做好巩固工作，在巩固的基础上再前进。在新区，那里素无互助合作的习惯和传统，根据以往老区的经验，主要任务还应当是完成布点工作，适当再发展一些，每个乡争取建立若干个社，集中力量把它们办好，以便训练干部，示范群众，为以后由点到面的发展打下基础。至于那些边远地区和少数民族地区，有的还没有进行土地改革，有的生产极其落后，刀耕火种，连会计都找不到，很难办社，还需要多准备一些时间。[1]

毛泽东和邓子恢这次谈话的消息传到中央农村工作部后，有

---

[1]《邓子恢传》编辑委员会：《邓子恢传》，人民出版社1996年版，第492—493页；杜润生：《当代中国的农业合作制》上，当代中国出版社2002年版，第330—331页。

人甚感吃惊，他们对邓子恢说，何必为这30万个社的数字去同毛泽东争呢？这不是去冒险吗，为什么要冒这个险？邓子恢苦笑着说：这不是几十万个社的问题，要紧的是他认为办社的条件都是不必要的，这怎么能不讲清楚呢？[1]

毛泽东是一个极为执着的人，一旦他认准的事情，别人是难以改变他的态度的。从这一点上讲，这场争论必定很快就会有结果。

7月11日，毛泽东又一次约见了邓子恢，参加约见的还有农村工作部副部长陈伯达、廖鲁言、陈正人，秘书长杜润生及中央书记处第二办公室副主任刘建勋和谭震林。邓子恢首先汇报了全国农业合作化的基本情况。毛泽东听完汇报后，严厉批评邓子恢，说邓子恢自以为了解农民，又很固执。邓子恢作了检讨，还说：主席啊，我没有说过"砍"合作社。毛泽东说：你没有说过"砍"合作社，我就放心了。我的话说得挖苦一些，没有别的意思，就是希望你们今后注意。但是，这次谈话后，邓子恢对于1956年发展合作社要翻一番，仍然放心不下，经过反复考虑，他于7月15日又向刘少奇反映，说130万不行，还是100万为好。刘少奇说："邓老，你们是专家，这个意见我们考虑。"毛泽东对邓子恢坚持己见甚为生气，对中央秘书长邓小平说："邓子恢的思想很顽固，要用大炮轰。"[2]

7月15日，毛泽东找中共河北省委第一书记林铁、河南省

---

[1]《邓子恢传》编辑委员会：《邓子恢传》，人民出版社1996年版，第494页。
[2] 中共中央文献研究室编：《毛泽东传（1949—1976）》，中央文献出版社2003年版，第380—381页。

长吴芝圃、湖北省委第一书记王任重、湖南省委副书记周礼、上海市委第一书记柯庆施、山东省委第一书记舒同谈农业合作化问题，谭震林、陈伯达参加。毛泽东说：在这几年以内，搞合作社主要是依靠贫农，还是依靠中农？什么人拥护社会主义？他们的动态如何？王任重回答说：贫农听说合作化要慢一点，感到"冷半截"，说又要多受几年苦了。富裕中农听到说合作化要放慢一点，感到很兴奋，说"如同朝拜木兰山"。毛泽东说：要以贫农为基础，包括新中农（新中农里的富裕中农除外）和老中农中的下中农，合计在南方约为农村总人口的70%左右，北方约为50%左右，这些人拥护合作社、统购统销，有了这些人做基础就好办事了。他接着说：关于合作社的发展，原来我也主张停一年，在南方不要办得太快。看到浙江、安徽都搞了好几万个社，我的主意变了，为什么其他省不可以多搞一些呢？说合作社办得不好，不巩固，刚办起来当然会有许多问题，像新修的坝一样不坚固，要加工修筑。河北省派了1万2千名干部下乡，搞了两个月，只有6%的社解散了，7%的户退出了，其余94%的社、93%的户都巩固下来了。各省也要这样做，每发展一批就要巩固一批，要派大批干部下乡，在统购以前好好整顿一番。把合作社的发展计划改为1/3左右是我的意见，实际上可能达到50%左右，现在已经有些县达到了60%，并没有什么问题。[1]

7月18日，毛泽东致信杜润生，要他将第三次全国农村工作会议的各项材料，如报告、各人发言和结论"送我一阅"。根据

---

[1] 中共中央文献研究室编：《毛泽东年谱（1949—1976）》第2卷，中央文献出版社2013年版，第399页。

这些材料和邓子恢几次谈话的内容,他开始着手撰写《关于农业合作化问题》一文,准备"用大炮轰"邓子恢了。

三、批判"小脚女人"

几天后,即7月26日,毛泽东在中南海颐年堂约见柯庆施、舒同、欧阳钦、黄欧东、林铁、陶鲁笳、王任重、吴芝圃等地方负责人谈话,谭震林、陈伯达参加。毛泽东说:和邓子恢同志的争论可以和缓下来,观点汇合了。你们回去,每个乡(除坏乡外)都搞一点合作社,搞一个也好,包括明夏在内。要有充分准备,又要做巩固工作。要准备材料,要有思想性。材料是为了证明一个道理。单是供应材料不行,要加工,要消化。要有材料为证,达到说服的目的。个人决定好,还是集体领导好?有不同意见就要辩论,没有取得多数同意就不要发指示。开会、发电报,要有纪律。合作社的巩固工作,一年抓三次,订计划一次,检查生产一次,分配搞一次,就搞好了。不打无准备之仗,不打无把握之仗。办合作社要分多批,宣传一批,觉悟一批,发展一批。八年工夫搞半社会主义,还有五年半,赶上来不算落后。富裕农民提高了觉悟的也让他进来。地富(指地主和富农)在三年到四年内不要,比较稳当,以后准其加入老社。要做发展猪、牛、油料的计划,多搞点油料。过渡时期,生产关系必须适合生产力的性质,生产力是最革命最积极的因素。改变所有制必须改善技术，没有机器也还是要搞合作化。[1]

毛泽东这天在中南海还单独召见了山西省委第一书记陶鲁笳，听取关于山西农业合作化情况的汇报。汇报过程中，毛泽东问陶鲁笳：你们初级社在面上铺开了，有没有减产、死牛的情况？陶鲁笳说，1953年2242个社的粮食总产比1952年增长27.6%，单产增长21.6%，比互助组高21.5%，比单干高39%。1954年全省因灾减产4.8%，而初级社占20%以上的平顺、武乡等20个县的粮食产量比1953年增长3.8%。全省的大牲畜，由1951年的184万头发展到1954年的213万头，年递增率为10%，其中骡马的递增率达到了15%，适应了初级社添新式马车农具的需要。特别是长治专区的1276个老社中，生活水平已经达到或超过富裕中农生产水平的占38%，为进一步过渡到高级农业生产合作社创造了条件。

听了陶鲁笳的汇报，毛泽东十分高兴，并指出合作社一定要注意防止减产和死牛的现象。他还说，苏联在农业集体化过程中粮食大幅度减产、牛大量死亡的教训是很深刻的，它导致了农业生产长期停滞不前，直到现在他们还没有达到十月革命前的最高水平。汇报结束时，毛泽东一再叮嘱要吸取苏联农业集体化的教训，一定要增产，一定要增牛，一定要使中国的合作社比苏联的集体农庄搞得更好。[2]

同一天，中央农村工作部二处向毛泽东等中央领导人报送了

---

[1] 中共中央文献研究室编：《毛泽东年谱（1949—1976）》第2卷，中央文献出版社2013年版，第405—406页。

[2] 山西省史志研究院编：《中国共产党山西历史纪事（1949年9月—1976年10月）》，中央文献出版社1999年版，第138—139页。

一份农业合作化运动最近情况的简报。其中的主要内容是：（一）今年春耕时全国有67万多个农业合作社，经过几个月的整顿，有增有减，现在约有65万个。（二）各地对巩固和发展合作社的工作均作了布置，采取的主要措施是：集中力量巩固现有社，主要抓端正政策，做好社的生产工作，合理组织劳力，推行包工制；做好互助组工作，为建社建立基础；训练办社干部及准备建社的互助组骨干；抽调干部下乡帮助社的工作。各省的发展计划大体确定后，逐级向下分配任务，并由县区结合实际情况，提出修正意见，然后定案。（三）1955年到1956年度的发展计划是，由现有的65万个社发展到103万个，入社户数由1690余万发展到约2920万户。

　　7月29日，毛泽东在简报的背后写了许多的批语，其中特别提出要反对右的和"左"的错误观点。他说："目前不是批评冒进的问题，不是批评'超过了客观可能性'的问题，而是批评不进的问题，而是批评不认识和不去利用'客观可能性'的问题，即不认识和不去利用广大农民群众由于土地不足、生活贫苦或者生活还不富裕，有一种走社会主义道路的积极性，而我们有些人却不认识和不去利用这种客观存在的可能性。农民的两面性——集体经营与个体经营两种思想的矛盾，哪一面占优势？随着宣传和合作社示范，集体经营的思想先在一部分人中占优势，然后在第二部分人中占优势，然后在第三部分人中占优势，然后在大部分人中占优势，最后在全体人民中占优势，我们应当逐步地（经过十五年）造成这种优势。""在改变所有制的问题上，即端正政策的问题。'揩油'问题已经发生，应当教育农民不要'揩油'，应当端正各项政策，并以发放贷款的办法去支持贫农，这是一方面。但同时应当教育中农顾大局,只要能增产,只要产量收入比过去多,小小的入社时的不公道,也就算了。要教育两方面的人顾大局,而不是所谓'全妥协',全妥协就没有社会主义了。又团结、又斗争是我们的方针。"[1]

为了讨论农业合作化问题,毛泽东和中共中央决定召开一次各省市自治区党委书记会议。会前,中共中央书记处召集农村工作部的负责人开会,邓小平传达了毛泽东的原话:看来像邓子恢这种思想,他自己转不过来,要用大炮轰,中央决定召开地委书记以上会议,各省市委书记和中央各部部长、副部长都参加。

这时,形势已经很明朗了。此时的邓子恢处境颇为艰难:如果不跟着毛泽东的思路走,只会招来更严厉的批评;如果承认前一阶段农业合作社的收缩整顿是错误的,就会造成合作社不但不能巩固,而且还会急剧发展,再次出现急躁冒进,使强迫命令重新抬头,影响农业生产。在这种情况下,邓子恢着手写了题为《农业合作化的几点意见》的发言稿。

发言稿首先承认自己在4、5月间的全国第三次农村工作会议时,对形势的分析是欠妥的,对合作社所采取的方针是消极的。接着,发言稿提出1955—1956年度新发展合作社40万个,连同原有的65万个,共105万个,并提出各省在分配或审批下面的计划时,应以现有社增产巩固程度、互助组发展大小、干部强弱、原有基础好坏为条件。发言稿中还讲到了地方党委必须加强对合作社的领导,搞好生产和经营管理,以保证90%的社能

---

[1] 中共中央文献研究室编:《毛泽东年谱(1949—1976)》第2卷,中央文献出版社2013年版,第405—407页。

增产。发言稿写好之后,邓子恢交给毛泽东审阅。

7月31日,省市自治区党委书记会议在北京召开,毛泽东在会上作了《关于农业合作化问题》的报告。报告一开头,就对邓子恢等人的"右倾错误"进行严厉批评:"在全国农村中,新的社会主义群众运动的高潮就要到来。我们的某些同志却像一个小脚女人,东摇西摆地在那里走路,老是埋怨旁人说:走快了,走快了。过多的评头品足,不适当的埋怨,无穷的忧虑,数不尽的清规和戒律,以为这是指导农村中社会主义群众运动的正确方针。""否,这不是正确的方针,这是错误的方针。""目前农村中合作化的社会改革的高潮,有些地方已经到来,全国也即将到来。这是五亿多农村人口的大规模的社会主义的革命运动,带有极其伟大的世界意义。我们应当积极地热情地有计划地去领导这个运动,而不是用各种办法去拉它向后退。"[1]

毛泽东在报告中认为,解决农业合作社问题,仍需要三个五年计划的时间,但必须加快农业合作化的速度。其主要理由是:社会主义工业化是不能离开农业合作化而孤立地去进行的;大多数农民有一种走社会主义道路的积极性;党是有能力领导全国人民进到社会主义社会的。报告中,毛泽东将他与邓子恢等人在发展农业合作社问题上的分歧,上升到了"两条路线的分歧"的高度。他批评说:"有些同志,从资产阶级、富农,或者具有资本主义自发倾向的富裕中农的立场出发,错误地观察了工农联盟这样一个极端重要的问题。他们认为目前合作化运动的情况很危险,他们劝我们从目前合作化的道路上'赶快下马'。他们向我

---

[1]《毛泽东文集》第六卷,人民出版社1999年版,第418页。

们提出了警告：'如果不赶快下马，就有破坏工农联盟的危险。'我们认为恰好相反，如果不赶快上马，就有破坏工农联盟的危险。这里看来只有一字之差，一个要下马，一个要上马，却是表现了两条路线的分歧。"[1]

毛泽东认为，土地革命已经过去，封建所有制已经消灭之后，农村中存在的是富农的资本主义所有制和像汪洋大海一样的个体农民的所有制。在最近几年间，农村中的资本主义自发势力一天一天地在发展，新富农已经到处出现，许多富裕中农力求把自己变为富农。许多贫农，则因为生产资料不足，仍然处于贫困地位，有些人欠了债，有些人出卖土地，或者出租土地。这种情况如果让它发展下去，农村中向两极分化的现象必然一天一天地严重起来。在这种情况之下，工人和农民的同盟就不能继续巩固下去。要解决这个问题，只能在逐步地实现社会主义工业化和逐步地实现对于手工业、对于资本主义工商业的社会主义改造的同时，逐步地实现对于整个农业的社会主义的改造，即实行合作化，在农村中消灭富农经济制度和个体经济制度，使全体农村人民共同富裕起来。

当然，毛泽东的这个报告，对我国农业合作化的历史和基本方针的许多论述还是正确的，例如：毛泽东指出，要下决心解散的合作社，只是那些全体社员或几乎全体社员都坚决不愿意干下去的合作社。如果一个合作社中只有一部分人坚决不愿意干，那就让这一部分人退出去，而留下大部分人继续干。如果有大部分人坚决不愿意干，只有一小部分人愿意干，那就让大部分人退出

---

[1]《毛泽东文集》第六卷，人民出版社1999年版，第436—437页。

去，而将小部分人留下继续干。这样解释自愿互利原则，就能避免整顿合作社时一哄而散情况的出现。毛泽东还认为，要坚持自愿互利原则，改善经营管理，提高耕作技术，增加生产资料，这是巩固合作社和保证增产的几个必不可少的条件，等等。这些都是几年来我国互助合作运动的经验总结，对保证农业合作化运动的健康发展是有积极意义的。

但是，这个报告的主旨却在于严厉批评邓子恢等人的"右倾"，认为他们对合作化运动的领导是"像一个小脚女人，东摇西摆地在那里走路"，对合作化运动有"过多的评头品足，不适当的埋怨，无穷的忧虑，数不尽的清规和戒律"，是一种右倾错误的指导方针，甚至"老是站在资产阶级、富农或者具有资本主义自发倾向的富裕中农的立场上替较少的人打主意，而没有站在工人阶级的立场上替整个国家和全体人民打主意"[1]。这样，"就把工作中关于合作化发展速度这类正常的党内争论，夸大成为两条路线的分歧，使多年来形成的比较健康的党内民主生活开始出现不正常现象"[2]。

毛泽东作完报告后，由邓子恢发言。会议前准备的发言稿已经用不上了，因为发言稿不像是个检讨，何况稿子还压在毛泽东那里，邓子恢只得作即席发言，表示拥护毛泽东的批评。邓子恢在发言中不得不承认，前一段时间对情况的分析不全面，对"停、缩、发"的方针消极对待，采取的是小发展而不是大发展的态度。之所以出现这样的缺点，主要是对占农村人口60%以

---

[1]《毛泽东文集》第六卷，人民出版社1999年版，第433页。
[2] 胡绳主编：《中国共产党的七十年》，中共党史出版社1991年版，第330页。

上的老贫农和下中农的合作化积极性估计不足，对党在农民中的领导作用估计不足，对几年来互助合作运动的发展和示范作用估计不足，对运动所产生的缺点则估计过分。邓子恢说，经过主席的帮助，我今天才了解到这一点，今后应力求避免再犯。[1]

8月1日，在省市自治区党委书记会议结束时，毛泽东说：和子恢同志的争论已经解决了。4月间，中央有一个意见，子恢一个意见。农村工作部没有执行中央的意见。5月17日以前，说新区发展的合作社糟得很，这次会议上大家说很好。现在证明新区能发展，今冬明春可大发展。准备工作加巩固工作不会冒险，准备工作的第一项就是批评错误思想。集体主义比分散主义、个人决断好，应该服从这条纪律，各部门不能乱发命令。

毛泽东对邓子恢的这个批评，显然是言过其实的。对农业合作社采取停止发展、全力巩固的方针，是经过中共中央书记处会议同意的，并非是中央农村工作部擅自作出的决定，何况毛泽东在年初也明确提出从现在起就干脆停止合作社的发展，所以不能说是"中央有一个意见，子恢一个意见"。实际上，当时，毛泽东和中共中央与中央农村工作部都是同样的意见，这就是停止发展、全力巩固。

8月3日，毛泽东约邓子恢谈话。他问邓子恢：你土地改革时那样坚决，不担心中农害怕，为什么这一次就不坚决了？邓子恢回答说：农业合作化和土地改革不一样。土地改革在土地分配时实行"中间不动两头平"，中农的土地一般不动，涉及不到经济利益问题。农业合作化则不同，关系到中农的土地、牲口、农具，

---

[1]《邓子恢传》编辑委员会：《邓子恢传》，人民出版社1996年版，第498页。

也关系到他们的生产水平和收入水平。农业生产合作社是贫农、中农的经济联盟,就是贫农的土地、劳力和中农的土地、牲口、农具的结合,没有中农参加不行。合则两利,不合则两伤,但中农有看大势、算利害的特点,所以要半妥协,急了不行,急了他们不来。合作化的问题很重要的是要解决中农入社的问题。[1]

8月26日,毛泽东在中共青海省委关于提倡牧业区在畜牧业生产中的原有团结互助组织形式问题向中央的请示报告上,给中共中央秘书长邓小平和中共中央办公厅主任杨尚昆写下了这样一段批语:"请电话通知中央农村工作部:在目前几个月内,各省市区党委关于农业合作化问题的电报,由中央直接拟电答复;并告批发此类来报的同志,不要批上'请农村工作部办'字样。但对其他来报,例如青海省委关于畜牧问题的请示电报,仍应批交'农村工作部办'。"[2]

这样一来,中央农村工作部和邓子恢暂时"靠边站"了。

四、"农业合作化的一场辩论"

毛泽东在《关于农业合作化问题》的报告中曾预言:"必须现在就要看到,农村中不久就将出现一个全国性的社会主义改造的高潮,这是不可避免的。"[3]他在报告中提出了完成农业社会主义改造和农业技术改革的具体时间进度:到第一个五年计划最后

---

[1]《邓子恢传》编辑委员会:《邓子恢传》,人民出版社1996年版,第498—499页。
[2]《建国以来毛泽东文稿》第5册,中央文献出版社1991年版,第324页。
[3]《毛泽东文集》第六卷,人民出版社1999年版,第438页。

一年的末尾和第二个五年计划第一年的开头，即在1958年春季，全国将有2.5亿左右的人口——5500万左右的农户（以平均四口半人为一户计算）加入半社会主义性质的合作社，这就是全体农村人口的一半。那时，将有很多县份和若干省份的农业经济，基本上完成半社会主义的改造，并且将在全国各地都有一小部分的合作社，由半社会主义变为全社会主义。在第二个五年计划的前半期，即在1960年，对于包括其余一半农村人口的农业经济，基本上完成半社会主义的改造。在第一第二两个五年计划时期内，农村中的改革将还是以社会改革为主，技术改革为辅；大型的农业机器必定有所增加，但还是不很多。在第三个五年计划时期内，农村的改革将是社会改革和技术改革同时并进，大型农业机器的使用将逐年增多，而社会改革则将在1960年以后，逐步地分批分期地由半社会主义发展到全社会主义。

按照这样的时间进度，省市自治区党委书记会议后，各地在1955年8、9月份相继举行省委扩大会议或地、市委书记会议，传达学习毛泽东的报告，检查"右倾"思想，修订农业合作社的发展规划。

8月3日至4日，中共湖北省委召开扩大会议和省委常委会议，传达毛泽东《关于农业合作化问题》的指示。会议认为，湖北在农业的社会主义改造问题上的"右倾思想"，"表现在有些怕多、怕乱。究竟多了还是少了？根据什么，思想不明确。对于中央5月17日会议积极发展合作社的精神仍然认识不足"。"在批判右倾思想，分析各项条件的基础上"，湖北省委确定了全省发展农业合作社的规划：到1956年秋季前发展到7万个社，占全省农业人口的25%

左右；到 1957 年冬发展到 12 万个社，占全省农业人口的 50%。[1]

8 月 8 日，中共辽宁省委召开扩大会议，传达毛泽东在省、市、自治区党委书记会议上关于农业合作化问题的指示，与会人员"一致感到又受到了一次深刻的总路线的教育"，"大家一致对主席的指示表示衷心的拥护，并保证坚决贯彻到实际工作中去"。会议认为，辽宁农业合作化运动基本上是正常的、健康的，但这年 6 月省委在讨论发展时仍表现小手小脚，不够大胆，缺乏应有的积极精神，"以致使许多农村干部在数个月来对发展合作化的热情受到一些挫折和压制"。会议修订了原有的合作社发展规划，计划 1955 年冬到 1956 年春全省新建 1.5 万个社，每社平均 25 户，共吸收 36 万户，占总农户的 15%；原有社中 70% 的社平均扩大 10 户，增加 21 万户，占总农户数的 8.7%，即在 1956 年春季前新老社共达 4.5 万个，参加合作社的农户将达到总农户的 55% 左右；到 1957 年春耕前以扩社为主、建社为辅，全省发展到 5 万个社，入社农户占总农户的 80% 至 85%。[2]

在批判"右倾保守思想"之后，中共浙江省委提出的初步规划是：在 1955 年秋季到 1956 年秋季以前，发展到 6.5 万个社左右（包括现有的 3.7 万个社在内），组织总户数的 40% 左右（包括现有的 17.8% 在内）；到 1957 年秋季之前，发展到 10 万个社左右，组织总户数的 70% 左右；到 1958 年秋季之前，采取以扩社为主，新建社为辅的原则（新建社约 3000 到 5000 个），组织

---

[1] 黄道霞等主编：《建国以来农业合作化史料汇编》，中共党史出版社 1992 年版，第 291—292 页。

[2] 黄道霞等主编：《建国以来农业合作化史料汇编》，中共党史出版社 1992 年版，第 290 页。

总户数的85%；到1960年秋季以前，组织总户数的90%以上（其中将吸收一部分依法改变成分的原来的地主和富农中的守法分子），基本上完成对农业的半社会主义改造。[1]

其他各省也纷纷修订自己的农业合作化规划，并上报中共中央。

中共安徽省委报告说："我们打算今冬明春再办3.6万个合作社，连同老社共计8万多个，入社农户达到总数的33%到35%。"

中共河南省委报告说："全省在1957年底以前农业生产合作社发展到18万个，入社农户占总农户的60%以上，在今冬明春发展到10万个社，入社农户达到总农户的30%的指标。"

中共甘肃省委报告说："经过对错误思想的批判，修正了发展计划。"确定1956年春播前，全省新建11101个社，加原有老社共18252个社，入社农户占总农户的23%左右。1957年冬季前，社数发展到3.5万个，入社农户达到45%以上。

中共中央先后批转了11个省委的报告，并加了许多的批语。其中多数批语为毛泽东亲笔所写，不少批语反映了他关于农业合作化的重要思想。

中共湖北省委在报告中说："有些干部在社会主义改造的进程中，不是比土地改革时期的劲头更大，热情更高，而是滋长着一种极其危险的消极和怕困难的情绪。"毛泽东在批语中提出，

---

[1] 黄道霞等主编：《建国以来农业合作化史料汇编》，中共党史出版社1992年版，第293—294页。

对这个问题，"应当加以分析，给予明确的回答"[1]。

在给中共辽宁省委报告的批语中，毛泽东写道："关于社会主义工业化和农业社会主义改造的相互关系问题，必须强调二者的紧密联系，而不可只强调前者，减弱后者。因为如果不使农业社会主义改造的速度和社会主义工业化的速度相适应，则社会主义工业化不可能孤立地完成，势必遇到极大的困难。而目前党内正有许多人还不了解这一点。"[2]

在给中共安徽省委报告的批语中，毛泽东说："安徽省委尖锐地批判了在农业合作化问题上的右倾机会主义思想，这种批判是完全必要的。安徽省委还在十个具体问题上提出了自己的意见。中央认为安徽可以按照这些意见去做，在做的中间再考验这些意见的正确性，如有某些需要修改的地方，那时可以进行修改。中央认为这十条意见应当提到全国各省市各自治区，在适当的会议上，加以讨论，征求意见，并于今年国庆节以前报告中央。"[3]

毛泽东《关于农业合作化问题》的报告，一直传达到了农村党支部，各地纷纷检查"右倾保守思想"，批判"小脚女人"，修改原订的农业合作社发展规划，对农业合作化运动作出重新部署，农业合作社于是迅猛发展起来。

为了进一步批判农业合作化运动中的"右倾机会主义思想"，重新规划农业合作化的发展速度，加速农业社会主义改造高潮的

---

[1]《建国以来毛泽东文稿》第5册，中央文献出版社1991年版，第300页。
[2]《建国以来毛泽东文稿》第5册，中央文献出版社1991年版，第304页。
[3] 中共中央文献研究室编：《毛泽东年谱（1949—1976）》第2卷，中央文献出版社2013年版，第424页。

到来，中共中央决定召开扩大的七届六中全会。

1955年10月4日，扩大的七届六中全会在北京举行。出席这次会议的有中央委员38人和候补中央委员25人；各省、市、自治区党委书记及地委书记，以及中共中央各部委和中央国家机关各部门党组的负责人等388人列席了这次会议。

会议的第一天，在毛泽东宣布开会以后，由陈伯达代表中央政治局作《关于农业合作化问题的决议草案的说明》的报告，邓小平代表中央政治局作《关于召开党的第八次全国代表大会的决议草案的说明》的报告。陈伯达和邓小平作完报告后，会议进行大会发言和讨论。在全体会议上发言的有80人，另有167人由会议印发了其发言稿。政治局委员刘少奇、周恩来、朱德、陈云、彭德怀、彭真、邓小平等都在会上发了言。

会上，中央农村工作部的领导人邓子恢、廖鲁言、杜润生检讨自己的"右倾错误"。

邓子恢在发言中从五个方面进行检讨。一是检讨了1953年春至1955年春"先后犯了两次原则性的错误"。二是分析了提出"错误方针"的原因。邓子恢说，这主要是由于自己在思想上的"右倾"。这种"右倾思想"，首先在对于广大农民走社会主义道路的积极性估计不足，反映到思想上的正是占人口20%到30%的富裕中农对社会主义改造的动摇抵触情绪。其次是对党在农民中的领导作用估计不足。正是由于这些错误估计，也就对于即将到来的农村中的全国性的社会主义革命大高潮，不可能也不敢作出正确的估计。三是承认了自己"长期存在"着"两个机械论"。他在发言中说，这"两个机械论"首先是不适当地简单地过分强调土改可以较大胆迅速，而合作化则必须谨慎小心，必须慢慢来，因而始终不敢提放手发动群众的口号。其次是过分强调"发展容易巩固难""建社容易办社难"，在困难面前退缩，而不是鼓起勇气去克服困难。四是剖析产生"右倾思想"的根源。邓子恢对自己作了上纲上线的自我批评，说自己的错误思想，其本质是资本主义思想隐藏在脑子里作怪，模糊了社会主义思想。五是检讨自己"犯了组织纪律的错误"。主要表现是：对浙江合作社收缩的方针，未请示中央，就擅自对该省农村工作部发出电报；对毛泽东5月初提出的不要重犯1953年解散合作社的错误的警告未引起警惕；对6月间中央政治局否定中央农村工作部代中央起草的关于合作化运动的指示，思想上有抵触；7月中旬毛泽东提出严正批评后，思想上也未完全想通，直到7月31日毛泽东作了《关于农业合作化问题》的指示后，才转变过来。

会议最后一天，毛泽东作了题为《农业合作化的一场辩论和当前的阶级斗争》的结论。结论共讲了五个问题：

第一个问题，关于农业合作化与资本主义工商业改造的关系。毛泽东认为，只有在农业彻底实行社会主义改造的过程中，工人阶级同农民的联盟在新的基础上，即社会主义的基础上逐步地巩固下来，才能彻底地割断城市资产阶级与农民的联系，才能彻底地把资产阶级孤立起来，也才能彻底改造资本主义工商业。他指出："我们对农业实行社会主义改造的目的，是要在农村这个最广阔的土地上根绝资本主义的来源。"[1] 由此可见，毛泽东决定加速农业合作化的一个重要原因，就是要尽早消灭资本主义，

---

[1] 中共中央文献研究室编：《建国以来重要文献选编》第7册，中央文献出版社1993年版，第307页。

从而从根本上解决社会主义与资本主义谁战胜谁的问题。

第二个问题,关于合作化问题争论的总结。毛泽东将前一阶段与邓子恢等在合作化速度上的分歧,概括为十三个问题,并逐一作了批驳。这十三个问题分别是:(一)大发展好还是小发展好;(二)晚解放区能不能发展,山区、落后乡、灾区能不能发展;(三)少数民族地区能不能办社;(四)没有资金,没有大车,没有牛,没有富裕中农参加,能不能办社;(五)"办社容易巩固难";(六)没有农业机器能不能办社;(七)办得坏的社是不是都要解散;(八)所谓"如不赶快下马,就要破坏工农联盟";(九)所谓"耕牛死亡,罪在合作社";(十)所谓"农村紧张根本由于合作社办得太多了";(十一)"合作社只有三年优越性";(十二)应不应当在最近一个时期办一些高级社;(十三)所谓"木帆船、兽力车不能办合作社"。毛泽东说:"根据大家的讨论,我们解决了这许多问题,这是这次中央全会的重大收获。"

第三个问题,关于全面规划,加强领导。毛泽东提出,全面规划应当包括合作社的规划,农业生产的规划和全部的经济规划。他认为,从乡村合作社到省一级都要制订规划。合作社的规划,要分别不同地区规定发展的速度。多数地区要在1958年春基本完成半社会主义的合作化,也就是70%至80%的农村人口加入半社会主义的合作社。在讲到加强领导时,毛泽东要求省、地、县、区、乡五级主要干部,首先是书记、副书记,在今后五个月之内,务必钻到合作社问题里面去,熟悉合作社的各种问题。他还讲到了加强领导的具体方法。

第四个问题,关于思想斗争。毛泽东在会议的结论中点名批评了邓子恢和中央农村工作部。他说:"中央农村工作部的一部分同志,首先是邓子恢同志犯了错误。他这一所犯错误,性质属于右倾的错误,属于经验主义性质的错误。"[1] 毛泽东还对邓子恢"四大自由"(即土地租佃自由、雇佣自由、贸易自由、借贷自由)的提法提出批评,说这是资产阶级性质的纲领,并且不点名地说邓子恢到了1953年还是言不及社会主义,好"四大自由"之小惠,喜欢闹分散主义和闹独立性。

第五个问题,关于农业合作化的具体政策。毛泽东提出,合作化运动中对待富裕中农必须小心,务必好好解决,不能把富裕中农当成富农看待,他们在合作社中的领导地位不要一阵风将其拉下来。要向党支部和群众讲清楚,将中农分为下中农和上中农,不是重新划分阶级。此外,毛泽东还讲到了地主富农入社、办高级社的条件和办多少高级社、勤俭办社、什么是"左""右"倾等问题。

中共七届六中全会后,伴随着对"小脚女人"即右倾保守思想的批判,农业合作化运动的速度进一步加快。1956年4月30日,《人民日报》向全世界宣布:中国农村基本上实现了初级农业合作化。到这时,全国农业生产合作社共有100.8万个,入社农户10668万户,占全国农户总数的90%。其中,除湖南、四川、云南三省入社农户占总农户数的70%以上不到80%以外,其余的省、市都在80%以上,并且有15个省、市达到了90%以上。与1954年相比,农业生产合作社增加了3倍,入社农户增加了4倍。在农业合作化运动大发展的同时,很多农业社进

---

[1] 毛泽东:《农业合作化的一场辩论和当前的阶级斗争》,1957年10月11日。

行了合并，由小社并成大社。到1956年3月底，农业社总数比1955年底减少了816000个，但入社的农户增加了3122万户，平均每社由40户增加到98户，其中初级社平均50户。到这时，全国基本实现了初级形式的农业合作化。在这之后，迅速实现了由初级农业合作社到高级农业合作社的转变（二者的主要差别：一是生产资料所有性质不同，初级社生产资料农民以股份方式交给合作社，但所有权仍为农民所有，而高级社生产资料则为合作社所有；二是初级社地劳按比例分配，而高级社取消土地分红），到1956年底基本实现了高级形式的农业合作化。原计划需要15年左右才能完成的农业社会主义改造，实际上只用了3年多时间就基本完成，比原计划大大提前。

从一部小说看农民在合作化中的心态

《山乡巨变》是著名作家周立波创作的以农业合作化运动为题材的长篇小说，虽然它并不是最早描写农业合作化运动的作品，小说中也没有过于跌宕曲折的故事情节，但它以非常鲜明的艺术个性和充满泥土气息的乡村语言，生动地描写了农民各个阶层在农业合作化运动中的心路历程，记录了他们在这场所有制巨变中的所思所想，为历史研究者提供了探讨这一问题的场景再现。

一、用艺术的形式再现农业合作化运动

《山乡巨变》的故事发生在1955年初冬，地点是湖南省资江下游一个偏僻的乡村——清溪乡。众所周知，故事发生的时候，正值我国的农业合作化运动进入高潮。在1955年7月底的各省市自治区党委书记会议上，毛泽东作《关于农业合作化问题》的报告，认为邓子恢及中央农村工作部在领导全国的农业合作化运动时，如同"小脚女人"，不但自己东摇西摆地在那里走路，而且还老是埋怨旁人走快了，存在着右倾保守思想，由此开展了对合作化运动中的"小脚女人"即右倾保守思想的批判。

为了进一步推进农业合作化运动高潮的到来，中共中央又于

同年 10 月召开扩大的七届六中全会，对右倾保守思想作了进一步的批判，并通过了《关于农业合作化问题的决议》，指出：面对农村合作化运动日益高涨的形势，党的任务就是要大胆地和有计划地领导运动前进，而不应该缩手缩脚。已经建立起来的几十万个农业生产合作社的日趋巩固和绝大部分增产的情况，以及许多农民群众要求参加合作社的积极性，恰恰在事实上否定了对几十万个小型合作社都难于巩固、大发展更不敢设想这种悲观主义，宣告了"坚决收缩"的右倾机会主义的破产，证明了"右倾机会主义"在实质上只是反映了资产阶级和农村资本主义自发势力的要求。对于"右倾机会主义"所进行的批判是完全正确和必要的，因为只有彻底地批判这种"右倾机会主义"，才能促进党的农村工作的根本转变，改变领导落在群众运动后头的局面。这个转变，是保证农业合作化运动继续前进和取得完全胜利的最重要的条件。小说中的主人公青年团县委副书记邓秀梅，就是在此次会议后不久带着县委的指示，来到清溪乡发动群众开展建社运动的。

　　周立波出生于农村，熟悉农村生活。他在东北解放战争时期，深入农村参加土改运动，写出了著名的反映东北解放区农村土地改革运动的长篇小说《暴风骤雨》，对土改过程中尖锐而激烈的阶级斗争作了充分的描写。为了写好《山乡巨变》这部小说，1954 年他曾回到老家湖南益阳考察过农业合作化运动，1955 年秋举家从北京迁到益阳县的桃花仑村落户，并担任农村基层干部，与农民一起参加生产劳动，帮助农民建立农业合作社，交了许多农民朋友。小说中使用了大量的农民语言，甚至是益阳的方言土语，充分说明周立波对农民和农村的了解。

作为一位参加革命多年，与党的事业命运共存的党员作家，周立波对于农业合作化运动是积极支持的，小说的主题毫无疑问也是鼓励农民走合作化道路的。小说的基本构思和书中的人物关系，包括对农村阶级斗争的设计，都保持了与主流意识形态的一致性。但周立波对于农业合作化运动这场事关农村生产关系的巨变，并没有一味地按照对"小脚女人"和"右倾机会主义"必须进行严厉批判的要求，简单地加以表现，而是通过对农民内心世界的刻画，表现不同阶层农民对待合作化运动的不同立场和态度，反映他们在这一巨变中的痛苦与欢乐。这也与小说写作的时间有关。小说上卷主要是反映清溪乡建立初级农业合作社的过程，1956年开始动笔，1957年10月完成，先是在《人民文学》上连载，后于1958年7月由作家出版社出版。由于小说上卷的创作基本上是在反"右派"斗争前完成的，而农村关于资本主义道路与社会主义道路的大辩论在小说上卷即将完稿时才展开，因此作家的头脑中还没有那种紧绷的阶级斗争之弦。

当然，周立波也不可能超越历史环境，对所谓的"右倾保守"错误避而不言。因此，小说也写到了清溪乡党支部书记兼乡农会主席李月辉曾犯了右倾保守错误。这位贫农出身的乡村干部心机灵巧，人却厚道，脾气非常好，是一位不急不缓、气性平和的人物。全乡的人，无论大人小孩，男的女的，都喜欢他。在"右倾机会主义者"砍社时，他将全乡唯一的合作社也砍了，后来在批判"小脚女人"时，本来应该给他以处分，但县委考虑到他诚心诚意地检讨了错误，而且作风民主，与群众的关系又好，因而对他免予处分，并让他继续担任原来的职务。李月辉对一位北方干部说过的"小资产阶级的急性病，对革命是害多益少"这句话，记得特别牢，他自己也说："革命的路是长远的，只有心宽，才会不怕路途长。"他还对邓秀梅说："我只是有个总主意，社会主义是好路，也是长路，中央规定十五年，急什么呢？还有十二年。从容干好事，性急出岔子。三条路走中间一条，最稳当了。像我这样的人是檀木雕的菩萨，灵是不灵，就是稳。"这是李月辉的话，恐怕在一定程度上也是作者的想法。如果党的干部都像李月辉那样开展工作，农业合作化运动中所谓的改变过快、工作过粗等毛病，也许就可以避免了。

李月辉十三岁时，父母双亡，由伯父收养。年轻的时候，当过糟房司务，挑过杂货担子，解放军一来，他就参加了工作。李月辉见过世面，脾气好，有人缘，尽管对种田并不内行，但得到农民的信任，所以当上乡党支部书记。作品对李月辉这个人物形象的描写，非常符合农村基层干部的实际状况。这也从一个侧面说明小说尽管故事的情节是虚构的，但它反映的内容是忠实于历史、忠实于生活的。因此，这部小说用艺术的形式生动而又真实地再现了农业合作化运动，对于我们这些没有亲身经历过农业合作化运动的研究者来说，阅读这部小说使我们自己也如同置身于这场运动之中，从中感受到农业合作化运动历史的诸多细节，了解到这场运动涉及的农村各阶层在运动中的各种表现和不同的内心世界。

小说下卷从1957年秋开始构思，1959年11月定稿，先是在《收获》上刊载，后于1960年4月由作家出版社出版。作家在创作小说下卷时，经历了"反右派"斗争和农村两条道路的大辩论，也经历了"大跃进"和人民公社化运动，以及1959年下半年在党内开展的"反右倾"运动，因而这些运动对阶级斗争和党内斗争的强化，给作家和作品都留下了很深的烙印。这就使得小说下卷中也有着很强烈的阶级斗争色彩，作品中很勉强地虚构了地主兼商人出身的恶霸龚子元，与国民党特务联络阴谋发动暴动的情节，不但损害了小说的历史真实性，而且降低了作品的艺术水准。因此，笔者只以小说上卷作为分析对象。

二、积极入社的是些什么人

今天学术界对于农业合作化运动的是非得失，有着不同的评价，肯定者和否定者都有之。如何评价这场运动，这是一个十分复杂的问题，笔者并不打算对此进行讨论。但是，农业合作化运动从它发动到完成，仅仅几年的时间。而对于像清溪乡这样的广大农村来说，合作化基本上是从1955年初冬开始启动，至1955年底和1956年初就基本完成了，这个过程只不过一两个月的时间。在如此短的时间里实现合作化，除了当时的大环境（小说中的区委朱书记说："这次合作化运动，中央和省委都抓得很紧，中央规定省委五天一汇报，省委要地委三天一报告，县委天天催着区里，哪一个敢不上紧？"）外，也是与这场运动中农民们的态度分不开的。

在清溪乡，对于办合作社，积极拥护的代表人物，有共产党员、互助组长刘雨生，贫农陈先晋的大儿子、共产党员、民兵中队长、青年团的乡支部书记陈大春，乡治安主任盛清明，陈大春的恋人、青年团培养对象盛淑君等。他们之所以积极办社，主要由于他们本人不是党团员，就是积极分子，而且都是出身贫农家庭。

其中，刘雨生的情况便能说明问题。刘雨生解放前家里"顶穷"，只读了两年私塾，办合作社之初还是一个现贫农。刘雨生为人大公无私，但办互助组时并不顺利，那时"唤人开个会，都很困难，他要挨门挨户去劝说，好像讨账"。他的老婆是一个小巧精细、只图享福的女子，对丈夫当互助组长、时常误工一事经常吵闹，使得他对于办互助组到底好不好，都没有想清楚。现在上级派了邓秀梅来办初级社，刘雨生心里很矛盾，他在想，组都没办好，怎么能办社呢？不积极吧，怕挨批评，说自己不像个党员；要积极呢，又怕选为社主任，会更耽误工夫，老婆会吵得更厉害，说不定还会闹翻。最后经过思想斗争，党员意识战胜了个人利益，觉得自己是党员，"不能落后，只许争先。不能在群众跟前，丢党的脸。家庭会散板，也顾不得了"。

至于陈大春积极办社，除了他是党员外，还与他是年轻人，对未来充满美好向往有关。在农业合作化运动中，曾对社会主义的美好前景做了大量的宣传，并且反复地强调要实现社会主义就必须改造小农经济，走集体化的道路。这就使陈大春和盛淑君这样的青年人，对社会主义的美好未来无限憧憬。在村后的山里，这对恋人进行了第一次幽会，陈大春对盛淑君谈了自己的设想：农业社成立后，将所有的田塍打开，小丘变大丘，使用拖拉机，都种双季稻；修一个水库，村里的干田变活水田，多产粮食，将余粮卖给国家，装上电灯电话，买来卡车、拖拉机……到时候，"我们的日子，就会过得比城里舒服，因为我们这里山水好，空气也新鲜"。在陈大春看来，所有这一切，都只能通过合作化才能实现。

可见，这些人积极办社，最主要的是出于听党的话，听上级的话，并且从内心中认为实现社会主义就一定能过上好日子。刘雨生、陈大春这样的党团员，就成为农村办合作社的中坚。

除了这些党团员、积极分子拥护办社外，土地改革后缺少劳动力，生活仍没有得到根本改善的贫农，也是办社的热情拥护者。小说中的盛家大姆妈七十多岁，生到第九胎才生了个儿子，好容易等到儿子娶妻生子，不料儿子得病死了，儿媳妇改嫁，由她拉扯着小孙子。结果是"做阳春，收八月，田里土里，样样事情，无一不求人。收点谷子，都给人家了，年年还要欠人家的工钱"。听说要办社了，她捉了一只老母鸡，一连三次到乡政府申请入社。她入社的动机很简单："这一回，毛主席兴得真好，有田大家作，有饭大家吃。"

盛佑亭（即"亭面糊"）则是清溪乡另一类入社积极分子的典型。"亭面糊"过去是贫农，现在还是现贫农。在解放前，他也曾有过发小财的机会，但终究没有发家致富，没有当成地主富农。据他自己说："早些年数，我也起过好几回水呢。有一年，我到华容去作田，收了一个饱世界，只差一点，要做富农了。又有一回，只争一点，成了地主。"可是头一回，他"刚交红运"，脚却烂了，大儿子又得了伤寒，一病不起。由于一家人生了两场病，收的谷子用得精光，家里又变回老样子。第二回他做小本生意赚了点钱，老婆喂了两栏猪，也赚了点钱，聚少成多，手里又有几个钱了，不料老婆病了三个月，钱全用光了，栏里的猪也变成了人家的。亭面糊在解放以前，"从来没有伸过眉"，虽然"住在茅屋里想发财，想了几十年，都落了空。解放后，他一下子搬进了地主的大瓦房，分了田，还分了山，他脚踏自己的地，头顶自己的天，伸了眉了，腰杆子硬了。但是，他的生活还不怎么好，去年还吃过红花菜"。

"亭面糊"已有五十多岁，土改后仍然穷的原因，主要是人口太多，除开出阁的，一家大小还有六个人，只要他一个劳动力，小孩都在读书。最大的孩子还只有十五岁，刚刚进中学，用他的话说："我劳力不强，如今是人力世界，归根到底，还是靠做。"对于互助组，"亭面糊"并无好印象，他说："（互助组）不如不办好，免得淘气。几家人搞到一起，净扯皮。"对于办合作社，"亭面糊"却一点也不含糊，是第一批写入社申请的农民之一。

"亭面糊"对办社为什么积极呢？他在让上中学的儿子写入社申请书时，用与老婆一问一答的方式，说出了自己的心思。他老婆说："搭帮共产党，好不容易分了几丘田，还没有作热，又要归公了。"他说："这不叫归公，这叫入社。我问你，我们单干了一世，发财没有？还不是年年是个现路子，今年指望明年好，明年还是一件破棉袄。"在前往乡政府交入社申请书的路上，他又对弟弟佐亭说："这一入了社，我就不怕没有饭吃了。"佐亭对入社心里没有底，对他说："只怕龙多旱，人多乱，反而不美。"他说："人多力量大，哪里会搞不好呢？"

其实，对于办合作社到底有什么好处，"亭面糊"自己并不是很清楚。他在动员龚子元入社时，龚问他："你觉得农业社真的好吗？"他回答说："我看一定不会错，要不，党和政府不会这样大锣大鼓地来搞。"龚又问他："好在哪里呢？"这一下把他难倒了，回答不上来，停了一阵才说："干部都说好，准不会差到哪里去。"有不少像"亭面糊"这样的农民，是带着对党和政府的充分信任，带着共产党领导的土地改革使他们翻了身的好印象,也带着共产党和共产党的干部总不会让穷人吃亏的朴素认识,参加合作社的。

由此可见,在农业合作化运动中,积极要求办社或赞成办社的,主要是两部分人:一是党团员,青年积极分子;二是缺衣少食的鳏寡孤独,人多劳少、解放后生活没有多大提高的现贫农。前者积极办社的原因,主要是觉得自己是党的人,或者自己是干部,或者希望在政治上有所表现,认为必须听党的话,按党的指示办社。后者呢,土改后虽然分了田有了地,但没有劳动力或劳动力不足,生活仍然艰难,他们认为入了社有集体可依靠,而且当时在开展群众入社宣传动员时,又向他们描绘了一幅合作社办起后生产能够迅速提高、生活能够很快改善的美妙图景。对于这些人来说,参加合作社没有物质利益上的损失,相反,他们认为入社后还可以从社里得到诸多好处。

三、贫农陈先晋在入社问题上的痛苦选择

并非所有的贫农都积极要求入社,小说中的老贫农陈先晋在入社问题上,就有过一番反复,经历了从一开始对合作社有抵触情绪、不愿入社到最后终于下定决心入社的痛苦过程。

陈先晋是一位年纪五十多岁、十分勤劳的农民。他十二岁起就下力作田,四十年来,年年一样。"一年三百六十日,天天照得旧,总是天未全亮就起床,做一阵工夫,才吃早饭。落雨天,他在家里,手脚一刻也不停,劈柴,碾米,打草鞋,或是做些别的零碎事。"他时常说,手脚一停,头要昏,脚要肿,浑身软软的。土改时,陈先晋一家分得了五亩水田,这是他有生以来最高

兴的一件事。领回土地证的那天，他一个通宵没有睡着，第二天一早，挑了一担丁块柴上街卖了，买回一张毛泽东像，毕恭毕敬地贴在神龛子右边的墙上。在陈先晋看来，靠这五亩水田，加上他原有的一亩山土，就有了"发财的起本了"。其实，对于每个农民来说，又有谁不想发财呢？

陈先晋在解放前没有一点水田，仅有一亩山土，是个真正的贫农。就是那一亩山土，也实在来得不易，是他父亲同他一起吃土茯苓，半饥半饱开出来的。一听说要办社，他好几天都想不通。他认为，自古以来，作田的都是各干各，什么互助合作，都是乱弹琴。他之所以不赞成办社，用李月辉的话说："他是怕社搞不好，又舍不得那几块土。"这时，合作化运动的声势很大，他预感到很难单干下去了，于是他想，田是土改时分来的，一定要入社，也没有办法。可是，土是自己辛辛苦苦开垦出来的，政府还发了土地所有证，为什么也要归公呢？他有些想不明白。

此时的陈先晋正处于上升时期，孩子都长大了，大儿子大春、二儿子孟春都是好劳力，女儿雪春也成年能参加劳动了，自然觉得单干比合作社好。可是，家里大春是党员，用小说中的话说"左得吓人"，当然是拥护合作化的积极分子。陈先晋"晓得大春是靠不住的，他是公家人"，所以大春在劝他入社时说"你一个贫农，入了社，会吃什么亏？共产党是维护贫农的"，他虽然没有明确表示不同意，但也没有表示不认可。陈先晋原本打算依靠孟春和女婿詹继鸣单干，"唯有这两人，和他脾气相投，想法一样，是可靠的"，至于雪春，她反正要嫁出去的。但没想到孟春、雪春和詹继鸣都不赞成单干。詹继鸣还针对他担心入社吃亏的心理，劝他说："社有章程，公众马，公众骑，订出的规则，大家遵守，都不会吃亏。"陈先晋听了他们的一番话，态度有些松动了，表态说："都说（社）入得，就先进去看看吧。"话虽如此，但他仍觉得田可以入社，土最好能够留下。

当天晚上，陈先晋为了入不入社的事，翻来覆去一宿没有睡着。特别是第二天一早，碰上了反对办合作社比他还坚决的王菊生。王菊生对他说："田还是这些，没添一丘，一家伙把所有田少的户子都扯起拢来，还包括哪些鳏寡孤独，都吃哪个的？"又说："一娘生九子，九子连娘十条心，二三十户扯到一起，不吵场合，有这道理吗？"陈先晋听后，又动摇了。回到家里，他就要大春不要急着写入社申请了。大春是火暴脾气，又一心想进步，一看陈先晋变了卦，便气冲冲地从家里走了，并发话说不会在家里做工。雪春则埋怨他三心二意，没面子。詹继鸣劝他说，家里劳力好，包管入社强，如果不相信，也可先进去一年试试看。他老婆劝他说，单干也没有什么出息，单干了四十多年，也没有发过财，入了社，说不定还可以发财呢？陈先晋想到自己多年来一心想发财，年年请财神，但年年还是衣仅沾身，食才糊口，有几回还差点把那一亩辛辛苦苦开垦出来的土也卖了，觉得单干也就那么回事。思前想后，终于下定了入社的决心。

从陈先晋身上可以看出，即使是一向被视为农村各项运动基本依靠力量的贫农，也并非人人一开始都是拥护合作化的。"亭面糊"和陈先晋解放前都穷，也都做梦都想发财，当然财神始终没有光顾过他们。土地改革后，他们都分到了原属于地主的田土，生产条件大大得到了改善。本来他们两人条件大致相同，但是，土改后的"亭面糊"人多劳少，家庭负担过重，虽然住进了地主家的大瓦房，但生活仍不怎么好，有时还不得不吃红花菜。

陈先晋情况就不一样了，孩子们都大了，又没有小孩子读书的负担，除了他老婆，一家人都是好劳力。土改后，他有水田，有山土，加之自己又勤劳，做了多年的发财梦眼看就要变成现实了，他正计划在刚分到手不久的土地里好好经营一番，实现发家致富，不料传来了办合作社的消息，内心自然极不情愿。从陈先晋的家庭状况看，土改之后经过几年的辛勤劳动，已经上升到中农水平了。但是，一家人中，儿子、女儿和他信任的女婿都主张办社，甚至连老婆也认为单干发不了财，这就使得陈先晋内心很矛盾。当然，陈先晋这样的农民，最终还是选择了加入合作社。这一方面，他们手中的土地主要是共产党分给的，现在共产党号召以土地入股的方式办合作社，他们拿不出太多的理由反对；另一方面，多年来他们一直搞单干，也确实没有发过财，虽然他们未必相信合作社种种优越性的宣传，但他们也认为大不了办了合作社，无非还是和原来一样发不了财，既然如此，那又何必一定要坚持单干呢？在合作化运动中，有许多陈先晋这样的农民，其实是内外压力之下不那么情愿入社的。

由于有邓秀梅这样的县委下派干部的组织发动，有刘雨生、陈大春这样的党员积极分子的带头，有盛家大姆妈、"亭面糊"这样的现贫农主动参加，也有陈先晋这样的农民在经过一番痛苦的思想斗争后的选择，仅一个月的时间，清溪乡就成立了大小5个初级社，最小的30户，最大的90户。全乡409户中，提出入社申请的已有312户，超额完成了上级规定的入社农户占总农户数70%的办社任务。全乡就这样基本实现了初级农业合作化。

四、中农为什么不赞成办合作社

在清溪乡，对办合作社持反对意见或有抵触情绪，想了许多办法逃避入社的典型人物，是富裕中农王菊生和新中农张桂秋。

王菊生小名"菊咬筋"，是一个正在上升的富裕中农，既是"一个只讨得媳妇，嫁不得女的家伙"，也是个"一天到黑，手脚不停的勤快家伙"。王菊生的小气和勤劳在清溪乡都是出了名的。他财心重，对人尖，谷仓的钥匙整天吊在自己的裤腰带上，继父继母都休想从他手里得到一点便宜。但王菊生是一个从早到晚闲不住的人，就是雨天，他也要寻事做，砻米、筛糠、打草鞋，手脚一刻也不停。这样一个对他人小气，对自己也近于苛刻，生产条件又比一般人好的农民，对于办合作社自然从心眼里一百个不愿意。最根本的原因，就是担心办合作社后别人占了自己的便宜。

听说要办社了，王菊生心里十分不安，"他日里照样出工，晚上翻来覆去睡不着"。他苦恼的问题是：要是大家入了社，一个人不入，怕被人笑骂，怕将来买不到肥料，又怕水路被社里隔断；要是入了呢？他生怕吃亏。他想，自己"耕牛农具，一套肃齐，万事不求人，为什么要跟人家搁伙呢？"在他看来，贫农都是懒家伙，他们入了社，一心只想占别人的便宜。他一想到如果入了社，跟别人伙喂的黄牯要牵进社里，放足了肥料的上好的陈田也跟别人的瘦田搞一起，心里就很不是滋味。

王菊生心里想，自己有牛，有猪，有粪草，有全套家什，实在没有必要入到社里去给别人揩油。而且他也不相信合作社能办好，他认为，以前的互助组都办不好散了伙，更不要说办合作社了。为了不入社,他和老婆还演了一出双簧,通过他老婆之口,道出了不入社的理由,如:互助组"都是叫化子照火,只往自己怀里扒",上村的陈景明"天天困(睡)到太阳睡屁股,菜园里茅草疯长,田里稗子比禾苗还多",但也入了社,因此,打死也不能同这样的人搞在一起。他的想法是:"这明明是吃亏的路径,我为什么要当黑猪子呢?"因此,他下定决心:"(社)决不能入,入了会连老本都蚀掉。"

张桂秋小名"秋丝瓜",土改时划为贫农,现在属于新中农。"秋丝瓜"曾是兵痞,也就是做兵贩子,顶替他人去当壮丁,且一共当了三回。其实他这样做也是没有办法的办法,用邻居的话说,是"拿自己的小命不当数,去换几个银花边"。他没有劳动习惯,也不熟悉耕作技术,作田是个碌碌公,但解放后他在搞副业、喂鸡、喂鸭和养猪上,"摸到了一些经验,很有些办法",又讨了一个勤俭发狠的安化老婆,"两人一套手,早起晚睡,省吃省穿,喂了一大群鸡鸭,猪栏里经常关着两只壮猪,还买了一条口嫩的黄牯,他整得家成业就,变成新上中农了"。

"秋丝瓜"本来是"一个又尖又滑的赖皮子",解放初期,因为自己得了不少好处,对党和政府倒没有抱怨过,但是,"由于家庭经济状况的变化,他的政治态度也和从前不同了"。听说要办社,牛要归公,"抵触情绪更强了"。他偷偷将自己养的一条大黄牯牵出村外,企图宰杀,但被邓秀梅带人追回。他要杀牛的原因,是听到有人讲,牛要入社,折价又低,一条全牛的价钱还抵不上一张牛皮。如果把牛杀了,卖了牛皮,还净赚几百斤牛肉。用盛清明的话说:"他要杀牛,是怕我们强迫牛入社,便宜了大家,这是他根深蒂固的私有观念在作怪。""秋丝瓜"怕入社,除了舍不得那条大黄牯，还有一个原因，他擅长搞副业，不会作田，入了社，担心收入会减少。再加上办互助组时曾吃过亏，他去帮人家，而自己的田，没赶上季节，少打了十来石谷子，这件事一直定格在他的记忆中。他抱定的想法是，互助组都这样，合作社人多乱，龙多旱，更难办，搞得不好，说不定各家连禾种都收不回来。

清溪乡的初级社办起来的时候，王菊生、"秋丝瓜"仍旧搞他们的单干。王菊生和"秋丝瓜"之所以上升为富裕中农或新中农，前者主要靠勤俭持家，勤劳发财；后者主要靠经营家庭副业改变了自己的经济地位。他们共同的特点是反对办合作社。他们不赞成办合作社的原因虽然并不完全相同，但有一点是共同的，这就是担心办合作社后自己不但从中得不到好处，反而利益受到损失。这也是当时许多像他们这样的中农（包括富裕中农）在合作化问题上的共同态度。应当说，他们这样的担忧是有道理的。他们或特别勤劳，或有致富有门路，在他们看来，走单干的路照样能发家致富，事实上他们也开始致富了。对于这样的农民，允许他们在合作社外继续单干原本是正确的。单干的存在，客观上也有利于合作社与单干户之间展开竞赛，有利于集体与个体两种积极性都同时发挥。如果合作社要充分发挥出自己理论上的优越性，就必须在生产、收入、社员生活水平等方面的提高上，超过单干户。因此，刘雨生领导的常青农业社成立后，王菊生、"秋丝瓜"和合作社都在铆足劲儿发展生产。

但是，由于当时对合作社的优越性作了过高评估，对农民个体单干的负面作用过于夸大，且对合作化后如何调动农民积极性，以及防止分配上的平均主义问题，没有引起足够的重视，加之缺乏组织集体生产的经验，因此，许多合作社办起后，生产和社员收入非但没有提高反而下降，成为1956年底和1957年初部分农村地区出现农民闹社要求退社的风潮的主要原因。而在这种情况下，却没有从合作社本身去找原因，而是认为这主要是阶级敌人破坏的结果，是富裕中农单干、企图走个人发家致富的资本主义道路影响的结果。这样一来，乃想方设法包括使用阶级斗争的方式，迫使单干农民放弃原来的生产方式而加入合作社。所以，初级合作社建立不久后，清溪乡又建立了高级社。大概过了半年后，王菊生和"秋丝瓜"也申请入社了。现在看来，让王菊生和"秋丝瓜"这样的农民继续单干一个较长的时间，也许我国的农业合作化事业就会少些曲折。

回看《中国农村的社会主义高潮》

按照1953年6月中共中央制定的过渡时期的总路线的设想，计划用三个五年计划的时间基本实现个体农业的社会主义改造。然而，到1955年下半年，农业合作化运动的速度异常加快，并于1956年初在全国实现了初级形式的合作化，不久又实现了高级形式的合作化。农业社会主义改造的时间大大提前是多方面的原因促成的，其中，毛泽东亲自组织编写的《中国农村的社会主义高潮》一书起了重要的推动作用。这本书集中体现了毛泽东关于农业合作化思想，并在很大程度上体现了他对社会主义的认识。

一、从《怎样办农业生产合作社》到 《中国农村的社会主义高潮》

1955年下半年，我国的农业合作化运动进入高潮。毛泽东曾在一篇文章的按语中这样写道："一九五五年，在中国，正是社会主义和资本主义决胜负的一年。这一决战，是首先经过中国共产党中央召集的五月、七月和十月三次会议表现出来的。一九五五年上半年是那样的乌烟瘴气，阴霾满天。一九五五年下半年却完全变了样，成了另外一种气候，几千万户的农民群众行动起来，响应党中央的号召，实行合作化。"[1]

这里所说的三次会议分别是指 1955 年 5 月 17 日的十五省市党委书记会议、7 月 31 日的省市自治区党委书记会议和 10 月的中共七届六中全会。可以说，没有这三次会议的发动，我国农业社会主义改造的高潮不会那么快到来。然而，促使这个高潮到来并迅猛发展的，还有一本由毛泽东亲自编辑的书——《中国农村的社会主义高潮》。我国农业合作化高潮基本上是靠这三个会议加一本书推动的。

为什么要编这样一本书，毛泽东在《中国农村的社会主义高潮》的序言中解释说："目前，在这个问题上（指农业合作化——引者注）的主要的缺点，是在很多的地方，党的领导没有赶上去，他们没有把整个运动的领导拿到自己的手里来，没有一省一县一区一乡的完整的规划，只是零敲碎打地在那里做，他们缺乏一种主动的积极的高兴的欢迎的全力以赴的精神。这样，就发生了一个很大的问题，下面运动很广，上面注意不足，当然要闹出一些乱子来。我们看了这些乱子，不是去加强领导和加强计划性，而是消极地企图停止运动的前进，或者赶快'砍掉'一些合作社。这样做，当然是不对的，必然要闹出更多的乱子来。""读者从这些材料，可以看出全国合作化运动的规模、方向和发展的前景。这些材料告诉我们，运动是健康的。出乱子的地方都是党委没有好好去指导。一待党委根据中央的方针跑上去做了适当的指导，那里的问题就立即解决了。这些材料很有说服

---

[1] 中共中央文献研究室编：《建国以来重要文献选编》第 7 册，中央文献出版社 1993 年版，第 232 页。

力,它们可以使那些对于这个运动到现在还是采取消极态度的人们积极起来,它们可以使那些到现在还不知道怎样办合作社的人们找到办合作社的方法,它们更可以使那些动不动喜欢砍掉合作社的人们闭口无言。"[1]

这两段话,已经将他要编辑这本书的动机和目的讲得十分清楚了。

《中国农村的社会主义高潮》一书毛泽东编辑了两次,一次是1955年9月,一次是同年12月。

9月开始编辑时,书名为《怎样办农业生产合作社》。毛泽东在中共七届六中全会上所作的结论中,对这本书的情况和材料来源作了说明。他说:"我是用十一天功夫关了门,看了一百二十篇报告。先请廖鲁言同志同农村工作部的同志,他们看了一千几百篇,选了一百二十篇。然后我对这一百二十篇搞了十一天,包括改文章、写按语在内。"他还说,许多报告是从各种刊物上挑选出来的,"因为这些刊物是零零碎碎发下去的。它不是集中比较好的典型。现在农村刊物又叫党内刊物,秘密不外传,其实毫无秘密。这些刊物有什么秘密呀!现在我们的书准备公开出版,由人民出版社出,民主人士也要卖给他一本。"[2]毛泽东还建议每个省、自治区用一年或半年也编一本书,每个县搞一篇,使得各县的经验能够交流,这对迅速推广合作化运动有好处。

---

[1] 中共中央文献研究室编:《建国以来重要文献选编》第7册,中央文献出版社1993年版,第196、197页。

[2] 薄一波:《若干重大决策与事件的回顾》上卷,中共中央党校出版社1991年版,第382页。

毛泽东为编辑这本书耗费了很多的心血。他将编辑这本书当作是新中国成立后的第一次调查。1961年3月，中共中央在广州召开工作会议，他在会上回忆编辑这本书的情况时说："建国后这十一年我做过两次调查，一次是为合作化的问题，看过一百几十篇材料，每省有几篇，编出了一本书，叫做《中国农村的社会主义高潮》。有些材料看过几遍，研究他们为什么搞得好，我调查研究合作化问题就是依靠了那些材料。还有一次是关于十大关系问题，用一个半月时间同三十四个部门的负责人讨论，每天一个部门或两天一个部门，听他们的报告，跟他们讨论，然后得出十大关系的结论"[1]。

《中国农村的社会主义高潮》第一次编辑的时候，收集了121篇材料。这些材料，大多是1955年上半年的，少数是1954年下半年的。这些材料中，有120篇来源于报刊，只有一篇"是请了一个合作社的社长到北京谈话的记录"。对于这一点，这本书的序言中已经作了说明。

事情的经过是这样的：9月24日，毛泽东编辑处理好了最后一批文稿后，给协助他工作的田家英写信说："最后部分付上，请付排。八月下旬的人民日报上载有邢台地委书记写的一篇关于邢台地区合作化的文章，请清出加印到河北省部分中去。此外，请商廖鲁言同志翻阅一下今年一月至九月的人民日报看有无好的（要是很好的）材料可用的。"[2]

这篇由邢台地委书记李吉平写的题为《把农业合作社办得更

----

[1]《毛泽东文集》第八卷，人民出版社1999年版，第260—261页。
[2]《建国以来毛泽东文稿》第5册，中央文献出版社1991年版，第389—390页。

好更多是完全可能的》的文章，介绍的是一个地区农业合作化的经验，而其他的材料都是介绍一乡一社的典型经验，与全书的体例不合，田家英没有收入。但他考虑到文章中介绍的经验，比较突出的是邢台县东川口村社长王志琪的办社经验。田家英与廖鲁言商量后，就邀请王志琪来北京谈话。其谈话记录，被整理成《邢台县东川口村是怎样完成合作化和达到增产的》一文，收入《怎样办农业生产合作社》中的河北省部分，后来书名改为《中国农村的社会主义高潮》，这篇谈话记录也改名为《只花一个月时间就使全村合作化》。[1]

《怎样办农业生产合作社》一书编辑好了之后，印出了若干样本，发给了中共七届六中全会的与会人员，请他们提意见和建议。有人提出，书中有些材料已经过时，需要补充一些材料。会后，大多数省、市、自治区都送来了补充材料，其中不少是反映1955年下半年情况的。

毛泽东第一次编辑此书时，正值他的《关于农业合作化问题》的报告传达到农村党支部，各地纷纷开展对"小脚女人"即"右倾思想"的批判，并重新修订合作社发展规划之时。所以在材料选择和所加的按语中，重点是如何帮助人们克服右倾保守思想，使"消极态度的人积极起来"，指导不会办社的干部群众办社，当然更重要的是要通过具体的事例，说明合作社不但能大办，而且能办好，使"砍掉"合作社者"闭口无言"，以推动农业合作化运动高潮的到来。

---

[1] 薄一波：《若干重大决策与事件的回顾》上卷，中共中央党校出版社1991年版，第383页。

但是，中共七届六中全会后，党内在发展合作社的问题上已达成共识，各地纷纷快马加鞭，大办农业合作社，合作化运动的高潮已经到来。情况发生了变化，编辑此书的目的自然也有相应的改变。毛泽东在第二次为这本书写的序言中，说明了这种变化。他说："现在提到全党和全国人民面前的问题，已经不是批判在农业的社会主义改造速度方面的右倾保守思想的问题，这个问题已经解决了。""现在的问题，不是在这些方面，而是在其他方面。这里有农业的生产，工业（包括国营、公私合营和合作社营）和手工业的生产，工业和交通运输的基本建设的规模和速度，商业同其他经济部门的配合，科学、文化、教育、卫生等项工作同各种经济事业的配合等方面。在这些方面，都是存在着对于情况估计不足的缺点的，都应当加以批判和克服，使之适应整个情况的发展。"[1]

这就是说，毛泽东第二次编辑这本书，固然希望就此进一步把农业合作化运动的高潮引向深入，但更主要的还是想通过对农业合作化过程中"右倾思想"的批判，解决工业、商业、交通运输、教育科学文化各项事业中他认为也存在的"右倾保守"问题，由农业的社会主义高潮带动各项建设事业发展的高潮。

根据情况的变化，毛泽东在第二次编辑《中国农村的社会主义高潮》时，将原有的121篇材料删去了30篇，留下了91篇，又从新收到的材料中选出了85篇，共计176篇，约90万字。

毛泽东极为认真地编辑《中国农村的社会主义高潮》。据协

---

[1] 中共中央文献研究室编：《建国以来重要文献选编》第7册，中央文献出版社，1993年版，第435—436页。

助他编辑此书的逄先知回忆:"毛泽东编《高潮》时,是那样认真地精选材料,认真地修改文字。有的材料文字太差,毛泽东改得密密麻麻,像老师改作文一样。毛泽东还对大部分材料重新拟了题目,把一些冗长、累赘、使人看了头痛的标题,改得鲜明、生动、有力,而又突出了文章的主题思想,引人注目。例如,有一篇材料原题是《天津市东郊区詹庄子乡民生、民强农业生产合作社如何发动妇女参加田间生产》,共33个字,毛泽东改为《妇女走上了劳动战线》,只用9个字,简单明了,又抓住了主题,读者一看就有印象。又如,有一篇材料原题为《大泉山怎样由荒凉的土地成为绿树成荫、花果满山?》,毛泽东改为《看!大泉山变了样》,多么吸引人!类似的情况很多,在此仅举二例。"[1]

12月20日,毛泽东看完《中国农村的社会主义高潮》的最后一批稿件后,给田家英写了一封短信:"书名叫《五亿农民的方向》如何?如果用这个名称,那就要把补选的那篇《五亿农民的方向》放在第一篇的位置,请酌定。"田家英没有改书名,出版时仍名为《中国农村的社会主义高潮》。

1956年1月,《中国农村的社会主义高潮》由人民出版社正式出版。此前,毛泽东曾决定在书出版时发一条消息。这时田家英拿着拟好的稿子送给他,他咯咯地笑起来,说:"这个消息没有用了,已经过时了。"毛泽东还对田家英说,他很高兴,1949年全国解放时都没有这样高兴。[2]

---

[1] 董边等编:《毛泽东和他的秘书田家英(增订本)》,中央文献出版社1996年版,第48—49页。
[2] 董边等编:《毛泽东和他的秘书田家英(增订本)》,中央文献出版社1996年版,第50页。

《中国农村的社会主义高潮》出版时，报纸、电台都没有发消息，但它的重要思想却迅速传遍了全中国，成为农业合作化运动的强劲推动力。

二、"鸡毛确实要上天了"

《中国农村的社会主义高潮》选编了176个农业合作化运动的典型经验，按照书末所附的索引，这些典型经验共分为47类。具体是：

（一）一个地方实现农业合作化的过程；（二）共产党的乡村支部对于农业合作化运动的领导；（三）树立贫农在合作社领导机关内的优势；（四）农业生产合作社的政治工作；（五）农业生产合作社的保卫工作；（六）民族杂居地区的农业生产合作社；（七）工业薄弱地区的农业生产合作社；（八）办社的辅导工作；（九）整顿农业生产合作社；（十）落后于群众的右倾错误；（十一）一个地方以农业生产合作化为中心的全面规划；（十二）农业生产合作社的土地报酬与自留地；（十三）处理社员私有的牲畜；（十四）处理社员私有的林木；（十五）农业生产合作社的长期的生产规划；（十六）制订年度生产计划；（十七）兴修水利和保持水土、开发荒山；（十八）组织社员外出开垦荒地；（十九）发展以农业生产为中心的多部门经济；（二十）改进农业技术；（二十一）划分劳动组织和实行包工制；（二十二）制订工作定额和报酬标准，实行按件记酬制；（二十三）劳动竞赛和检查评比；（二十四）发动妇女参加生产和建立农忙托儿所；（二十五）农业生产合作社内的青年工作；

（二十六）解决农业生产合作社劳动力剩余的问题；（二十七）建立饲养和使用耕畜的制度；（二十八）多养猪和养好猪的经验；（二十九）公有农具的管理；（三十）大量积肥的办法；（三十一）解决全社生产和社员个人生产的矛盾；（三十二）抗御灾荒的斗争；（三十三）筹集生产资金；（三十四）勤俭办社；（三十五）改进财务管理；（三十六）农业生产合作社的会计工作；（三十七）夏季预分与年终分配；（三十八）组织社员学习文化；（三十九）合作社主任和管理委员会进行领导的经验；（四十）帮助贫苦社员解决困难；（四十一）互助合作网；（四十二）互助组；（四十三）农业生产合作社团结互助组和单干农民；（四十四）农业生产合作社和供销合作社的结合合同；（四十五）制订农业生产合作社章程；（四十六）畜牧业生产合作社；（四十七）办高级社和大社的经验。

由此可以看出，书中都是一些如何办合作社的具体经验。即使是不会办社的人读了这本书，也能找到办社的具体方法。这也是毛泽东编辑出版这本书的用意之一。

《中国农村的社会主义高潮》介绍了176个办合作社的典型。这些典型可以说是我国农业合作化运动的一个缩影。我们从中撷取几个略作介绍，或许可窥视农业合作化运动的全貌。

典型一：书记动手，全党办社。

这本书中选编的第一篇材料，题为《书记动手，全党办社》，介绍的是河北省遵化县第十区实现合作化的经验。

遵化县第十区有11个乡，42个行政村，4343户。这个区自从1952年试办农业合作社，至1955年4月，共办起了72个农业合作社，入社农户占全区总农户数的85%，基本实现合作化。

这个区办社取得成绩的一个重要原因，是坚持了"书记动手，全党办社"的精神。

1952年春，遵化十区在东小寨和王老庄试办了两个农业生产合作社。办农业社是一件新工作，不仅村干部和社干部不懂，就是区委会的委员们也不懂。"因为不会领导社，区干部下乡往往绕开社走，不敢接触社里的问题。有时候社干部主动地到区里来找区委请示工作办法，区委也不敢作肯定的答复。"[1]

1952年秋以后，十区又新建了10个社，区干部不会领导社的问题就一天天地突显出来。

十区区委下决心解决这个问题。他们首先抓了干部的学习，每天利用两个小时的时间，学习《中共中央关于农业生产互助合作的决议》和上级党委的有关指示，同时也学习报纸上刊登的各地办社的经验。之后，他们以区委为核心，吸收各部门负责人参加，组成区互助合作指导委员会，研究建社和办社中的具体问题，同时抽调区委委员到合作社里去研究、体会如何指导办社，解决合作社中的具体问题，初步积累了领导办社的经验。

这时，虽有少量干部学会了领导办社，但对于大多数干部来说，还不会领导合作社，干部下乡时绕开合作社的还大有人在。针对这一情况，十区区委采取师傅带徒弟的办法，将全区25个干部分成4个组，由4个比较有办社经验的干部带领，经常深入各个社去解决实际问题，进行实地学习，同时还指派某个干部具体去解决某个合作社的问题，并不断总结经验。通过采取这些办

---

[1]中共中央办公厅编：《中国农村的社会主义高潮》上册，人民出版社1956年版，第7页。

法，到 1953 年秋季以前，全区的 25 名干部都能单独到社里解决问题了。

1953 年秋后，随着过渡时期总路线的宣传贯彻，遵化十区的合作社迅速建立起来，全区发展到了 43 个社。到这时，仅仅依靠区干部办社已经不能适应形势了，于是十区区委乃考虑如何使所有基层组织的党员、干部和社干部都学会办社的问题。他们采取的办法，一是以区委几个书记分别掌握几个重点社，各项工作先行一步，使其起示范作用，吸取经验，以实际经验教育干部；二是以乡为单位，建立 11 个互助网，由乡党支部书记为主任，以比较有经验的合作社主任为副主任，以乡、村、社干部和互助组长为委员，定期召开合作网会议，及时介绍情况，交流经验，提出问题；三是提出"老社帮助新社，新社向老社学习"的口号，由老社具体帮助新社办社；四是组织到办得好的合作社进行观摩，学习其办社经验；五是在农闲时节划片组织小型训练班，训练办社骨干。通过采取种种办法，使全区所有的乡村主要干部和社干部的办社能力大大提高，从而也使十区的合作社基本上做到了发展一个、巩固一个，保证了合作化运动的健康发展。

毛泽东在按语中对遵化十区的办社经验给予了很高评价。他认为，这是对所谓"坚决收缩"等右倾保守思想的最好回答。

典型二："穷棒子社"创业史。

河北省遵化县城东 40 里的地方，有一个村庄叫四十里铺。村庄的中心有一条小河，村东叫东铺，村西叫西铺。1947 年，这里进行了土地改革。1951 年 12 月，全村组织了 11 个互助组，参加的农户达到了 60%。组织起来的第一年，互助组就获得了好收成，每亩平均产量达到了 126 斤，而单干户只有 80 多斤，村里的严重缺粮户由74户下降到了36户,四十里铺的农民初步尝到了组织起来的甜头。

1952年9月,遵化县第十区区委向乡村基层组织传达了要领导农民走合作化道路的指示。接着,党支部委员王国藩和杜魁就在群众中串连建社。当时,积极参加合作社的有21户,这些户基本上是村里最穷的人。10月26日,21户农民举行了合作社成立大会,王国藩和杜魁分别当选为正副社主任。

合作社建立后,社里的资金财物需要有人管,可是账由谁管好呢?入社的21户农民中,过去靠讨饭为主的有11户,另外10户不是给人家当长工,就是做短工,谁也没有读过书,更不要说管账。后来,社长王国藩想起贫农佟起念过几天私塾,就将其请来当了合作社的会计。孤儿戴存无依无靠,王国藩也把他吸收入了社。于是,合作社变成了23户。

参加合作社的都是些穷人,全社有地230亩,但没有一件大农具,没有车辆,只有由1/4到1/30的若干个驴股凑起来的3条驴腿。有些富裕户看到这个场景说:"看他们这23户,除去要饭的罐子,就是打狗的棍子,还有什么?这样的'穷棒子社',早晚也得散了。"这就是"穷棒子社"的由来。

合作社成立不久,转眼到了冬天。这里农村多是冬季往地里送粪,但是社里没有牲口没有车,如果只靠3条驴腿,就算送到来年6月也送不完。有的社员见此开始动摇了,表示到了第二年秋后一定要退社。有的社员想到了向国家借贷款买牲口和车辆,他们说:"没有入社的时候,国家还帮助我们,组织成社了,国家会更多帮助。"但是,社里的5个党员开了个会,研究了这种情况后认为,要办社,就得发挥集体的力量战胜困难,扩大生产，增加社员的收入，现在八字还没有一撇，就借下债，将来会减少社员的收入。王国藩提议上山砍柴卖，解决资金困难，得到了5个党员一致同意。会后，王国藩把不能向国家贷款的理由向社员们作了解释，大家都觉得党员的意见是对的。

于是，社长王国藩带了少数壮劳力和妇女，在家捣粪、搂梯田里的石头和修整坝阶，3条驴腿不够就肩挑人抬。副社长杜魁带领17个男社员，到30里外的迁西县王寺峪打柴。此时已是寒冬腊月，山上大雪纷飞，这17个社员吃的是稀粥白薯，穿的是破棉衣，住的是临时搭的窝棚，晚上大伙儿合盖四条小被子，苦干了20多天，打了4万多斤柴，卖了430多元。

这时已临近春节了，有的社员主张把打柴得的钱分了，大伙过个富裕年。经过讨论，大家统一了意见，认识到该有个长远打算，不能千日打柴一日烧。根据社里的迫切需要，他们用这笔钱买了1辆铁轮车、1头牛、1头骡子、19只羊，以及部分零碎农具。

1953年春播到来前，他们又利用春忙前的空闲时间，第二次上山打柴，此次挣回了210元，买了1头骡子、11只羊和磨豆腐的全套工具，还给缺粮户解决了吃的问题。

春播的时候，"穷棒子社"的社员们个个使出全部力气，出现了一片热火朝天的生产场面。到了秋收的时候，辛勤的劳动终于换来了丰收的喜悦。"穷棒子社"平均亩产达到了254斤，超过了上年互助组时平均产量近1倍，社员的实际收入比单干的时候增加了60%，还积累了价值2400多元的公共财产。办社时想在秋后退社的社员再也不提退社的事了。1953年秋后第一次扩社，有60户农民要求入社，"穷棒子社"由23户发展到了83户。[1]

毛泽东在编辑《中国农村的社会主义高潮》时,深为"穷棒子社"的创业精神所感动。他以饱含激情的笔墨写了这样一段文字:"遵化县的合作化运动中,有一个王国藩合作社,二十三户贫农只有三条驴腿,被人称为'穷棒子社'。他们用自己的努力,在三年时间内,'从山上取来'了大批的生产资料,使得有些参观的人感动得下泪。我看这就是我们整个国家的形象。难道六万万穷棒子不能在几十年内,由于自己的努力,变成一个社会主义的又富又强的国家吗?社会的财富是工人、农民和劳动知识分子自己创造的。只要这些人掌握了自己的命运,又有一条马克思列宁主义的路线,不是回避问题,而是用积极的态度去解决问题,任何人间的困难总是可以解决的。"[2]

典型三:"五亿农民的方向"。

毛泽东在《关于农业合作化问题》的报告中说:"河北省有一个很小的合作社只有六户,三户老中农坚决不想再干下去,结果让他们走了;三户贫农则表示无论如何要继续干下去,结果让他们留下,社的组织也保存了。其实,这三户贫农所表示的方向,就是全国五亿农民的方向。一切个体经营的农民,终归是要走这三户贫农所坚决地选择了的道路的。"[3]毛泽东所说的3户农民组织的合作社,指的是河北省安平县南王庄贫农王玉坤、王小

---

[1]参见王林:《勤俭办社》,载《中国农村的社会主义高潮》上册,人民出版社1956年版;李保文等:《河北西铺村合作社"穷棒子"创业史》,载《当代中国典型农业合作社史选编》上册,中国农业出版社2002年版。
[2]《建国以来毛泽东文稿》第5册,中央文献出版社1991年版,第490页。
[3]《毛泽东文集》第六卷,人民出版社1999年版,第424页。

其和王小庞组织的农业生产合作社。这是《中国农村的社会主义高潮》中介绍的第三个典型。

  1954年秋，南王庄在原来3个合作社的基础上，扩建至8个合作社，入社农户由21户增加到了264户，90%的农户入了社。贫农王玉坤、王小其、王小庞所在的社增加到了78户。但是，到了1955年春整顿合作社时，王玉坤等人所在的合作社以生产队为单位，被划分为7个小社。王玉坤、王小其、王小庞和中农王振槐、王振福、王洛共6户组成了一个小社。

  这个小社也并不巩固。社员王振槐的地里种了4.8亩麦子，长势喜人。王振槐每逢走到地边，就打起了小算盘：6户里只有这几亩好麦子，和贫农们在一起办社，真是吃了亏。他一看到别的小社垮了台，就同兄弟王振福商量退社。另一户中农王洛见有2户退社，也提出要退社。王玉坤给这3户社员做了许多的工作，但他们说："现在我们还不想走这条路，先看看再说。"于是，合作社由6户变成了3户。

  留在合作社的3户农民中，王玉坤是村里数一数二的贫农，解放前曾给地主当长工，因在土地改革中表现积极被吸收入党。土改后，他虽有十几亩地，但什么农具也没有，牲口也只有半头，一年不过收千余斤粮食，一家几口人生活还不富裕。王小其是共青团员，从小没有父亲，由母亲领着过活，经常缺吃少穿。解放后虽然分了地，但也是什么农具也没有，牲口只有一条腿，他年纪小，又不懂技术，产量不高，日子过得紧巴巴的。王小庞从小跟母亲要饭，解放后日子虽然好一点，但由于缺这少那，也是经营不好。当那3户中农退社时，王玉坤、王小其、王小庞3人开了个会，因为他们都是穷人，生产条件又不好，感到只有组织起来才能克服生产上的困难,表示要坚决把合作社办下去。县区整社工作组曾建议他们将合作社转为互助组,但他们没有同意,合作社就这样坚持下来了。

由于舍得吃苦,又勤俭办社,1955年3户农民组成的合作社获得了好收成。合作社40亩地产粮9950斤,而1954年只有6580斤,增产了50%。3户社员的实际收入也增加了不少,除去开支,每户比1954年增加了1100多斤粮食。退社农民王洛生产条件和他们差不多,但在农忙时不巧生病,地里长满了草,平均每亩只收了150斤,比3户社员每亩少收了90斤。

毛泽东得知这3户农民坚持办社的消息,给予他们很高的评价。他在《关于农业合作化问题》的报告中对其作了充分的肯定,认为他们代表了五亿农民的方向。在编辑《中国农村的社会主义高潮》时,他又将《人民日报》对这个合作社的报道收进书中,并在按语中写道:"这个三户贫农的合作社,几个月以来,在全国农村中产生了很大的影响,大家都知道河北省有这么一个了不起的英雄的合作社,给贫农壮了胆。"[1]

典型四:鸡毛能上天。

凡是读过《中国农村的社会主义高潮》这本书的人,必然会对其中的一篇题为《谁说鸡毛不能上天》的文章留下深刻的印象。

这篇文章讲的是河南省安阳县南崔庄福利农业生产合作社,自1953年春季成立以来,在党支部的领导下,18户入社农民紧紧地团结在一起,在走合作化的道路上从来没有动摇过,终于克

---

[1]《建国以来毛泽东文稿》第5册,中央文献出版社1991年版,第491页。

服了重重困难,把社办好,把小社办成了有88户农民参加的大社,实现了全村合作化。

土改之后,南崔庄的贫农虽然分到了土地,但由于家底穷,土地薄,牲口少和没有农具,生产上遇到了许多困难。为了解决困难,1950年秋季,张怀德、张怀福等3户贫农就开始了换工搭伙。1951年,人民政府号召农民组织起来。这3户农民带头响应,组织了一个包括7户贫农的临时互助组,当年麦子产量就由原来的亩产100斤提高到120斤。第二年,互助组由7户扩大到11户,并转为常年互助组。

互助组虽然扩大了,但由于组员都是贫农,牲口和生产工具增加并不多,全组只有7头小毛驴,4辆小车。农忙的时候,互助组只能用人拉犁、拉耙,送粪、收庄稼全靠小车推和人挑,那些富裕户见状讽刺他们是"穷大组""扁担组""蚂蚱驴"。尽管如此,互助组克服了许多单干户不能解决的困难,草吃苗、雨淋场、误下种等现象都没有了,产量提高了,而且"减少和避免了天灾人祸给予的灾难"。

1952年冬季农村整党时,南崔庄党支部决定以这个互助组为主,加上另一个互助组转为农业生产合作社。合作社于1953年元旦正式成立。在转社中,有5户中农提出要看看再说,其余的10户贫农和8户中农则留了下来。

转社后不久就进入了春耕大忙时节,全社18户农民中只有12户有吃的,有4家贫农一天不去打短工,家里就要断炊。生产上的困难更大,全社虽有7头驴,但由于没有草料喂,瘦得跌倒扶不起来。社员入社时的1辆破大车、2张土犁、4把旧耙,也都是"缺胳膊少腿"的。这时,村里的一些富裕户又讽刺他们说:"一伙穷光蛋还想办社哩,没有见过鸡毛能上天。"但是,这18户农民在村党支部的领导下,没有被困难所吓倒,富裕户的讽刺更是激起了他们要把社办好的决心。在政府的帮助下,他们克服了生产上的许多困难,合作社成立后的第一年,所种的103亩谷子平均每亩收了200斤,超过了互助组40斤,棉花产量超过了全村亩产的平均数,社员的收入也增加了,生活开始好转。这时,社外的农民说:"穷大社变了样,鸡毛也能绕天飞。"结果当年就有26户农民要求入社。到1955年秋,全村的88户贫农和中农都入了社,粮食产量有了大幅度的增产,不少社员由穷变富,原来最穷的社员张守生,1954年净余款都有80元。在福利社的带动下,南崔庄所在的乡先后发展了14个农业社。

南崔庄村党支部领导办社的事迹,经安阳地委合作运动办公室整理后,以《安阳县南崔庄的党支部依靠贫农带头办社,实现了全村合作化》为题,发表在1955年11月2日的《河南日报》上。毛泽东在编辑《中国农村的社会主义高潮》时,将标题改为《谁说鸡毛不能上天》,并写了很长的按语,其中说:"富裕中农之所以敢于宣传鸡毛不能上天一类的从古以来的真理,就是因为合作社还没有增产,穷社还没有变成富社,个别的孤立的合作社还没有变成成千成万的合作社。就是因为党还没有在全国范围内,大张旗鼓地宣传合作化的好处。还没有明确地指出'鸡毛不能上天'这个古代的真理,在社会主义时代,它已经不是真理了。穷人要翻身了。旧制度要灭亡,新制度要出世了。鸡毛确实要上天了。"[1]

---

[1]《建国以来毛泽东文稿》第5册,中央文献出版社1991年版,第526页。

三、按语——合作化的指导思想

《中国农村的社会主义高潮》对我国农业合作化运动的影响，不仅是书中176篇材料为人们提供了具体的办社模式，更重要的是毛泽东为这些材料写下的大量按语，成为各地进行农业合作化的指导思想。

毛泽东在书中总共写了104条按语。这些按语是他农业合作化思想的重要体现，其中不少按语是有其积极意义的，也是经得起实践检验的。例如：

——以是否增产和增产多少作为检验合作社工作好坏的标准。书中的《只花一个多月时间就使全村合作化》一文，介绍了前面提到的河北省邢台县东川村1952年只用了一个月，就使全村实现了合作化的经过。合作化后，该村又通过实行包工包产，使粮食产量年年增长，社员收入逐年增加。毛泽东在这篇文章的按语中指出："一切合作社，都要以是否增产和增产的程度，作为检验自己是否健全的主要的标准。"[1]以是否增产和增产多少作为检验合作社工作好坏的主要标准，无疑是十分正确的。

——关于勤俭办社的思想。毛泽东为介绍王国藩合作社事迹的《勤俭办社》一文，写下了这样一段按语："勤俭经营应当是全国一切农业生产合作社的方针，不，应当是一切经济事业的方针。勤俭办工厂，勤俭办商店，勤俭办一切国营事业和合作事业，勤俭办一切其他事业，什么事情都应当执行勤俭的原则。这就是节约的原则，节约是社会主义经济的基本原则之一。中国是

---

[1]《建国以来毛泽东文稿》第5册，中央文献出版社1991年版，第493页。

一个大国,但是现在还很穷,要使中国富起来,需要几十年时间。几十年以后也需要执行勤俭的原则,但是特别要提倡勤俭,特别要注意节约的,是在目前这几十年内,是在目前这几个五年计划的时期内。"[1]艰苦奋斗、勤俭办一切事情,不论过去与现在,都是具有重要的指导意义的。

——政治工作是一切经济工作的生命线,做思想政治工作要耐心细致,以理服人。毛泽东在为《严重的教训》一文所写的按语中说:"提倡以集体利益和个人利益相结合的原则为一切言论行动的标准的社会主义精神,是使分散的小农经济逐步地过渡到大规模合作化经济的思想的和政治的保证。这一工作是艰巨的,必须根据农民的生活经验,很具体地很细致地去做,不能采用粗暴的态度和简单的方法。"[2]在《西乡县杨河坝乡党支部正确地领导了那里的互助合作》一文的按语中,他又说:"劳动人民中的缺点或者错误,是能够经过适当的政治工作使他们加以克服或者改正的。"[3]

——合作社要开展多种经营。毛泽东在《多余劳动力找到了出路》一文的按语中指出:"人民群众有无限的创造力。他们可以组织起来,向一切可以发挥自己力量的地方和部门进军,向生产的深度和广度进军,替自己创造日益增多的福利事业。"[4]在《诸翟乡把大批兼营小商贩的农民吸引到农业合作中来》的按语中,他更是明确指出:"发展多种经营,剩余劳动力就有出

---

[1]《建国以来毛泽东文稿》第5册,中央文献出版社1991年版,第491页。
[2]《建国以来毛泽东文稿》第5册,中央文献出版社1991年版,第497页。
[3]《建国以来毛泽东文稿》第5册,中央文献出版社1991年版,第544页。
[4]《建国以来毛泽东文稿》第5册,中央文献出版社1991年版,第513页。

路了。"[1]

——合作社应该兴修水利。毛泽东在《应当使每人有一亩水地》一文的按语中说:"兴修水利是保证农业增产的大事,小型水利是各县各区各乡和各个合作社都可以办的,十分需要定出一个在若干年内,分期实行,除了遇到不可抵抗的特大的水旱灾荒以外,保证遇旱有水,遇涝排水的规划。这是完全可以做得到的。"[2]

此外,毛泽东在《中国农村的社会主义高潮》的按语中,还就青年、妇女、扫盲、推广新的农业技术、改进领导方法和工作方法等方面,提出了若干有价值的观点。

但是,也应该看到,毛泽东编辑出版这本书的根本目的,是要通过对"右倾保守思想"的批判,促进农业合作化高潮的到来,并以此带动其他各项事业的大发展。这本书的编辑出版,固然使农业合作化运动最终以排山倒海之势席卷全国农村,但同时合作化运动中出现的要求过急、工作过粗、改变过快和形式过于单一等问题,都与这本书的编辑出版有着内在的关联。

第一,它加大了对"右倾保守思想"的批判,使自愿互利原则难以切实贯彻。

虽然在该书的序言中毛泽东曾明确表示:农业社会主义改造方面的右倾保守思想的问题已经得到了解决,但书中的按语还是对所谓"右倾保守思想"作了更为严厉的指责和批评。他在书中第一篇文章《书记动手,全党办社》的按语中说:"自己不懂,

---

[1]《建国以来毛泽东文稿》第5册,中央文献出版社1991年版,第524页。
[2]《建国以来毛泽东文稿》第5册,中央文献出版社1991年版,第498—499页。

怕人问，就'绕开社走'的人，现在各地还是不少的。"[1]他还说，那种主张"坚决收缩"，下令大批地解散合作社的做法，也是"绕开社走"的另一种表现，不过他们不是消极地避开，而是索性一刀"砍掉"多少个合作社，采取十分消极的态度罢了。

他还在按语中向人们提出这样一个问题："为什么这个地方可以这样做，别的地方就不可以这样做呢？如果说不可以，你们的理由在什么地方呢？我看只有一条理由，就是怕麻烦，或者爽直一点，叫做右倾机会主义。因此就是'绕开社走'，就是书记不动手，全党不办社，就是从不懂到不懂，从少数人到少数人，从区干部到区干部。要不然，就是手里拿着刀，见了找麻烦的合作社就给它一砍。只要有了这样一条理由，那就什么事也做不成了。"[2]

毛泽东在《这个乡两年就合作化了》一文的按语中写道："群众中蕴藏了一种极大的社会主义的积极性，那些在革命时期还只会按照常规走路的人们，对于这种积极性一概看不见。他们是瞎子，在他们面前出现的只是一片黑暗。他们有时简直要闹到颠倒是非、混淆黑白的程度。"[3]

《机会主义的邪气垮下去，社会主义的正气升上来》一文的按语说："几乎带普遍性地在许多地方存在着的、阻碍广大的贫农和下中农群众走合作化道路的、党内的右倾机会主义分子，同社会上的资本主义势力互相呼应着。""有些人虽然顶着共产主义

---

[1]《建国以来毛泽东文稿》第5册，中央文献出版社1991年版，第488页。
[2]《建国以来毛泽东文稿》第5册，中央文献出版社1991年版，第489页。
[3]《建国以来毛泽东文稿》第5册，中央文献出版社1991年版，第514页。

者的称号,却对于现在要做的社会主义事业表现很少兴趣。他们不但不支持热情的群众,反而向群众的头上泼冷水。"[1]

从这些按语中可以看出,毛泽东对邓子恢等人的批评,由"小脚女人"的指责,发展到了"右倾机会主义"的批判,把党内在合作社发展速度问题上的分歧,上升为两条路线的斗争,甚至说这些人是"顶着共产主义者的称号",却与"社会上的资本主义势力相呼应"。这样一来,党内党外谁也不敢在合作化的速度上提出不同意见,各级干部更是只能一味地想方设法加速合作化进程,违背群众自愿原则,强迫群众入社的现象也就难免发生。

以土地入股分红为特征的初级农业合作社,是有其优越性的。例如,它能发挥集体的力量,能克服个体农民耕畜、农具不足的矛盾,能使土地统一经营、劳力统一使用,便于开展多种经营、进行副业生产。同时,由于土地分红,也可使一部分缺少劳力的农民得到基本的生活保障,而避免他们出卖或出租土地。这也是一些地方农民自发办起农业合作社的原因。如果这些优越性发挥得好,加上正确的引导,是会有越来越多的农民加入到合作社中来的。这也充分说明农业合作化运动起步之初确定的自愿互利原则和稳步前进方针是完全正确的。

过渡时期总路线公布后,各级组织和各种媒体对社会主义的优越性和未来的幸福生活作了大量的宣传。广大农民对社会主义毫无疑问是向往的,但向往社会主义并不等于愿意立即实行社会主义。同时,也应该看到,这时距离完成土地改革的时间还不长,尤其是广大的新区,土改完成还只有 3 年多一点的时间,农

---

[1]《建国以来毛泽东文稿》第 5 册,中央文献出版社 1991 年版,第 522 页。

民正想在分得的土地上好好经营一番，叫他们带上土地、牲畜，参加合作社，对那些生产条件比较差、生活较困难的农民来说，还有要求，但土改后正处于上升阶段的中农并不十分自愿。由于过高估计了农民走集体化道路的积极性，又主观地认为"右倾机会主义"者压制了这种积极性，现在需要把这种积极性释放出来。这种对农民集体化积极性人为地拔高的做法，其结果是人为地制造了农业合作化加速又加速。在1955年上半年以前，农业合作社虽然有了很大的发展，但基本上还处在试办和积累经验阶段。1955年下半年，农业合作化运动迅速进入高潮，对所谓"右倾保守思想"或"右倾机会主义"的批判，是直接的动因。

第二，毛泽东在书的按语中对高级社的赞誉和大社优越性的肯定，加速了半社会主义的初级农业合作社向社会主义性质的高级农业生产合作社的转变，并导致了一批超大规模合作社的产生。

按照预定的设想，我国的农业集体化必须经过互助组—初级社—高级社这三个互相衔接的步骤，半社会主义性质的初级社必须稳定在一个较长的时间里，只有群众的觉悟提高了，生产力有了较大发展，农业机械化有了一定基础，才能将初级社转变为高级社。1955年以前，虽然在一些地方办了若干集体农庄作为试点，但已建立的合作社基本上是土地入股分红的初级社。毛泽东在编辑《中国农村的社会主义高潮》一书时，有意识地选用了多篇高级社的材料，并给其中的6篇加了按语。

他在《白盆窑农业生产合作社是怎样办成高级社的》一文的按语中说："这是两个由互助组直接进入高级形式、没有经过初级形式的合作社。有些条件适合的地方可以这样做。白盆窑的情况,使人看了高兴。其中有些经验,初级社也可以吸取。"[1]

1952年春,浙江省慈溪县岐山乡五洞闸村14户农民直接创办了全省第一个高级社,到1955年11月,这个社扩大到188户,生产连年发展,并带动了全乡实现合作化。《中国农村的社会主义高潮》一书收入了这个社的材料,并取名为《高级社利益最大,而且并不难办》。这篇文章的按语说:"看完这一篇,使人高兴。希望大家细心一读。希望一切条件成熟了的初级社,将这一篇向社员们宣读一遍,并且加以讨论,以便动员他们高兴地并社升级。这个浙江省慈溪县五洞闸合作社的了不起的事例,应当使之传遍全国。五洞闸合作社所在的这个乡——慈溪县的岐山乡,有百分之九十二的农户加入了八个高级社,谁说高级社那么难办呢?"[2]

这里,毛泽东讲到了两个重要的观点:一是不经过初级社的过渡也可以直接办高级社,二是高级社不难办。在这种思想指导下,1956年初我国农村在基本实现初级合作化时,又在极短的时间里实现了初级社到高级社的转变,有不少的高级社就是从互助组直接过渡而来的,有的甚至连互助组这个阶段都没有经过。

江苏省新海连市朝阳乡朝阳农业合作社,有578户,1568个劳动力,是一个名副其实的大社。新海连市委1955年9月对这个社的经验进行了总结,写成了《新海连市朝阳乡朝阳大社的发展和巩固》一文,毛泽东在编辑这篇文章时,将题目改为《大社的优越性》,并在按语中说:"现在办的半社会主义的合作社,为

---

[1]《建国以来毛泽东文稿》第5册,中央文献出版社1991年版,第502页。
[2]《建国以来毛泽东文稿》第5册,中央文献出版社1991年版,第516—517页。

了易于办成，为了使干部和群众迅速取得经验，二、三十户的小社为多。但是小社人少地少资金少，不能进行大规模的经营，不能使用机器。这种小社仍然束缚生产力的发展，不能停留太久，应当逐步合并。有些地方可以一乡为一个社，少数地方可以几乡为一个社，当然会有很多地方一乡有几个社的。不但平原地区可以办大社，山区也可以办大社。"[1]在这种"社越大，优越性越大"的思想指导下，合作社的规模越来越大，结果给合作社生产经营带来比较严重的困难，并且直接导致了后来"一大二公"的农村人民公社的建立。

第三，毛泽东在《中国农村的社会主义高潮》一书中，进一步发展了他的农村阶级政策思想，将富裕中农视为农村走资本主义道路的代表。

对于农村的阶级政策，1954年11月，中共中央批发的《中央农村工作部关于全国第四次互助合作会议的报告》提出："依靠贫农（包括全部原来是贫农的新中农在内，这样的贫农占农村人口总数百分之五十到七十），巩固地团结中农，发展互助合作，由逐步限制到最后消灭富农剥削。"[2]1955年春，邓子恢"建议浙江采取收缩方针，主要是鉴于中农和贫农关系特别紧张。他所以不赞成合作社大发展，也主要是鉴于当时中农对加入合作社持怀疑、动摇态度"。邓子恢认为："没有中农入社的'贫农'社，生产资料少，不易搞好；强迫中农入社，同样也搞不好生产。合

---

[1]《建国以来毛泽东文稿》第5册，中央文献出版社1991年版，第515—516页。
[2] 中共中央文献研究室编：《建国以来重要文献选编》第5册，中央文献出版社1993年版，第730页。

作社要办好，就要靠贫农与中农的团结。"所以中农既是依靠的对象，也是团结的对象。[1]

毛泽东没有认同邓子恢的这个观点，认为不能笼统地说中农是既依靠又团结的对象，而是要对中农划分阶层。他在7月31日《关于农业合作化问题》的报告和9月7日对福建省委报告的批语中，按照对合作化的态度和富裕程度，将中农划分为新中农、老中农、新下中农、老下中农、中中农、新上中农、老上中农等阶层，并明确提出不能把新中农中间已经上升为富裕中农（即新上中农）的那部分人，作为依靠的对象。在编辑《中国农村的社会主义高潮》一书时，毛泽东进一步发展了这种观点。他在《谁说鸡毛不能上天》一文的按语中说：中国的富农经济很弱，但富裕和比较富裕的中农的力量却是相当强大的，他们占农村人口的20%至30%。"在中国的农村中，两条道路的斗争的一个重要方面，是通过贫农和下中农同富裕中农实行和平竞赛表现出来的。""富裕中农的后面站着地主和富农，他们是有时公开地有时秘密地支持富裕中农的"，"在合作社的这面站着共产党"。[2]在《长沙县高山乡武塘农业生产合作社是怎样从中农占优势转变为贫农占优势的》一文的按语中则认为，富裕的和比较富裕的新老中农中的上中农（即富裕中农），与老中农中的下中农政治态度是不相同的，后者在政治上有较高的觉悟，对过去的困苦生活能比较容易地回忆起来，比较容易接受社会主义改造。

---

[1] 薄一波：《若干重大决策与事件的回顾》上卷，中共中央党校出版社1991年版，第353页。

[2]《建国以来毛泽东文稿》第5册，中央文献出版社1991年版，第525页。

富裕中农本是中农的一部分，只不过是其生产条件比一般的中农略好而已。一些原本贫穷的贫农甚至雇农在土地改革中分到了土地财产，土地改革后积极生产劳动，加以勤劳持家等原因，生产生活条件逐渐改善而上升为中农甚至富裕中农，这本是好现象，客观上有利于农村生产力的发展。这样的富裕中农再上升到富农还需要较长的时间，他们开始发家致富是土地改革和社会稳定的结果，一部分普通中农的富裕中农化，并非农村两条道路即社会主义道路与资本主义道路斗争的产物。与一般的农民相比，富裕中农参加农业合作社的积极性或许没有那么高，那是因为农业合作社的生产水平还比较低，加入合作社后有可能降低他们的收入与生活水平。如果充分发挥农业合作社的优越性，使加入合作社的农民的收入与生活状况好于一般中农甚至富裕中农，就有可能将富裕中农吸引到农业合作社中来。因此，从根本上讲，富农中农的背后站的不是地主和富农。将富裕中农与地主富农联系到一起，将之视为合作化运动的阻力，并不利于激发广大农民努力生产的积极性。

对高级农业合作化的历史反思

按照预定的设想，我国的农业集体化必须经过互助组—初级社—高级社这三个互相衔接的步骤，半社会主义性质的初级社应当稳定在一个较长的时间里，只有生产力有了较大发展，农业机械化有了一定基础，才能将初级社转变为高级社。然而，1955年下半年随着对"小脚女人"即所谓右倾保守思想的批判，我国的农业合作化运动迅速进入高潮，到1956年春全国基本实现初级农业合作化，使农业社会主义改造完成的时间大大提前，随后又在初级社尚未巩固的情况下一哄而起大办高级社，迅速实现了高级农业合作化，给我国的农业和农村发展带来了深远影响。

一、"高级社利益最大，而且并不难办"

初级农业生产合作社与高级农业生产合作社的区别在于：前者是农民将土地等主要生产资料以入股的方式交与合作社统一经营，但生产资料的所有权仍为农民个人所有，产品的分配上生产资料与社员劳动工分按比例分红；后者则需要农民将生产资料的所有权交给合作社，在分配中生产资料不参与分红，而是完全按社员的劳动工分进行分配。基于当时人们对社会主义的理解，生产资料公有、产品按劳分配是社会主义的基本特征，故而有半社会主义的初级社和完全社会主义的高级社之称。

新中国成立后最早建立的高级农业生产合作社，一开始仿照苏联称之为集体农庄。如1951年2月成立的松江省桦川县星火集体农庄（这是我国的第一个集体农庄，也可以说是我国的第一个高级农业生产合作社），1952年4月成立的黑龙江省克山县和平集体农庄，1952年11月成立的山西省长治县中苏友好集体农庄，等等。

对于集体农庄的出现，毛泽东曾热情予以支持。1951年12月，毛泽东修改《中共中央关于农业生产互助合作的决议（草案）》第十一条时，曾加写了"在农民完全同意并有机器条件的地方，亦可试办少数社会主义性质的集体农庄，例如每省有一个至几个，以便取得经验，并为农民示范"等语[1]。同年12月14日，时任中共中央新疆分局书记、新疆军区司令员的王震给毛泽东并及习仲勋（时任中共中央西北局第一书记、西北军区政治委员）、张宗逊（时任西北军区第一副司令员）写了一个报告，提出计划派军队党员干部帮助当地农民组织10个集体农庄（每个一万至一万五千亩土地）。毛泽东看了这个报告很高兴，于17日致电王震说："在你的计划中有利用军队集体劳动的经验，试办十个农民的集体农庄的计划，这个计划很好。"他还要求各军区和各地方，将建立机器耕种收割的国营农场和集体农庄，"看作一件大事，用力经营，随时总结经验报告中央"[2]。

---

[1]《毛泽东文集》第六卷，人民出版社1999年版，第215页。
[2]《建国以来毛泽东文稿》第2册，中央文献出版社1988年版，第590页。

1953年10月和11月，毛泽东在同中共中央农村工作部负责人的两次谈话中都讲到了办高级社的问题。他在10月15日的谈话中说，城市郊区土地肥沃平坦，又是公有的，可以先搞大社；并且说，合作社有高有低，高的就是土地归公。在11月4日的谈话中又说，城市郊区搞互助组，蔬菜的生产供应不好解决，可以不经过互助组，直接搞半社会主义的合作社，甚至直接搞完全社会主义的合作社。他明确表示，完全社会主义的合作社，也叫农业生产合作社，而不要同苏联一样，叫集体农庄。[1]此后，这种取消土地入股分红、实行土地等主要生产资料集体所有的农村集体经济组织，一般不叫集体农庄，而被称为高级农业生产合作社，即高级社。到1954年，全国已有13个省、市、自治区试办了201个高级社，其中北京最多，有114个。

当时，就全国而言，高级社数量很少，而且也不具备大办的条件。所以1954年4月全国第二次农村工作会议上，中共中央农村工作部部长邓子恢在总结报告中讲到这个问题时说：第一个五年计划或第二个五年计划的中心环节，是发展半社会主义的、土地入股、统一经营、按土地劳力分配的农业生产合作社即初级社；对于高级社，一般还是个别地试办，而且还要有条件。土地不分红虽然很好，但对于那些没有劳动力或本来有劳动力却因病或其他原因丧失了劳动力的人，就没有办法处理。这些人，可以依靠土地为生，虽然少，但总可分到一点。另外，农民对土地有依赖心理，对土地也有感情，因为他们一直以土地为生，要改变这种心理需要一个时期。邓子恢认为，要办高级社，需要两个条

---

[1]《毛泽东文集》第六卷，人民出版社1999年版，第300—301、303页。

件：一是合作社生产大大提高，收入大大增加；二是提高社员的觉悟水平。他说："今天一般的都没有这种条件，所以今天不适宜去谈这个高级形式。当然个别的也有，但一般的不要过急地去转高级形式。"[1] 到1955年上半年，高级社的发展一般得到了较好的控制。截至这年6月，全国经省一级党委批准的高级社为529个，尚属于试办阶段。

1955年下半年开始，特别是1955年10月扩大的中共七届六中全会之后，随着初级社一日千里的发展，高级社也就由试办转入大发展阶段。

中共七届六中全会的讲话中，毛泽东专门讲到了高级社的问题。他说："关于高级社的条件和应办多少高级社，今天我也不说，条件问题还是请大家研究，明年再讲，各地方可以按照情形，实际去办。总而言之，条件成熟了就可以办，不成熟就不要办，开头办少数，以后逐步增加。"[2] 这段话讲得很有原则，也很灵活，办高级社的条件是否成熟，只能凭借各地自己去掌握，这实际上是鼓励高级社的发展。

对于办高级社的条件问题，七届六中全会通过的《关于农业合作化问题的决议》中，倒是作了原则规定："各省、市和各自治区的党委在制订合作化规划的时候，应该注意在有条件的地方，有重点地试办高级的（即完全社会主义性质的）农业生产合作社。有些已经在基本上实现了半社会主义的合作化的地方，可

---

[1]《邓子恢文集》，人民出版社1996年版，第367页。
[2] 中华人民共和国国家农业委员会办公厅编：《农业集体化重要文件汇编（1949—1957）》，中共中央党校出版社1981年版，第445页。

以根据发展生产的需要、群众觉悟程度和当地的经济条件，按照个别试办、由少到多、分批分期地逐渐地发展的步骤，拟订关于由初级社转变为高级社的计划。"[1] 这其中，虽然"实现了半社会主义的合作化"是一个硬指标，但"发展生产的需要、群众觉悟程度和当地的经济条件"却有伸缩性，并没有明确的衡量标准。这样的规定，实际上是为高级社的大发展开了绿灯。

为了推进农业合作化运动的发展，1955年9月和12月，毛泽东曾亲自两次编辑《中国农村的社会主义高潮》（以下简称《高潮》）一书，并为书中收集的典型材料写了许多按语。毛泽东在编辑《高潮》这本书时，有意识地选用了多篇高级社的材料，并对其中的6篇加了按语，明确表示赞同不经过初级社由互助组直接办高级社，并表示高级社不难办。在这种思想指导下，1956年初我国农村在基本实现初级合作化时，又在极短的时间里实现了初级社到高级社的转变，有不少的高级社就是从互助组直接过渡而来的，有的甚至连互助组这个阶段都没有经过。

1956年初，《中国农村的社会主义高潮》正式出版并发行到全国。1956年1月23日，中共中央政治局又通过了《一九五六年到一九六七年全国农业发展纲要（草案）》。这个草案共有40条，故简称"农业发展纲要四十条"，其中明确要求："合作基础较好并且已经办了一批高级社的地区，在1957年基本上完成高级形式的农业合作化。其余地区，则要求在1956年，每区办一个至几个大型（100户以上）的高级社，以作榜样，在1958年

---

[1] 中共中央文献研究室编：《建国以来重要文献选编》第7册，中央文献出版社1993年版，第303页。

基本上完成高级形式的农业合作化。"[1] 按照这样的要求，各地在继续批判"右倾保守思想""右倾机会主义"的巨大声浪中，一方面大力发展初级社，实现初级形式的农业合作化，另一方面加快由初级社转为高级社的时间进度。

二、高级社大潮的迅速到来

即使到 1955 年底 1956 年初，各地虽然也决定较大规模地发展高级社，但基本上还处于试办阶段。然而，这时农业合作化的高潮一浪高过一浪，计划总是赶不上形势的变化，高级社的发展很快突破了试办的范围，而转入全面铺开阶段。至于一些大城市的市郊，更是率先宣布完成了高级合作化进入社会主义。

北京郊区 1952 年试办了两个高级社，到 1954 年底，已办起了 343 个高级社，占农业生产合作社总数的 50%。针对高级社比例过高的问题，1955 年 2 月，中共北京市委专门召开会议讨论办社问题，强调要纠正办社过程中办高级社、大社过多的偏向。会后，北京各区抽调了 500 名干部下乡帮助整社，将发生问题较多的 266 个高级社改为按劳力、土地比例分红的初级社，保留了 77 个高级社。[2] 随着七届六中全会精神在各地的贯彻，全国的农业合作化运动如激流滚滚，迅猛发展，北京市委对于办高级社的态度也随之发生了变化，决定放手进行初级社转高级社的工作。

---

[1] 中共中央文献研究室编：《建国以来重要文献选编》第 8 册，中央文献出版社 1994 年版，第 47 页。
[2] 参见杜润生：《当代中国的农业合作制》上，当代中国出版社 2002 年版，第 390 页。

到 1956 年 1 月 11 日晚，北京近郊的丰台、南苑、石景山、海淀和东郊 5 个区的 350 多个合作社，合并成 220 个社，并全部转为高级社。

1 月 16 日，中共河北省委发出《关于积极地有领导地放手发展高级农业社的指示》。《指示》指出：河北省大力发展高级社的条件已经成熟，合作化运动的高潮已经到来，要求各级党委积极采取措施，加强领导，制订发展规划。只要初级社具备社员自愿，有较强的领导干部，并且在转入高级社后有 90% 以上的社员能增加收入等条件，就应当积极地引导他们升入高级社。能办多少就办多少，争取做到一村一社，有条件的可以合并为一乡一社。河北各地"采取措施，加强领导"的结果是，4 天之后，省会保定举行盛大集会，庆祝全省进入社会主义。会上，中共河北省委书记、省长林铁在会上宣布：全省已经基本上实现了完全社会主义的农业合作化。

1956 年 1 月 18 日，上海举行郊区农业合作社代表会议，2800 多名代表一致认为上海郊区由初级社转为高级社的条件已经成熟。会议进行当中，代表们纷纷要求办高级社。结果，参加会议的 1100 多名初级社代表，除了几个社没有写办高级社的申请书外，其余的都递交了申请。上海市人民委员会的代表董铨当场批准了所有的申请。会议宣布：上海市郊区农业社会主义改造的历史任务已经胜利地提前完成。

1 月 18 日，天津全市 4 个郊区和塘沽区已经建立和被批准建立的高级社共有 340 个，入社农户达 73946 户，占全市郊区总农户数的 90.56%。

迅猛来临的农业社会主义改造高潮，使毛泽东感到如果在一个接一个的高潮中，下面一些干部头脑不冷静，不实事求是，盲目蛮干，就有可能出乱子。出了乱子又要纠偏，反而影响社会主义改造的进程，对于这个问题有提醒下边干部的必要。

1956年1月中旬，中共湖北省委第一书记王任重在给中央农村工作部的电话请示中说，目前湖北正在召开地委书记会议，关于高级社问题，会议有两种意见：一种意见赞成省委提出的春耕前发展1万个高级社，入社农户达到25%至30%，秋收前后再发展；另一种意见主张放手发展高级社，达到全部农户的70%至80%，基本上实现高级合作化。王任重个人认为还是按省委的计划发展比较稳当，同时他还在请示中说，最近一些报纸的宣传对一部分人的急躁情绪也有某种刺激作用。随后，中央农村工作部副部长廖鲁言将王任重电话请示的内容报告了毛泽东。1月19日，毛泽东在廖鲁言的报告上批写道："先送廖鲁言同志办，同意王任重同志的意见，控制在一万个左右。再送人民日报邓拓同志和新华社吴冷西同志，注意在宣传方面加以控制。"[1]

1月20日，毛泽东在中共中央召开的知识分子问题会议上所作的总结中，专门讲到了防止合作化运动中的盲目性的问题。他说：我们做事情要放在可靠的物质基础上，前进是好的，但不要盲目，现在有些人有点盲目情绪。在合作化的速度问题上，请各位同志注意，做事情要有百分之九十的人高兴，百分之几的人不高兴不要紧，百分之几十的人不高兴就不行。听说还有百分之三十左右的人对放弃土地分红还放不下心。如果是这么一种情况，那么宁可等他几个月，慢慢说通。他还说：本来办得到的，不办，是右倾保守；不能办，盲目办，无根据地办，就是"左"

---

[1]《建国以来毛泽东文稿》第6册，中央文献出版社1992年版，第10页。

倾冒险。今天后者还不是一个主要的倾向，但是已经可以看出这么一种倾向。有一些同志头脑不那么清醒了，不敢实事求是，怕犯右倾保守机会主义的错误，因为"右倾""保守"不好听。确实办不到的便要敢于说办不到，使我们的工作建立在可靠的基础上，使计划完全可行。

毛泽东的这番话，虽然给那些"头脑不那么清醒"的人泼了点冷水，但当时全国上下正在学习他主持编辑出版的《中国农村的社会主义高潮》的热潮之中，而这本书中对高级社和大社的赞扬所产生的影响，大大超过了他在知识分子问题会议上的上述讲话。此后的一段时间，高级社的发展不但没有控制下来，反而又有不少省份接二连三地宣布完成高级合作化。

2月5日，《山西日报》报道称，山西全省已胜利实现高级农业合作化。全省共建立高级农业合作社16524个，参加高级社的农户达到295万户，占全省总农户的90%。其中，平顺、保德、河曲、陵川、昔阳、解虞、榆次等6县1市，参加高级社的农户达到了100%；清徐、曲沃、静乐、武乡等15个县，加入高级社的农户，也达到了97%至99%。

仅过4天，吉林宣布：在最近两个多月的时间里，全省入社的农户已达全省总农户的93.6%，并且已经建立起了6053个高级社，参加高级社的农户已占全省农户数的88.24%，基本实现了完全社会主义的合作化。

在1956年2月宣布实现了高级合作化的省份，还有广西（2月17日）、青海（2月20日）、黑龙江（2月25日）、内蒙古自治区（2月29日）。

1956年上半年，北京、天津、上海三市，以及河北、山西、辽宁、吉林、黑龙江、河南、广西、青海等省，已经实现农业的高级合作化，加入高级社的农户占各省市总农户的90%—95%。其他各省也有大部或一部分地区实现了高级合作化。没有实现高级合作化的地区，也都重点试办了高级农业生产合作社。

1956年入秋以来基本上实现了农业高级合作化的，有湖南、江西、安徽三省，三省加入高级社的农户都占全省总农户90%以上；加入高级社的农户已占本省、区总农户80%以上的有江苏、浙江、湖北三省和内蒙古自治区。此外，加入高级社的农户占本省总农户60%以上的有陕西、山东、福建等三省；占本省总农户50%以上的有甘肃省和贵州省；广东省、新疆维吾尔自治区加入高级社的农户都已达到40%以上。到9月底，四川省加入高级社的农户占全省总农户的30.46%；云南省加入高级社的农户占全省总农户的28.1%。

1956年11月15日，毛泽东在中共八届二中全会上的讲话中说："本来的安排是用十八年时间基本完成所有制方面的社会主义改造，一促进就很快。农业发展纲要草案上写的是一九五八年完成高级形式的农业合作化，现在看样子今冬明春就能实现。"[1]其实，在毛泽东讲这番话的时候，我国参加高级社的农户已经超过了80%（见表1），高级形式的农业合作化已基本实现。

---

[1]《毛泽东著作选读》（战士读本），中国人民解放军战士出版社1978年版，第1047页。

表 1　1956 年农业生产合作社社员户数及所占百分比

月份	社员总户数（万户）	占农户数的百分比	初级社户数（万户）	所占总农户数的百分比	高级社户数（万户）	所占农户的百分比
1	9553.3	80.3	5903.4	49.6	3651.9	30.7
2	10418.8	87.0	4316.0	36.0	6102.8	51.0
3	10667.7	88.9	4085.9	34.0	6581.8	54.9
4	10345.1	90.3	3861.1	32.1	6984.0	58.2
5	11013.4	91.2	3541.4	29.3	7472.0	61.9
6	11171.3	91.9	3483.9	28.7	7687.4	63.2
7	11150.2	92.4	3496.3	29.0	7653.9	63.4
8	11261.6	92.9	3247.1	26.8	8014.5	66.1
9	11475.7	94.5	2649.8	21.6	8826.9	72.7
10	11620.3	95.6	2135.2	17.6	29485.1	78.0
11	11674.3	96.1	1588.0	13.1	10086.3	83.0
12	11782.9	96.3	1041.7	8.5	10742.2	87.8

资料来源：史敬棠等编，《中国农业合作化运动史料》下册，生活·读书·新知三联书店 1959 年版，第 990—991 页。

三、初级社何以能迅速转变为高级社

1956 年各地刚刚实现初级合作化，就急急忙忙地完成高级合作化，出现这种情况有多种原因，以下几点不能不提及。

一是当时人们认为初级社已经不能适应生产发展的需要。1956 年 1 月，一位地委负责人在《人民日报》上撰文说，几年来，大批初级农业合作社显示了很大的优越性，增加了农民的收入，改善了农民的生活。但是，初级社如果不由小到大、由低到高不断前进，到了一定时期，生产力和生产关系的矛盾就会严重地影响社员劳动积极性的充分发挥和生产资料的充分利用。矛盾主要表现在：（一）由于土地分红，很多贫苦社员比一些上中农社员多做劳动日，总收入却少于土地多的上中农。同时，富裕户随着土地收入的增多，劳动态度逐渐消极下来。少数上中农，在依靠土地吃饭的思想支配下，天冷、天热、重活、脏活"四不干"。这不但妨碍生产的进一步发展，并且影响了贫农、中农的团结。（二）土地私有妨碍了对土地有计划的统一的合理的使用。初级社土地仍然是私有的，社员对土地仍有私有的观念，要在土地上比较大地改变地形还是会碰到思想障碍。（三）私有的土地和别的一些生产资料每年要分得一定的报酬，妨碍更多地积累公共财产。文章由此得出结论："必须更积极地有计划地领导农民进一步联合起来，把规模较小的初级社合并起来，取消土地报酬，改变土地和别的主要生产资料的私有制度为集体所有制度，把初级社转变成高级社。"[1]这是当时急忙将刚刚建立的初级社迅速转变为高级社的重要原因。

二是随着所谓"小脚女人"的批评和农业合作化高潮的迅速到来，人们认为已经具备了转为高级社的条件。1956年1月7日，中共黑龙江省委在《人民日报》上介绍了他们试办高级社的初步经验。黑龙江省委认为："向高级社过渡是初级社发展的必然趋势，初级社发展到一定程度，必须及时转变为高级社，否则就会发生生产停滞、组织涣散的现象。同时转变为高级社，也必须具备一定的条件。"黑龙江省委提出过渡到高级社具备的条件是：生产有了相当发展，要进一步发展生产，就需要改变土地、耕畜等主要生产资料的私有制；社员觉悟有了相当的提高，过渡到高级社已经成为社员的迫切要求；有一定数量的公共积累；有一定数量的领导骨干和初步积累了管理集体经济的经验。黑龙江省委认为，一般初级社只要加强领导，经过两三年的时间就可以

---

[1]李吉平：《高级社也可以办得又快又多又好》，《人民日报》1956年1月20日。

具备向高级社过渡的条件，原因在于：其一，由个体经济转到初级社后，生产力提高的速度大大超过小农经济，因此很快就暴露出土地、耕畜等主要生产资料的私有制和迅速发展起来的生产力不相适应。其二，在合作化运动中，不但贫农和下中农的社会主义觉悟提高得很快，就是富裕中农因为对合作社有了一定的认识，觉悟也提高了。其三，一村、一屯之内，向高级社过渡并不是所有合作社都必须完全具备上述条件，只要有一两个中心社条件成熟，其他社条件稍差一些，也可以带动起来。[1] 正因为当时确定的初级社升级为高级社的条件既不具体，而各地又都认为已经具备了条件，以至于到了后来根本就不顾什么条件，也不讲初级社过渡到高级社需要经过一定的时间，初级社才刚刚建成，又宣布立即转入高级社，有的甚至直接从互助组或个体单干进入高级社。

三是各级组织的大力推动和强大宣传。过渡时期总路线公布后，对农民进行了广泛深入的社会主义前途教育。尤其是初级合作化完成后，各地将初级社转变为高级社，开展了强劲的宣传。1956年1月23日，《河北日报》在报道河北全省实现高级合作化的消息时说："各地党委在基本实现初级合作化后，曾先后召开了初级社社长会议和举办了高级社骨干分子训练班，专门研究总结了升高级社的政策问题；有的还聘请高级社的干部，介绍办高级社的经验。为了做好发展高级社的工作，各地普遍训练了农村党员、团员、党的宣传员和办社积极分子，组织了庞大的宣传队

---

[1] 中共黑龙江省委员会：《试办高级农业生产合作社的初步经验》，《人民日报》1956年1月7日。

伍，村村都有党员和群众积极分子进行宣传。"同年2月5日的《山西日报》在报道山西完成了高级农业合作化时也说：从1955年12月开始，各地"派出了大批的干部下乡推动运动，并大量地举办了训练班，普遍训练了农业社的领导骨干。与此同时，各地党委还大力开展了兴办高级社的宣传运动"。"据统计，全省各地有10万以上的领导骨干，受到了专门训练。长治全区受到高级社优越性教育的农民，占成年农民总数的90%以上；平顺县100%的成年农民，经过了县委组织的10000名农村宣传员的宣传活动，毫无例外地受到了高级化教育。"在如此强大的宣传攻势下，广大农民参加高级社的热情被充分鼓动起来。于是各地一哄而上，大办高级社。

四是与当时人们认为初级社存在许多无法克服的矛盾的认识相关，认为高级社要大大优越于初级社。当年总结出的高级社比初级社更大的优越性，主要有如下一些：由于取消了土地报酬，实行完全按劳取酬的分配制度，就能够充分发挥社员的劳动积极性，大大提高劳动生产率；高级社的规模要比初级社大，大型的合作社能够集中更多的人力、物力、财力，进行大规模的生产和各项基本建设，同时也为实现农业机械化准备了条件；高级社由于取消了生产资料私有制，就能够更多地扩大公共积累，提高扩大再生产的能力，就能够有力量、有办法安排和照顾老弱孤寡的生产和生活；高级社能够更好地贯彻实行国家的生产计划，能够更多地增加粮食、棉花、油料和其他农产品的商品量，大大加强农业对工业的支援，加快国家工业化速度；随着生产资料私有制的消灭，社员社会主义的意识也在不断增长，旧的生活方式在逐渐改变，社会上将充满热爱劳动、热爱公共财产、团结生产的新气象。[1]

上面这些优越性,在很大程度上是推论出来的,实际情形并非完全如此。比如,高级社取消土地报酬,实行完全的按劳分配。按理来说,这种分配方式是公正合理的,而且消除了不劳而获的现象,体现了多劳多得的社会主义分配原则。但是,规模大、公有化程度高的高级社如何真正体现按劳分配,作为分配依据的"劳"如何计算与衡量,却是一个难题。这个难题得不到解决,分配中必然会出现平均主义,社员也必然在高级社中吃"大锅饭",其积极性又如何能够发挥?高级社人多规模大,固然可以集中力量办一些初级社办不了的基本建设,土地的集中使用也在一定程度上有利于统一规划、加快推进农业机械化。但当时,我国农村的生产力水平还很低,国家工业化水平也低,基本不具备农业机械化的条件。在这种情况下对农村劳动力进行工厂化管理,劳动力由高级社统一调配使用,社员集体生产劳动,窝工浪费现象也就相应产生。高级社虽然有利于照顾老弱孤寡等农村弱势群体,但这种照顾本来是可以通过土地分红来解决的。相反,由于土地不参与分红,耕畜等其他生产资料也退出了分配领域,社员对土地质量的提高、公共财物的增减与个人利益的关系,就没有初级社时那样能直接感受。社员的积极性固然可以通过一时的政治鼓动而得以提高,但要长期保持这种积极性,则必须使其劳动的质与量,同产品的分配和个人利益直接相挂钩,才有可能。

---

[1]《关于目前发展高级农业生产合作社工作的一些意见》,《山西日报》1956年1月22日。

从长远来讲，取消农民的生产资料个人所有制，实现农业集体化，是中国农村和中国农民的必然前途，只有这样，才能从根本上消除农村的两极分化，实现全体农民的共同富裕。从这个意义上讲，中国农业的合作化或集体化，是必然的选择，不能因为中共十一届三中全会后实行了家庭联产承包责任制，因而否定农业合作化运动的意义与价值，甚至认为它根本是不必要的。这是两件不同性质的事情。现在看来，在农业合作化过程中存在的主要问题，是一度对于农民要求走社会主义道路的积极性估计过高，又把初级社中存在的土地分红与社员生产积极性的矛盾看得过于严重，而把高级社的优越性设想得过于美好，以致以急迫的心情人为地去制造高级合作化的高潮。所有这些，归根到底，还在于当年曾在建立和建成社会主义的问题上急于求成，而又在什么是什么主义的问题上认为只能纯之又纯的公有制才是社会主义。

　　高级合作化高潮的骤然到来，也与初级社的土地报酬过低，相当多的农民又抱有反正迟早要进入"社会主义"的心理有关。初级社在试办之时，对于土地报酬各地并无统一规定，有的地六劳四，有的地劳对半，也有的地四劳六。一般而言，土地报酬是比较高的。但是，随着合作化运动的发展，土地报酬日渐降低。1955年11月国务院颁发的《农业生产合作社示范章程草案》规定："农业生产合作社的收入是由社员的劳动创造出来的，不是由社员的土地所有权创造出来的，因此，土地报酬必须低于农业劳动报酬，以便鼓励全体社员积极地参加合作社的劳动。"按照这样的指导思想，合作社大发展后，各地合作社土地报酬所占的比例都比较低。据1955年对初级社分配的调查，河北、山西、辽宁、吉林、黑龙江、山东等六省老区合作社的土地报酬平均只占25.6%，其他18个省区合作社土地报酬平均占31.4%。这样一来，社员所得的土地报酬，除去农业税和股份基金，已所剩无几。在其他生产资料的折价上，也存在折价过低，偿还时间过长等问题。这样一来，农民觉得土地归己还是归公，没有太大的区别，对转入高级社，取消土地分红也并无多大的抵触情绪。

那么，对初级社转为高级社，农民们又持什么样的心态呢？人类学家黄树民在《林村的故事：一九四九年后的中国农村变革》一书中，有一段访问林村党支部书记时关于成立高级社的对话。这位村支书说："村里有的人很不愿意把祖产交出来，在私底下抱怨政府用强制的手段要大家加入合作社。但这种人毕竟是少数，而且没有人敢反对政府。……革命之后，生活条件立刻有了改善，这也是不争的事实啊。农民都对毛主席和党深信不疑，他们大概都以为，这种种改变，都是为了政府宣传中所说的共产天堂的到来做准备吧！"[1]既然办高级社是毛泽东和党所号召的，办高级社也就不会错，应当参加，这便是当时广大农民的共同心态。这也是高级社能够迅速建立的重要原因。

四、迅速高级农业合作化带来的问题

对于20世纪50年代中期的农业合作化运动，从根本上实现了由农民个体所有制到集体所有制的转变，使亿万农民走上了社

---

[1] 黄树民：《林村的故事：一九四九年后的中国农村变革》，生活·读书·新知三联书店2002年版，第50页。

会主义道路；但也应当承认，由于在农业合作化特别是初级社转高级社过程中，存在要求过急、工作过粗、改变过快、形式过于单一等缺点，以致长期遗留了一些问题。这些问题主要表现在：

一是公有化的程度过高，合作社的规模过大，与生产力发展水平不相适应。

初级农业生产合作社是建立在土地等主要生产资料私有基础上的，而建立在生产资料集体所有基础上的高级社，不但将私有的土地交合作社公有，就连农民私养的耕畜和大型农具也折价归公了。尽管高级社示范章程规定社员可拥有5%的自留地，但其所有权也是集体的，也就是说，集体可以随时收回社员的自留地。

在实际操作中，一些地方又片面地认为，既然高级社是完全社会主义性质的，自然是公有化程度越高越好。湖南一些农村，连社员一些零星小量的苎麻兜、小茶园、小竹园、柴茅山都归社所有。湖南桃江的黄金农业社把社员的晒衣坪、南瓜棚也入了社。湖南平江县一些农业社则宣布"三棵树以上就不能入社"，农民担心不入社会被孤立，就把自己的树木砍掉。这样一来，虽然公有化的程度高了，但社员与土地、耕畜等生产资料的关系却疏远了。

毛泽东在《中国农村的社会主义高潮》一书的按语中，曾对那些规模大的合作社给予了很高的赞誉。受此影响，在高级社的发展中，一些地方不但强调"一切都要公有化"，而且认为合作社越大越好，因而建立了不少规模过大的社。

到1956年9月中共八大召开时，河北全省共有合作社24249

个，其中联村、联乡社占 33.03%，500 户以上至数千户的社占合作社总数的 23%，一村一社的占 64.56%，全省合作社平均户数为 340 户。河北武安县的贺进农业社由两个乡、7 个村、49 个初级社组成，全社有 1897 户，6252 人，男女整劳动力 2272 个，男女半劳动力 554 个，牲畜 451 头，耕地 12000 亩。武安县的伯延乡曙光农业社由原来的 5 个乡、21 个行政村、63 个初级社合并而成，全社有 6473 户，22069 人，男女整劳动力 8908 个，男女半劳动力 1907 个，土地 69816 亩，牲畜 1953 头，全社共编成 22 个生产大队，101 个生产小队。河北成安县七一农业生产合作社是由原来的 4 个半村的 20 个初级社合并而成，全社共有 4480 户，20586 人，男女整劳动力 8667 个，男女半劳动力 3215 个，耕地 79386 亩，牲畜 1473 头。

1956 年底，河南全省高级社平均 365 户，许多社是由多个村合办的联村社。该省新乡地区 1955 年底实现了高级合作化，共组成了 3645 个高级农业社，每社平均 518 户。许昌地区建立的 2283 个高级社中，1000 户至 2000 户的有 116 个，2000 户以上的有 24 个。1956 年 1 月成立的固始县七一农业合作社，由 5 个乡的 49 个初级社及部分单干户组成，全社有 2276 户，10545 人，耕地 18015 亩。

1956 年春，吉林省曾集训了 957 名农业社主任，其中 100 户至 300 户的社有 355 个，301 户至 500 户的社有 403 个，501 户至 1000 户的社有 167 个，1001 户至 1500 户的社有 25 个，1501 户至 2000 户的社有 4 个，2000 户以上的社有 3 个。

由于农业社的规模过大，社干部缺乏办大社的经验，管理水平自然跟不上，出现了许多的问题。中共河北省委第一书记林铁在八大的发言中说:"有不少数村、十数村包括千户、数千户的大社,出现了下列现象:生产管理困难,政策上难以正确贯彻,社干部不能深入工作,特别是由于村与村之间土地占有和收入悬殊以及生产经营的对象不同,使彼村骤然普遍增加收入,此村社员不能增加收入。"[1]中共陕西省委第一书记张德生在八大的发言中也说,由于一些地方"不顾条件地追求大社、大队、大组,而不善于组织大规模的集体劳动。以致生产秩序混乱,形成'派活乱点兵,做活一窝蜂'的现象;只靠命令办事,不和群众商量,有的甚至用'扣工分'、'不派活'的办法来推动工作,以致部分社员产生了'干部怎么说就怎么办'的消极情绪"[2]。

根据中共邯郸地委农村工作部对武安县贺进社的调查,该社由于规模过大,经营管理和财务管理上存在许多问题,如生产计划不周,顾此失彼等,社里为修水渠开展"红五月活动",要求"开渠到顶",而此时正是谷子苗锄草季节,社里却不安排锄草,有的队偷偷锄了地还挨社里的批评。等到社里决定锄谷草时又到了小麦收获季节,因为这时安排劳动力锄谷草去了,人手不够,结果使应收的小麦遭了雹灾。这个社搞副业生产也没有计划,无目的的组织了15辆胶轮车到邯郸跑运输,去了一个月赔了30多元,回来后有25头牲口不能使用,其中还有8头生病;社里财务自从高级社建立之后一次也没有向社员公开过,社下的大队与小队都不知道本队收支情况,有的队有账没有单,有的队有单没

---

[1] 中共中央办公厅编:《中国共产党第八次全国代表大会文献》,人民出版社1957年版,第209页。
[2] 中共中央办公厅编:《中国共产党第八次全国代表大会文献》,人民出版社1957年版,第292页。

有账，社员对社里的财务情况一点也不摸底。"由于干部领导力量薄弱，经营管理不善，社员生产情绪不高，劳动纪律松弛"，结果全社1956年减产24.5%，大多数社员不能增加收入，而且高级社成立之后没有向社员预支一分钱，造成社员生活困难。由于高级社成立后问题很多，社员对办大社没有信心，大量劳动力外流，全社正式迁移走的有120人，还有许多偷偷走的。贺进村原1200户，到1956年10月只有男女劳动力400个，严重影响了生产。[1]

二是过分强调集中统一，助长了命令主义、官僚主义作风。

集体劳动是农业合作社与个体农民相区别的一个重要特征。其实，集体劳动并不是什么农活都是社员挤在一块大伙干，而应该结合农活的特点采取集中与分散相结合的生产方式。但许多高级社是在合作化运动的高潮中一哄而起办起来的，既没有建立严格的生产责任制，干部在生产管理和劳动力的合理使用上也没有经验，结果导致"上工一条龙，干活大呼隆"的现象在各地普遍存在。不少农业社的社员出工是"三等""三不走"——早晨等、上午等、下午等；人不齐不走，工具不全不走，队长不在不走。

由于合作社的规模过大，基层干部过去只有管理个体经济或互助组、初级社的经验，现在一下子建立了成百户、上千户的高级社，往往不知如何管理，加之高级社的规模大、管理层次多，有的社下设大队、生产队和作业组，形成四级管理，部分社员又不能遵守劳动纪律、干活不注意质量、不爱护公共财物，"工作

---

[1] 中共邯郸地委农村工作部：《关于联乡社——武安贺进农业社的情况调查材料》，1956年10月27日。

中确实发生了许多复杂的新问题,在这种情况下,干部不善于依靠群众的力量来克服困难,不善于耐心地教育和等待少数比较落后的社员,而是产生了急躁情绪和强迫命令的作风"。也有的干部认为只要为群众办的是好事,可以不必同群众商量,如果商量多了,"百姓百条心",反而难办事情,弄得不好,"老大多了要翻船","这样,他们在所谓'千人吃饭,一人当家'的错误思想下,因而有些问题就独断专行、不同群众好好商量了,强迫命令也随之而产生了"[1]。

1956年11月,中共河北省委在报送给中共中央的《关于农村干部强迫命令作风的报告》中说:"农业合作化以后,农村基层干部在工作中的强迫命令作风是日益发展的一种趋势。""基层干部工作中命令主义,不但是大量的,而且情况也是严重的,有的已经发展到违法乱纪的地步。"报告中列举了四个方面的情况:其一,许多农业社干部,在工作中不同群众商量,不听群众意见,多是少数人或个人作主,甚至发展到独断专行。对于群众的不同意见,任意扣上"落后""反动""破坏合作社"的帽子,使社员有话不敢说。其二,片面强调集体利益,不顾社员个人利益,限制社员活动自由。有的农业社规定:生产竞赛时,不准串亲赶集,不准私自经营副业,否则以"违反集体利益论处"。许多社忽视或限制社员搞副业,又不准社员预支或借款,以致社员打油买菜的钱都没有,不少社员说:"农业社这种优越性实在受不了。"其三,任意克扣社员工分,罚劳动日,停止劳动,冻结

---

[1] 中共中央办公厅编:《中国共产党第八次全国代表大会文献》,人民出版社1957年版,第667页。

存款，不发给救济粮和购粮证。南皮县大庄乡规定，偷一根玉米罚10个工分，有个社员偷了180根玉米，被罚了1800分，他劳动一年挣了1700分，不但全被罚光，反而欠了社里100个工分。满城县红光农业社有两名社员私自到保定卖了两次瓜，被生产队长扣上"私自外出"的罪名，各罚工300个。其四，随意捆绑吊打社员，秦皇岛市郊两个乡的党员，打骂群众的有15人，占党员总数的7%。房山县（今属北京）五侯乡山青社社员蔡德旺说，干部吸烟有钱，群众买油盐没有钱，被社主任听到了叫去打了一顿。蔡回家后同哥哥讲了，其哥去找社主任论理，结果也被打了一顿。社员们说："合作社是阎王殿，社主任是阎王爷，队长是小鬼。"[1] 这种情况在其他地方也同样存在。辽宁农民普遍反映："农业社好是好，就是挨累，挨蹩（不自由），受气受不了。"[2]

三是老社富社和新老上中农在并社升级中吃了亏，过早取消土地报酬使部分地多劳少的农民生活发生困难，社员生产积极性受挫。

高级社的建立，除了部分未经初级社而直接从互助组办起者外，一般是采取两种办法建立的：一种是以一个办得较好较早的农业社为中心，周围若干小农业社或互助组合并为一个大型的高级社；另一种是办得较早较好的合作社大量吸收新社员。在并社升级的过程中，按照1956年3月5日中共中央发出的《关于在

---

[1] 中华人民共和国国家农业委员会办公厅编：《农业集体化重要文件汇编（1949—1957）》，中共中央党校出版社1981年版，第640—642页。

[2] 中华人民共和国国家农业委员会办公厅编：《农业集体化重要文件汇编（1949—1957）》，中共中央党校出版社1981年版，第656页。

农业生产合作社扩大合并和升级中有关生产资料的若干问题的处理办法的规定》，合作社合并时，各社原有的公共财产、公积金和公益金，不论数量多少，统一转为合并后的大社的公有财产，各社之间多少不等，不必补齐，新社员入社也不补交。这样，办得早、办得好的社，积累多、股份基金多，就吃了亏。老社员从事基本建设的义务工得不到适当的补偿。老社员增加对土地的投入所提高的土地肥力，一部分被新社员无偿占有了。同样，由于当时规定各合作社在合并前没有还清的耕畜、农具归公时应得的价款，没有归还的贷款，以及社员的投资和其他欠款，都由合并后的大社统一偿还，这又使一部分办得早、办得好的社，承担了欠款较多社的还款责任，使原来的富社吃了亏。老社、富社的社员觉得，他们在并社升级中实际上被新社、穷社"共"了"产"，生产积极性受到严重挫伤，相当多的合作社担心并社时吃亏，就变相地分掉部分公共财产，并且不再积极地扩大公共积累。

同时，高级社在社员私有的耕畜、大农具等生产资料的处理上，也采取折价归公、分期偿还的办法。但由于大多数合作社折价过低，合作社偿还能力又有限，农民就想方设法出售耕畜，可市场上卖的多，买的少，价格暴跌，以致产生卖出吃亏、折价归公也吃亏的情况，一些农民干脆屠宰耕畜，损坏农具以消极抵抗，造成了农村生产力的破坏。

取消土地报酬是高级社同初级社最根本的区别。土地报酬取消后，而生产又不是一下子就能发展的，对于一部分地多劳少的农民来说，他们本来可以通过土地分红以弥补劳力分红的不足，使生活不致有太大的困难，然而，尽管高级社的示范章程中明确规定，对这一部分人合作社应当给予适当的照顾，但由于高级社实行按工分分配的办法，他们所得的工分少，自然收入也少。为了使这部分社员能维持生活，合作社不得不从可分配的收入中借支一部分费用给他们，于是出现了所谓的"超支户"。"超支户"出现后，又使另一部分工分多的户应得的收入在分配时不能兑现，也就随之出现了多劳而不能多得的"分空户"。结果，本来不需要合作社照顾的社员背上了"吃照顾"的名声，本来能够多得收入的社员却徒有多得的虚名，不但使这两部分社员的积极性受到影响，而且造成了社员之间的不团结。

此外，高级社强调实行"各尽所能，按劳取酬"的制度，按劳取酬中的"劳"的依据，就是社员的工分，由于没有建立严格的生产责任制，评工记分不但手续烦琐，而且也很难准确地反映社员劳动的质和量，社员的工分往往记的是大概工，于是干多干少一个样、干好干坏一个样的平均主义"大锅饭"也就产生了。

上述这些问题的出现，虽然不是高级社的必然产物，但与过早过快地实现高级合作化是有密切联系的。不解决这些问题，将会对高级社的巩固和生产的发展产生不利影响。遗憾的是，这些问题还未来得及解决，1958年又在高级社的基础上建立规模更大、公有化程度更高的人民公社。

关于社会主义改造几个问题的探讨

1949年新中国的成立，标志着中国进入了新民主主义社会。1953年毛泽东提出过渡时期总路线，由此启动了大规模的社会主义改造。1956年社会主义改造基本完成，中国进入了社会主义社会。社会主义改造的主要内容，就是将原来具有私有制性质的个体农业、个体手工业及私人资本主义工商业，分别改造成为集体所有制的农业生产合作社、手工业生产合作社和全民所有制的国营企业，即将多种所有制改造成为单一的公有制。中共十一届三中全会之后，个体经济与民营经济不但有了恢复而且发展迅速，所有制结构又由单一公有制发展到多种所有制共存，由此也引发了对当年社会主义改造的重新评价。笔者拟在学术界已有研究的基础上，对新中国成立初期的社会性质、新民主主义社会提前结束的原因以及社会主义改造的历史地位等相关问题作一点探讨。

一、中国向社会主义过渡的历史起点

由于中国原本是一个半殖民地半封建社会，中国无产阶级革命的第一步，还只能是反帝反封建的资产阶级民主革命，因而革命胜利后不能立即建立社会主义制度，而只能通过建立新民主主义社会并以此为基础向社会主义过渡。那么，中国向社会主义过渡的起点，究竟是以 1949 年新中国成立为标志，还是以 1953 年过渡时期总路线的提出为标志？这实际上涉及中国社会是否经历了一个新民主主义阶段的问题。

1953 年提出的过渡时期总路线曾规定："从中华人民共和国成立，到社会主义改造基本完成，这是一个过渡时期。党在这个过渡时期的总路线和总任务，是要在一个相当长的时期内，逐步实现国家的社会主义工业化，并逐步实现国家对农业、对手工业和对资本主义工商业的社会主义改造。"[1] 1954 年通过的《中华人民共和国宪法》则规定："从中华人民共和国成立到社会主义社会建成，这是一个过渡时期。国家在过渡时期的总任务是逐步实现国家的社会主义工业化，逐步完成对农业、手工业和资本主义工商业的社会主义改造。"[2] 按照过渡时期总路线的规定，过渡时期的上限是新中国成立，下限是社会主义改造基本完成。这样，过渡时期就是指 1949 年至 1956 年这几年的时间。按照 1954 年宪法，过渡时期的起点同样是新中国成立，而下限则是社会主义社会的建成而不是建立，显然所指的是整个社会主义建设阶段，但从宪法规定的国家在过渡时期的总任务，却又是与过渡时期总路线基本相同，即实现"一化三改"。

当然，不论是过渡时期总路线还是 1954 年宪法，都认为过渡时期的起点是以新中国成立为标志的。毫无疑问，新中国的成立意味着半殖民地半封建社会的结束，社会主义改造的完成则意

---

[1]《毛泽东文集》第六卷，人民出版社 1999 年版，第 316 页。
[2]《中华人民共和国宪法》，《人民日报》1954 年 9 月 21 日。

味着中国社会主义制度的基本建立,所以,从新中国成立到社会主义改造基本完成这一时间段,确实是一个过渡时期,它完成了中国由半殖民地半封建社会到社会主义社会的转变。但是,这个转变是分两步进行的:第一步,实现半殖民地半封建社会向新民主主义社会的转变,其标志就是新中国成立及新中国成立后民主革命遗留任务(主要是农村的土地改革)的完成;第二步,实现新民主主义向社会主义的转变,其标志是1956年社会主义改造基本完成。因此,这几年的时间实际上可以分为两个时间段:第一个时间段是新中国成立到大规模的社会主义改造开始前,属于新民主主义社会时期,大致时间为1949年至1952年;第二个时间段是从大规模的社会主义改造启动到社会主义改造基本完成,属于新民主主义社会向社会主义社会的转变时期,即社会主义改造时期,大致时间为1953年至1956年。

虽然1949年至1956年的这几年间,可以分成上述两个时间段,但这两个时间段从总体目标上都具有向社会主义过渡的性质。因为过渡时期总路线提出之前,尽管大规模的社会主义改造尚未启动,但没收官僚资本建立国营经济,以及一些地方已经开始建立少量的农业生产合作社,这些都是为向社会主义过渡准备条件。当然,从整体上肯定从新中国成立到社会主义改造基本完成属于过渡时期,并不意味着新中国一成立就开始了向社会主义过渡。如果这样的话,中国共产党人曾一再强调的中国新民主主义革命胜利之后,将建立一个新民主主义的共和国,通过新民主主义走向社会主义,岂不仅仅成了口头宣传?不但如此,如果新中国一成立就向社会主义过渡,那么,向社会主义过渡的历史起点只能是半殖民地半封建社会。

对于中国革命胜利后首先建立的社会，不是社会主义社会而是新民主主义社会，这个问题革命胜利前中国共产党的立场一直十分明确。1940年初毛泽东发表的《新民主主义论》和1945年4月在中共七大上所作的《论联合政府》报告，已经对此有过透彻的说明。中国原本是一个半殖民地半封建国家，这样的国家不能直接过渡到社会主义。对于中国共产党人而言，革命胜利之后又不可能在中国建立资本主义制度，而必须将中国引向社会主义的前途。如何解决这个难题，经过近二十年的探索，终于找到了新民主主义之路，即以新民主主义社会作为半殖民地半封建社会过渡到社会主义的桥梁。通过新民主主义进入社会主义，可以说是中国共产党人对于中国这样的半殖民地半封建国家（非资本主义国家），如何建立社会主义制度所作出的一个非常了不起的贡献，是对马克思主义的一个独创性发展。

　　毛泽东在1940年初发表的《新民主主义论》中，曾对新民主主义的政治制度和经济政策有过具体的论述，提出中国革命胜利之后，要建立的是一个新民主主义的共和国。在这个共和国里，国体是无产阶级领导的各个革命阶级（即工人阶级、农民阶级、小资产阶级和民族资产阶级）的联合专政；到了新中国成立前夕，他又将各个革命阶级联合专政发展为人民民主专政，并对人民的范畴作了具体的解释，明确指出："人民是什么？在中国，在现阶段，是工人阶级，农民阶级，城市小资产阶级和民族资产阶级。"[1]

　　关于新民主主义的经济，毛泽东在《新民主主义论》中提出

---

[1]《毛泽东选集》第四卷，人民出版社1991年版，第1475页。

了两个重要的主张,一是将"大银行、大工业、大商业,归这个共和国的国家所有","在无产阶级领导下的新民主主义共和国的国营经济是社会主义的性质,是整个国民经济的领导力量,但这个共和国并不没收其他资本主义的私有财产,并不禁止'不能操纵国民生计'的资本主义生产的发展";二是"采取某种必要的方法,没收地主的土地,分配给无地和少地的农民,实行中山先生'耕者有其田'的口号,扫除农村中的封建关系,把土地变为农民的私产。农村的富农经济,也是容许其存在的","在这个阶段上,一般地还不是建立社会主义的农业,但在'耕者有其田'的基础上所发展起来的各种合作经济,也具有社会主义的因素"[1]。1949年3月的中共七届二中全会前后,毛泽东又综合刘少奇、张闻天等人的意见,提出新民主主义经济由国营经济、合作社经济、国家资本主义经济、个体经济和私人资本主义经济等五种经济成分构成,并对这五种经济成分的地位及对其应采取的政策进行了具体的分析。

概言之,当年毛泽东所设想的新民主主义共和国,政治上,实行无产阶级领导的各个革命阶级的联合专政,即人民民主专政;经济上,解决农民土地问题,实行"耕者有其田",保存富农经济,容许私人资本主义经济存在和发展。

在中国革命胜利之际,中共领导人对即将建立的新中国的性质,也是十分明确的。在1949年中国人民政治协商会议讨论《共同纲领》时,有人提出,既然承认新民主主义是一个过渡性质的阶段,一定要向社会主义过渡,因此在《共同纲领》中就应

---

[1]《毛泽东选集》第二卷,人民出版社1991年版,第678页。

该把这个前途写出来。这个意见未被《共同纲领》的制定者所采纳。周恩来就此作过这样的解释：总纲讨论中，曾有一种意见，以为我们既然承认新民主主义是一个过渡性质的阶段，一定要向更高级的社会主义和共产主义阶段发展，因此总纲中就应该明确地把这个前途规定出来，筹备会讨论中，大家认为这个前途是肯定的，毫无疑问的，但应该经过解释、宣传，特别是实践来证明给全国人民看，只有全国人民在自己的实践中认识到这是唯一的最好的前途，才会真正承认它，并愿意全心全意为它而奋斗。所以现在暂时不写出来，不是否定它，而是更加郑重地看待它。而且这个纲领中经济的部分里面，已经规定要在实际上保证向这个前途走去。[1]因此，《共同纲领》总纲规定："中华人民共和国为新民主主义即人民民主主义的国家"。

新中国成立之时，《共同纲领》曾起到临时宪法的作用。《共同纲领》明确规定："中国人民民主专政是中国工人阶级、农民阶级、小资产阶级、民族资产阶级及其他爱国民主分子的人民民主统一战线的政权，而以工农联盟为基础，以工人阶级为领导。""土地改革为发展生产力和国家工业化的必要条件。凡已实行土地改革的地区，必须保护农民已得土地的所有权。凡尚未实行土地改革的地区，必须发动农民群众，建立农民团体，经过清除土匪恶霸、减租减息和分配土地等项步骤，实现耕者有其田。""凡有利于国计民生的私营经济事业，人民政府应鼓励其

---

[1]《中国人民政协第二日会议上周恩来报告共同纲领草案起草的经过和纲领的特点》，《人民日报》1949年9月26日。

经营的积极性，并扶助其发展。"[1]这些规定体现了《新民主主义论》关于新民主主义共和国的国体及基本经济政策的思想。

实际上，新中国成立之初，中央和地方各级人民政府的人员构成中，非中共党员占了相当大的比重。中央人民政府7个主席副主席中非中共人士为3人，56名政府委员中非中共人士为27人，政务院5名总理副总理中非中共人士为2人，政务院所属部、委、署行政主官中非中共人士超过1/3，这从一定意义上讲就是一个由中国共产党所领导的民主联合政府，体现的是无产阶级领导的各个革命阶级的联合专政，即人民民主专政。新中国成立后，在广大新解放区开展了轰轰烈烈的土地改革运动，解决了广大农民的土地问题，但同时作出保存富农经济的决策。私人资本主义经济在新政权建立后也得到了较大发展。1949年，全国私营工业共有123165户，职工人数164.38万人，总产值682816万元，到1952年分别为149572户、205.65万人和1052611万元。[2]由此可见，并不是新中国一成立，就采取措施消灭私人资本主义，这几年恰恰私人资本主义得到很大的发展，有人将其称为中国民族资本主义发展史上的"第二个黄金时期"（第一个黄金时期指第一次世界大战期间），还是有其道理的。

然而，根据过渡时期总路线和1954年宪法，中国向社会主义过渡的起点却又是中华人民共和国成立，那么，中国到底有没有经历过新民主主义社会阶段？如果的确经历了新民主主义社会

---

[1]《中国人民政治协商会议共同纲领》，《人民日报》1949年9月30日。
[2] 中国社会科学院、中央档案馆编：《1949—1952中华人民共和国经济档案资料选编：工商体制卷》，中国社会科学出版社1993年版，第732页。

阶段，又如何理解过渡时期总路线对过渡时期起点的设定？笔者认为，应当实事求是地承认新中国成立初期的社会性质属于新民主主义，中国社会主义制度是从新民主主义社会过渡而来的，而不是从半殖民地半封建社会直接过渡而来的。当然，新民主主义社会本身，其性质就是过渡性的，是中国这样的半殖民地半封建国家即资本主义发展不充分的国家，走入社会主义的一个特殊而又必须经历的阶段。新中国成立初期中央人民政府构成中所体现的民主联合政府性质，允许私人资本主义存在和发展，在占全国人口大半的新解放地区进行土地改革，保存富农经济，都是新民主主义政治经济的具体体现。由此可见，新中国成立初期中国社会的新民主主义性质是确定无疑的。

承认新中国成立初期的新民主主义社会性质，不但符合历史的本来面目，而且说明中国共产党信守了革命时期作出的通过新民主主义走向社会主义的承诺，新民主主义社会的理论也好，民主联合政府的口号也好，都不是争取中间力量的一种策略，而是一个基本的国家建设理念。1981年5月，胡乔木在中共中央政治局会议作《关于建国以来党的若干历史问题的决议》的说明时特别指出："中央并未在中央正式文件中讲过一九四九年建国就标志着社会主义革命的开始。只是毛泽东同志一九五三年底修改中宣部关于过渡时期总路线宣传提纲时加过这样一句话，但从一九四九年至一九五二年，中共中央从来都是讲新民主主义，否则新民主主义共和国就从来不存在也不可能存在了，新民主主义秩序能否巩固的问题也不会发生了。如果不是这样认识问题，就会损害一九四〇年《新民主主义论》发表以来直至一九四九年《共同纲领》通过并加以实行的党的信誉，使党陷于在根本理论上自相矛盾的地位。"[1] 土地改革是民主革命的重要内容，是中国人民开展反封建斗争的重要体现。到 1949 年 10 月新中国成立时，中国人民取得了推翻国民党反动统治的胜利，结束了帝国主义在中国的统治，但占国土面积 2/3 的广大新解放区的土地改革尚未进行，这些地区的土地改革直到 1952 年底才基本结束。到这时，民主革命的任务才真正完成。

当然，肯定新中国成立初期的新民主主义性质，并不是说在这个阶段没有社会主义因素。恰恰相反，这是中国的社会主义因素不断增长的几年。政治上，工人阶级（共产党）在国家政治生活中居于领导地位；经济上，没收官僚资本建立了国营企业，以加工订货、统购包销为主要形式的国家资本主义有了很大发展，农业生产互助组普遍建立并试办了一部分农业生产合作社，这些都是社会主义的因素。发展社会主义的因素恰恰是新民主主义社会的应有之义，这是新民主主义与旧民主主义的本质区别。新民主主义社会本质上是一个既允许资本主义存在甚至得到一定的发展，又必须让社会主义因素发展的社会，并且最终使后者超过前者，从而顺利实现新民主主义向社会主义的过渡。

二、提前向社会主义过渡不能忽视的两个因素

中共领导人原本设想经过一个比较长即 15 年左右的新民主主义社会阶段之后，才实现向社会主义的转变，但实际上新民主

---

[1]《胡乔木传》编写组编：《胡乔木谈中共党史》，人民出版社 1999 年版，第 145 页。

主义社会存在的时间并不长，完整意义上的新民主主义社会也就是 3 年左右的时间，从新中国成立到社会主义改造基本完成也只有 7 年左右的时间，也就是说，新民主主义向社会主义过渡的时间，与原来的设想相比大大提前。这些年来，学界对新民主主义社会提前结束的原因曾有过诸多的探讨。

有学者认为，有两个重要原因致使中国共产党改变了原来关于向社会主义过渡的想法，提前放弃了新民主主义社会论。一是工业化的需要。国民经济恢复以后，党和国家决定实行第一个五年计划，努力实现工业化。要实现工业化，就要集中全国的人力、物力、财力，而要做到这一点，就要进行社会主义改造。这是决定提前进行社会主义改造的经济动因。二是"五反"运动的影响。毛泽东原来还一直强调，私人资本主义是有利于国计民生的，应该允许和提倡它的发展。可是后来一进行"五反"运动，揭露出资本家那么多罪恶，使人感到资本主义没有什么好处，全是坏处，应该尽快地加以消灭。[1]

亦有学者指出，中国共产党之所以急于向社会主义过渡，是因为当时已经具备了各项条件。新中国成立后短短几年，就完成了土地改革，开展了"三反""五反"等一系列政治运动，巩固了人民民主政权，为社会主义改造奠定了政治基础；国民经济的恢复，国营经济领导地位的确立，为社会主义改造奠定了必要的物质基础。在共产党的领导下，广大人民翻身做了主人，对社会主义社会充满希望，社会主义制度的确立具有广泛的群众

---

[1] 郭德宏：《对国史研究中争论较大的几个问题的思考》，《史学月刊》2002 年第 2 期。

基础。[1]

还有学者认为，新民主主义社会提前结束，与毛泽东对马克思主义若干重要理论观点理解上的片面性有关。主要表现为：在对生产力和生产关系矛盾运动规律的认识上有误解；在对阶级斗争的历史作用的认识上有不分条件的泛化和夸大的倾向；对新民主主义经济构成中资本主义作用的认识是矛盾的；对列宁的过渡理论的认识发生了大的逆转。上述一些基本理论上的误解，影响了毛泽东对新民主主义社会论的认识，是导致他放弃新民主主义社会，提前过渡的重要原因。[2]

对新民主主义社会提前结束的原因，虽然可以从不同的视角进行分析和解读，但最根本的原因，是创建新民主主义理论时，对新民主主义社会过渡形态的定位。新民主主义理论，是中国共产党人马克思主义中国化取得的一个十分重要的成果。这一理论成功地解决了像中国这样的半殖民地半封建国家，即资本主义发展不充分的国家，如何实现社会主义前途这一马克思主义经典作家未能回答的重大课题。按照人类社会发展的一般规律，社会主义只能脱胎于资本主义，而中国原本不是资本主义国家，中国革命如何实现社会主义前途，毛泽东创造了新民主主义理论，提出中国革命分两步走，即第一步进行新民主主义革命，建立新民主主义社会，然后进行第二步，在新民主主义社会的基础上建立社会主义社会。新民主主义社会的历史定位十分明确，即它是中国

---

[1] 陈士军：《从新民主主义转变到社会主义的辩证分析》，《社会主义研究》2007年第1期。
[2] 刘晶芳：《毛泽东放弃新民主主义社会论的理论原因》，《科学社会主义》2011年第3期。

这样原本经济文化十分落后的半殖民地半封建国家,过渡到社会主义所必须经过的一个特殊社会发展阶段,是半殖民地半封建社会向社会主义过渡的桥梁。既然中国革命车轮驶向的目的地是社会主义,但特殊的国情又不得不经过新民主主义这座桥梁,很显然在这座桥上停留的时间越短越好而不是越长越好,这就从根本上决定了这种社会形态的过渡性和短期性。

新民主主义社会在经济形态上最大的特点,就是多种所有制共存,既有社会主义性质的国营经济、合作社经济,也有私人资本主义经济,当然还有大量的个体经济即个体农业和个体手工业。当时人们认为,新民主主义作为一种过渡性质的社会形态,它既有社会主义的因素,同时也有资本主义的因素,因而无产阶级与资产阶级的矛盾构成了新民主主义社会的主要矛盾。这就表明,新民主主义社会有两种可能的发展前途,一种是过渡到社会主义,一种是滑入资本主义。而在当时看来,新民主主义社会有滑向资本主义的可能,这主要体现在以下两个方面:

一是土地改革完成后出现的中农富农化趋势会导致农村的资本主义化。土地改革完成后中国农村最大的阶级变化,就在于中农成为农民的主体。据中共吉林省委办公室1951年秋的调查,全省中农已占总农户数的65%左右,占人口的70%以上,其余的农户是贫农和为数不多的雇农,以及占比不到总户数1%的富农。土地改革前占农村人口70%左右的贫农、雇农大多数成为中农,原来的中农一部分成为富裕中农,少数的成为新富农,原来的地主大部分处于贫农的地位,原来的富农大部分处于中农的地位。[1]新解放地区也存在同样的情况。据中共四川省资中县委1954年3月对该县喻家乡长山村的调查：土地改革后，农村经济迅速发展的同时，阶级关系也有了新的变化，大多数农民上升为中农，还有一部分上升为富裕中农。这个村共有103户，其中中农74户，占总户数的71.84%，除老中农29户外，佃农变为中农的1户，新中农44户（其中由雇农上升的10户，由贫农上升的33户，由手工业者上升的1户），中农中又有富裕中农9户（其中由中农上升的5户，由贫农上升的4户）；贫农原有46户，现有17户，占总户数的16.5%，其中由雇农变贫农的3户，贫民变贫农的1户，其余为老贫农。[2]

中国革命胜利后，除城市郊区外，没有采取将土地国有化的政策，而是通过土地改革（将所有没收和征收得来的土地和其他生产资料，均由乡农民协会接收，统一地、公平合理地分配给无地少地及缺乏其他生产资料的贫苦农民所有。对地主亦分给同样的一份，使地主也能依靠自己的劳动维持生活，并在劳动中改造自己）解决农民土地问题。土地改革后，农民不但获得了土地的使用权，而且取得了土地的所有权。《共同纲领》明确规定："凡已实行土地改革的地区，必须保护农民已得土地的所有权。"[3]1950年6月通过的《中华人民共和国土地改革法》也规定：

---

[1] 中共吉林省委办公室：《吉林农村阶级变化和雇佣、借贷、土地租佃、买卖问题（草稿）》，1951年9月29日。

[2] 史敬棠等编：《中国农业合作化运动史料》下册，生活·读书·新知三联书店1959年版，第274页。

[3] 中共中央文献研究室编：《建国以来重要文献选编》第1册，中央文献出版社1992年版，第7页。

"土地改革完成后,由人民政府发给土地所有证,并承认一切土地所有者自由经营、买卖及出租其土地的权利。"[1]这就是说,土地买卖和出租是国家法律所允许的。

土地改革后,农村出现了一定数量的土地买卖。1952年7月,中共山西省忻县地委对143个村(其中老区108个村,新区35个村)的阶级分化情况进行调查。在这143个村中,共有42215户,715976亩土地。1949年以来,已有8253户农民出卖土地39912亩,出卖房屋5162间。出卖土地、房屋者占总户数的19.5%,所出卖的土地占卖地户平均土地的28%,占总土地的5.57%。忻县地委在调查中还发现,土地改革后农民出卖土地,主要有六个方面的原因:为了调整生产而出卖者占19.15%;因转移行业而出卖者占3.38%;因生产生活困难被迫卖地者占50.36%;因办婚丧大事、遇有疾病和其他突然灾害袭击而出卖者占12.51%;懒汉二流子好吃懒做把土地挥霍掉者占6.26%;其他特殊原因(如农民存在"怕变天"思想把分到手的土地出卖)出卖者占8.19%。买地的原因,据112个村4145个买地户的调查,则有如下几种情况:由于劳力多劳力强或增加人口而土地不足或不足以养家者占45.4%;因生产有了发展、扩大经营而买地者占32%;既买地又卖地进行土地调整者占18.6%;其他原因(如退伍军人安置家务等)买地者占3.8%。[2]

农村土地买卖难免带来土地的集中,造成农村两极分化苗头

---

[1] 中共中央文献研究室编:《建国以来重要文献选编》第1册,中央文献出版社1992年版,第343页。

[2] 黄道霞等主编:《建国以来农业集体化史料汇编》,中共党史出版社1992年版,第106—107页。

的出现和阶级关系的变化。据忻县地委对静乐县5区19个村的统计，该区5758户农民中，有880户农民卖房卖地，其中167户老中农因出卖土地而下降为贫农，471户土地改革中分到土地的新中农因出卖土地又恢复到贫农的地位，两项共计638户，占卖地户总数的72.5%，占农村总户数的11.05%。这些下降户中，又有6%至10%的户变成了赤贫户。这些赤贫户一般用三种办法来解决生活出路问题：一是充当雇农，崞县7个村有26户因出卖土地而变成赤贫户，其中19户当了雇农；二是靠租入土地，当佃农或开荒生活，这部分人数量最大；三是进城当工人，这部分人数量不多。[1] 据中共山西省委对武乡县6个典型村的调查，1948年和1949年两年中，这6个村共139户出卖土地，占总户数的11.8%，共出卖土地410亩，占总亩数的2.28%。两年中，这6个村中已有4.32%的农户，因生活困难而丧失了自己的土地。土地的买卖导致了土地的集中。武乡的韩壁村214户中，到1950年已有8户上升为富裕中农。土河坪村中农魏兰山，家有9口人，72亩地，人均土地量超过全村平均数1倍；另一中农申中秀家有5口人，60亩地，超过村平均数2倍。武乡的人均土地在土地改革时大体相同，但在短时间里少数中农比其他农民的土地多出二三倍，说明土地集中的速度并不很慢。[2]

土地改革后大多数农民的中农化是一个很正常的现象，原因在于其中一部分富裕中农由于有较多的劳动力，占有比较充足的

---

[1] 黄道霞等主编：《建国以来农业集体化史料汇编》，中共党史出版社1992年版，第106页。
[2]《老区武乡农村考察报告》，《山西日报》1950年10月12日。

生产资料,家底较为厚实,又具有比一般农民强的经营能力,他们在土地个人所有且可以自由买卖、自由租佃的情况下,势必要购进一部分土地。而另有一些农民,或者由于进城做工,或者由于遭遇不可抗拒的天灾人祸,或者由于经营管理不善,以及其他原因,就出卖自己手中的土地。这种土地买卖关系有可能使一部分富裕中农上升为新富农,而新富农又势必雇佣长工或短工,使农村出现新的剥削现象。如在"吉林农村中,雇佣现象逐渐增多,就全省一般情况来看,雇佣劳动者的数字虽然为数不多,但他们在不断增加当中"。雇工的种类与土改前差不多,有零工、月工、长劳金、半拉子等。雇工的来源,有的原来就是雇农,本人是单身汉,一人生产生活有困难;有的是贫农,自家生产不能维持而变成雇农;还有一些是游民,其中多数是原来的贫农或雇农。[1] 中国共产党是以消灭剥削、实现共同富裕为己任的,土地改革刚刚消灭地主阶级的封建剥削。而这场改革完成没几年的时间,又出现了新富农的资本主义性质的剥削,对于新富农是允许其发展还是限制其发展,是土地改革后面临的新问题。毫无疑问,将土地由个体所有转变为农民集体公有,不允许土地自由买卖,就可以避免土地的集中和抑制新富农的产生,从而防止新富农对农民的剥削,这是新解放地区土地改革刚刚结束,中共中央就决定启动大规模的互助合作运动的根本动因。

二是资产阶级已经向无产阶级发动了"猖狂进攻"。新中国成立前,各根据地可以视作新民主主义共和国的雏形,或者说是

---

[1] 中共吉林省委办公室:《吉林农村阶级变化和雇佣、借贷、土地租佃、买卖问题(草稿)》,1951年9月29日。

局部的新民主主义社会。但是，当时各根据地基本上都是农村，现代工业很少甚至没有，几乎没有多少资本主义。延安时期毛泽东关于发展资本主义的有关论述，主要是基于中国是一个半殖民地半封建国家，资本主义发展不充分，而没有资本主义一定的发展又无法过渡到社会主义。所以，不论是《新民主主义论》，还是中共七大《论联合政府》的报告，毛泽东都一再强调允许私人资本主义存在和发展。但是，理论上对资本主义的分析，与现实中对资本主义采取什么样的政策，毕竟不完全相同。当年中国共产党人认为要发展资本主义，主要考虑到的是其积极作用，同时也是为了团结和争取民族资产阶级。解放战争进入战略进攻阶段后，人民解放军开始大规模的城市攻坚战，特别是1948年秋战略决战开始后，人民解放军已经具备了夺取大城市的能力，大批的大中城市相继获得解放，中共的各级领导机关陆续从农村搬进了城市，开展了城市领导乡村的时期。

随着大批城市的解放特别是中国革命在全国的胜利，这时如何对待私人资本主义，就不再是一种理论分析和政策设想，而是一个现实问题。中国的民族资本家对帝国主义不满，痛恨蒋介石集团的专制腐败，有反帝反封建的革命要求，这是他们在新政权建立时能够留下的重要原因。资本家开厂设店虽然客观上有利于中国经济的发展，但主观上是以赢利为目的，追求尽可能多的剩余价值是他们的本性。因此，他们为了获得利益的最大化有可能偷税漏税、以次充好、假冒伪劣，也可能在与政府打交道时盗骗国家资财，窃取对他们有用的经济情报，甚至腐蚀拉拢政府工作人员为己所用。

在中共七届二中全会上，毛泽东曾提醒党的各级干部在进城之后，要防止资产阶级"糖衣炮弹"的侵袭，并为此提出了"两个务必"（即"务必使同志们继续地保持谦虚、谨慎、不骄、不躁的作风，务必使同志们继续地保持艰苦奋斗的作风"）的重要思想。但应当看到的是，当时对于如何做到"两个务必"，主要是思想层面的提醒与强调，要求党内干部加强自我约束，并没有十分具体的制度保障。广大干部进城之后，丰富多彩的城市生活，自然是单调的农村生活不能比拟的，特别是一些资本家食有鱼、行有车，生活阔绰甚至灯红酒绿，自然对于一些意志薄弱者有相当的吸引力。所以进城之后，少数干部并没有做到"两个务必"，而是被"糖衣炮弹"所击中，开始贪图享受起来，为此不惜将革命道德与革命纪律抛诸脑后，利用手中的职权贪污受贿，甚至与不法商人相勾结获取私利。

为了纯洁党的队伍，1951年底，中共中央决定开展大规模的反贪污、反浪费、反官僚主义的运动，而在运动中又发现干部进城之后的腐化行为，又都与资产阶级相关联，他们或者直接为资本家所腐蚀拉拢，或者受到了资产阶级思想的影响而腐化（今天看来，对何为资产阶级思想并没有明确的界定，实际是将与新社会新制度相冲突的思想意识，都归结为资产阶级思想，泛化了对资产阶级思想的认定，甚至将封建主义思想也纳入资产阶级思想）。中共中央华北局负责人、在"三反""五反"运动中起着重要作用的薄一波在一个报告中就此分析说："在我们的革命队伍中，贪污、浪费、官僚主义现象之所以仍然存在，而且比胜利以前的解放区时期有了发展，有两方面的原因：一方面，是因为在革命胜利之后，大量抱着旧思想、旧作风而又没有来得及改造的旧政府的工作人员加入到人民政府和国营企业中来了；另一方面,也是更重要的一方面,却是因为在革命胜利之后,在和平环境中,我们党内、政府内、军队内、人民民主统一战线内,许多同志,特别是许多领导同志,没有充分警惕资产阶级思想对于革命的侵蚀作用。"[1]

随着"三反"正式启动,发现一些干部之所以发生贪污腐化,很大程度上与不法资本家的腐蚀拉拢有关,各地党委源源不断报至中共中央的"三反"报告中,谈及资产阶级问题的越来越多。1951年12月7日中共邮电部党组的报告说,"资本主义反过来引诱与腐蚀我们",是邮电系统贪污腐化滋长的重要原因。[2]12月13日,中共中央西北局给毛泽东并报中共中央的报告说,仅据初步了解,西北地区贪污现象已"极其严重",亦"很惊人",而"凡大一点的贪污案件","多半与奸商勾结"。[3]12月20日,中共中央华东局给中共中央的报告,则明确提出"三反"中亦要注意反对不法资本家。报告说:"鉴于党政内部的贪污往往是由非法商人从外部勾结而来的,因此,必须注意调查奸商并发动群众检举控告不法商人的运动,对证据确凿的不法商人,亦应严加惩处,以便内外配合,彻底肃清贪污分子。"[4]

中共七届二中全会认为,革命胜利后中国社会的主要矛盾,是无产阶级与资产阶级的矛盾,限制与反限制,是新民主主义国家内部阶级斗争的主要形式,对资产阶级必须是利用与限制,不

---

[1] 中共中央文献研究室编:《建国以来重要文献选编》第3册,中央文献出版社1992年版,第28页。
[2]《建国以来毛泽东文稿》第2册,中央文献出版社1988年版,第555页。
[3]《建国以来毛泽东文稿》第2册,中央文献出版社1988年版,第569—570页。
[4]《建国以来毛泽东文稿》第2册,中央文献出版社1988年版,第618—619页。

能只利用而不限制，对其可能利用糖衣炮弹发动的进攻要预防与警惕。毛泽东一次谈到中共中央为何决策"五反"时说："在这一年多时间内，大家对资产阶级不够警惕了。资产阶级过去虽然挨过一板子，但并不痛，在调整工商业中又嚣张起来了。特别是在抗美援朝加工订货中赚了一大笔钱，政治上也有了一定地位，因而盛气凌人，向我们猖狂进攻起来。现在已到时候了，要抓住资产阶级的'小辫子'，把它的气焰整下去。如果不把它整得灰溜溜、臭烘烘的，社会上的人都要倒向资产阶级方面去。"[1] 因此，中共中央在开展"三反"运动之后，又决定在资产阶级中开展声势浩大的反行贿、反偷税漏税、反盗窃国家资财、反偷工减料、反盗窃国家经济情报的"五反"运动（资本家的上述五种行为当时被称为"五毒"），并且发动社会各界对资本家的"五毒"行为进行检举揭发。

由于存在雇佣与被雇佣的关系，资本家与工人、店员之间难免存在这样那样的矛盾，于是"五反"运动一开始，工人、店员及社会各界对资本家的检举、揭发颇为积极。资本家为了获取尽可能多的利润，自然或多或少存在上述"五毒"行为。"五反"运动启动后，通过大量的事实发现"资产阶级进攻的战线，十分广阔""从城市到农村，从财经企业要害部门，一直到党、政、军、民、学的机关内部，好似水银泻地，无孔不入"。"资产阶级的进攻行为，最大量最普遍的就是贿赂国家工作人员，偷税漏税、盗窃国家资财、偷工减料、盗窃国家经济情报。而实际参

---

[1] 薄一波：《若干重大决策与事件的回顾》上卷，中共中央党校出版社1991年版，第165—166页。

加或部分参加了这种进攻行动的资产阶级分子,并不是少数几个人,而是绝大多数。"[1] 这样一来,通过检举揭发,发现没有沾上"五毒"的资本家为数不多,"不法资本家"几乎成了整个资产阶级的形象。尽管后来在"五反"定性时,将大多数资本家确定为完全守法户(即守法户)、基本守法户、半守法半违法户,被定性的严重违法户和完全违法户仅为少数(如上海五类资本家占比分别为 15.3%、36.8%、44.2%、2.8% 和 0.9%),但整个资产阶级的社会形象已经颇为负面,人们对资本主义原有的一点理论上的好感亦不复存在。

从今天的眼光看,当年资产阶级的"进攻",主要是一些资本家唯利是图的本性使然,而非整个资产阶级向新政权发出挑战,更非资产阶级同无产阶级(共产党)在争夺领导权。不过当时对这个问题看得很严重,认为如果对此不进行坚决的反击,不但会危及党的执政地位,而且关系到中国走社会主义还是资本主义道路的前途问题。"五反"运动结束后,毛泽东明确表示"在打倒地主阶级和官僚资产阶级以后,中国内部的主要矛盾即是工人阶级与民族资产阶级的矛盾,故不应再将民族资产阶级称为中间阶级"[2]。因此,"五反"运动之后,对资本主义工商业进行社会主义改造势所必然。

其实,进城之后少数干部的腐化,的确与某些不法资本家的腐蚀拉拢有一定的关系,因此在党内开展"三反"、在资产阶级

---

[1] 赵守一:《从西北地区情况看资产阶级的猖狂进攻》,《人民日报》1952 年 3 月 20 日。
[2] 中共中央文献研究室编:《建国以来重要文献选编》第 3 册,中央文献出版社 1992 年版,第 202 页。

中开展"五反",有其必要性和合理性,在一定程度上警示和教育了广大干部,对抵制旧社会的恶习和腐朽思想的侵蚀,推动资本家守法经营,在私营企业中建立工人监督制度与民主改革,形成清正廉洁的党风政风和健康的社会风气,起到了重要作用。但是,"三反""五反"是以群众运动的方式开展的,"三反"运动中不但误打了一部分所谓"老虎",存在扩大化倾向,而且造成了靠群众运动解决党内问题、干部作风问题的思维定式,而忽视建立健全制度、法律以加强对权力的监督;同时,"五反"运动中发动群众检举揭发资本家的不法行为,只看到了资本家剥削工人、唯利是图的一面,没有看到民族资产阶级对经济社会发展仍有积极作用的一面,这是将复杂的问题简单化了。

此外,新中国成立之后,国营经济迅速发展。在全国工业总产值(不包括手工业)中,国营工业由1949年的34.2%上升到1952年的52.8%(合作社营、公私合营工业占8.2%),私营工业从63.3%下降到39%。在社会商品批发总额中,国营商业从1950年的23.2%上升到1952年的60.5%,私营商业则从76.1%下降到36.3%。"这些变化的实质是,社会主义性质的国营经济在整个国民经济中的领导地位更为增强,不仅控制着有关国计民生的重要行业和产业部门,而且在现代工业中超过私营工业占据优势,并在批发商业中占明显优势,能够有力地调控重要商品的价格和供求关系,从而使国营经济成为中国逐步过渡到社会主义的主要物质基础。"[1] 早在1948年9月的中共中央政治局会议上,刘

---

[1] 中共中央党史研究室:《中国共产党历史:第二卷(1949—1978)》上册,中共党史出版社2011年版,第184页。

少奇就曾表示：要注意与私人资本家的斗争。斗争的方式是经济竞争。这种斗争的性质，是带社会主义性质的，"我们竞争赢了，革命就可以和平转变，竞争不赢，社会主义性质的经济，就被资本主义战胜了，政治上也要失败，政权也可能变，那就再需要一次流血革命"[1]。新中国成立后国营经济的发展，表明无产阶级与资产阶级的经济竞争已取得重大胜利，已经具备向社会主义和平转变的条件。

三、原定需要15年左右完成的三大改造提前完成

随着过渡时期总路线的提出，我国开始了大规模的对个体农业、个体手工业和私人资本主义工商业的社会主义改造。到1956年，这三大改造基本完成。根据这年6月的统计，全国1.2亿农户中，加入农业生产合作社的已经有1.1亿户，占农户总数的91.7%，其中，有3500万户加入了初级合作社，有7500万户即大多数加入了高级合作社。全国个体手工业者参加了各种不同形式的生产合作组织，加入手工业生产合作社、生产小组或者供销生产合作社的，已经占个体手工业从业人员总数的90%。全国资本主义工商业已经基本上实现了全行业的公私合营。这年9月，在中国共产党第八次全国代表大会上，刘少奇代表中共中央正式宣布："改变生产资料私有制为社会主义公有制这个极其复杂和困难的历史任务，现在在我国已经基本上完成了。我国社会主义

---

[1] 中共中央文献研究室编：《刘少奇论新中国经济建设》，中央文献出版社1993年版，第4—5页。

和资本主义谁战胜谁的问题,现在已经解决了。"[1]这就意味着,从1953年过渡时期总路线提出算起,仅用了3年时间就完成了三大改造,实现了新民主主义向社会主义的过渡。

社会主义改造的进程如此之快,完成的时间如此之短,恐怕是全国上下都未曾预料到的。在1956年1月25日第六次最高国务会议上,毛泽东感慨地说:"公私合营走得很快,这是没有预料到的。谁料得到?现在又没有孔明,意料不到那么快。"[2]

当年进行解放战争的时候,毛泽东曾预计蒋介石是一定可以打败的,但时间将会较长。至1947年7月人民解放军转入战略反攻后,他才作战争的进程的具体时间预计,在这年7月下旬中共中央在陕北靖边县的小河村召开的扩大会议上,他提出对蒋介石的斗争,计划用5年(从1946年7月算起)解决,但是又表示说5年用不着讲出来,还是讲准备长期奋斗,5年到10年甚至15年。到1948年7月,中共中央才明确表示再过3年加上已经过去的2年即5年基本打倒国民党。实际上,从1946年7月全面内战爆发算起,只用了3年多的时间就基本上打倒了国民党。所以,社会主义改造预定的15年,并非是最短的时间,在很大程度上是最长的期限。既然如此,如果有条件提前完成那又何乐而不为?

在启动社会主义改造之际,第一个五年计划正式实施,新中国进入大规模工业化建设的高潮。随着计划经济体制的建立,客

---

[1]《刘少奇选集》下卷,人民出版社1985年版,第218—219页。
[2]转引自薄一波:《若干重大决策与事件的回顾》上卷,中共中央党校出版社1991年版,第409页。

观上要求将农业生产能够纳入国家计划，1953年底执行的粮食统购统销政策，就是将农产品的购销纳入计划经济轨道的重要步骤。统购统销的核心内容是对农村粮食的统购，在未农业合作化之时，农村粮食统购必须面对一家一户的农民，而通过合作化，统购的对象就由个人变成了农业社集体，这无疑有利于统购任务的完成。同时，随着计划经济体制的建立，私人资本主义工商业的市场属性必然与计划经济发生矛盾，而粮食、棉花等重要农产品的统购统销，又使得大量的私人工商企业失去了原料来源，不进行改造已别无出路，这也从客观上推动了社会主义改造的加快进行。

中国共产党的强大组织动员能力与毛泽东的巨大威望，以及采取群众运动的方式，亦是社会主义改造能够快速进行的重要因素。中共在全国执政后，在各级建立了健全的政权组织和党的系统，同时还建立了一系列的群团组织，形成了完整的组织网络。这就保证了上级决策在下级的有效贯彻，这也是社会主义改造能够顺利推进的前提条件。过渡时期总路线规定的社会主义改造任务，是中共中央作出的重大决策，各级组织都有贯彻执行的义务，所以自过渡时期总路线提出以后，进行社会主义改造就成为全党和全国的中心工作。

中国革命战争的胜利和新中国成立后各项事业的发展，使毛泽东在全党全国有着巨大的威望。人们相信毛泽东的判断总是对的，他指引的道路是正确的，通过批判"小脚女人"，原来主张农业合作社应大发展的人更加积极，原来认为农业合作社应适当控制规模而被认为有"右倾保守思想"的"小脚女人"们也只得放弃原有的立场。中共中央文献研究室编写的《毛泽东传

（1949—1976）》就此分析说："毛泽东作为享有崇高威望、深受全党和全国人民爱戴和信赖的领袖，曾经一次又一次地带领人民取得难以想象的胜利，当他提出一个主张并雷厉风行地加以推行的时候，各级干部总是闻风而动，积极贯彻实行，唯恐落在别人后头。这样，往往在相互攀比中又提出一些超过毛泽东预计的情况和规定的指标。这些反映到毛泽东那里，使他十分兴奋，又进一步提出新的要求和更高的指标。"[1] 就这样，农业合作化的速度在1955年下半年急剧加快，并由此带动了手工业和资本主义工商业改造的快速进行。

社会主义改造是采取群众运动的方式进行的。群众对待运动的态度基本上可以分为积极、随大流、消极甚至反对三种。如在农业合作化运动中，积极要求办社或赞成办社的，主要是两部分人，一是党团员、青年积极分子，二是缺衣少食的鳏寡孤独或人多劳少、解放后生活没有多大提高的现贫农。前者积极办社的原因，主要是觉得自己是党的人，或者自己是干部，必须听党的话，按党的指示办社。后者呢，土改后虽然分得了土地，但没有劳动力或劳动力不足，生活仍然艰难，他们认为入了社有集体可依靠，而且当时在开展群众入社宣传动员时，又向他们描绘了一幅合作社办起后生产能够迅速提高、生活能够很快改善的美好图景。对于这些人来说，参加合作社没有物质利益上的损失，相反地，他们感觉到入社后还可以从社里得到诸多好处，能很快过上甚至超过现在富裕中农的生活。当然，一开始积极分子是少数，

---

[1] 中共中央文献研究室编：《毛泽东传（1949—1976）》，中央文献出版社2003年版，第417页。

明确反对者也是少数，多数农民是随大流的。但是，随大流的这部分人态度却容易转化，因为多年来他们一直搞单干，也确实没有发家致富，他们认为大不了办了合作社，无非还是和原来一样发不了财，既然如此，那又何必一定要坚持单干呢？于是，在干部和积极分子的动员之下也就入了社。这样一来，大多数农民变成了农业合作化运动的支持者与参加者，少数不愿意入社的农民在农村中处于孤立状态，并面临只想自己"冒尖"而企图走资本主义道路的压力，最终的结果是与多数人一样加入到农业合作社中来。手工业和资本主义工商业改造中也存在类似的情况，使得原定十五年完成的改造任务大大提前。

评价一个历史事件，最重要的是看它是促进了生产力的发展还是阻碍了生产力的发展。应当说，进行社会主义改造的几年，中国经济特别是工业经济确实取得了较大的发展，大量的工业企业建成投产，创造了一大批中国工业化史上的第一，工业产值大幅度提高。第一个五年计划期间，也就是对资本主义工商业实行社会主义改造期间，工业总产值增长128.3%，平均每年递增18%，其中生产资料生产增长210%，平均每年递增25.4%，消费资料生产增长83%，平均每年递增12.9%。农业领域的发展虽然没有工业那样显著，但农业集体化并没有使农业生产出现大起大落，农业生产总值平均每年增长4.5%，粮食平均每年增长3.5%，棉花平均每年增长4.7%。但是又要看到，这种增长是多种原因造成的，比如：全国大陆解放后结束了一百多年战乱频繁的状态，抗美援朝战争到过渡时期总路线提出时也基本结束，这种和平环境为经济的发展创造了条件；由于新中国的建立和抗美援朝的战争胜利，中国共产党在全国人民面前树立了良好的形象，人民对于执政党和新政权充满期待，也确实以很高的热情投入国家建设和各项工作之中；苏联在此间给予中国的援助也对国民经济的发展产生积极作用。此外，这几年农业生产的发展，也与国家提高农副产品的收购价格，稳定农业税收，增加对农业生产的投资，开展大规模农田水利建设，增加对农业生产资料的投放数量，开展爱国增产竞赛运动，推广新的农业生产技术等有着密切的关系。因此，不能将这种增长简单地归结为社会主义改造的结果，但这些增长数字同时又说明，社会主义改造没有造成社会动荡，没有造成对社会主义生产力的严重破坏。

笔者认为，一个历史事件之所以发生，一定有它当时的社会环境，有影响它的主客观因素。前面已经说过，建立社会主义制度是中国共产党既定的奋斗目标，中国革命胜利在全国执政之后，将中国社会适时地转入社会主义早已成为全党的共识。新中国成立之初中国社会不是社会主义而是新民主主义，因此，要不要将新民主主义转入社会主义，在党内思想认识是一致的。对于何时采取措施向社会主义转变，一开始党内有不同认识，但很快也统一起来，所以向社会主义过渡在当时是一个没有疑义的问题。今天看来，从新民主主义转入社会主义，是中国社会性质的重大变化，其实在当时是一件很自然的事情，人们并没有感觉到这种变化有多么突然。既然如此，对于社会主义改造该不该搞、要不要搞，在启动社会主义改造之时，根本不是一个需要讨论的问题。历史并不是依据后人的认知演进的，"早知今日，何必当初"，这种事后诸葛亮式的议论并不能解释历史现象。

对于什么是社会主义，其实在不同的时代有着不同的理解。在当时人们的心目中，社会主义在经济体制上至少有三个基本的特征，即公有制、按劳分配和计划经济，而且只有消灭了私有制，才能实行按劳分配，也才能推行计划经济，所以社会主义改造的过程就是消灭私有制的过程。今天有人对社会主义改造提出否定性的评价，主要是因为今天的社会主义初级阶段，与当年的新民主主义社会有某些类似的地方。问题在于当年的人们对于社会主义，并没有可以搞多种所有制也应允许多种分配方式共存的认知。今天之所以取得这样的认识，恰恰是因为经过多年的单一公有制和实施计划经济后，发现其中存在多种弊端，不利于社会生产力的发展。事非经过不知难。因此，不能用今天的认识去作为当年的社会主义改造是非得失的评判标准，并由此简单地得出是或非的结论。

历史证明，以毛泽东同志为核心的党的第一代中央领导集体带领全党全国各族人民完成了新民主主义革命，进行了社会主义改造，确立了社会主义基本制度，成功实现了中国历史上最深刻最伟大的社会变革，为当代中国一切发展进步奠定了根本政治前提和制度基础。建立社会主义制度，是中国共产党为中华民族作出的伟大历史贡献，通过"确立社会主义基本制度，消灭一切剥削制度，推进了社会主义建设"，"完成了中华民族有史以来最为广泛而深刻的社会变革，为当代中国一切发展进步奠定了根本政治前提和制度基础，为中国发展富强、中国人民生活富裕奠定了坚实基础，实现了中华民族由不断衰落到根本扭转命运、持续走向繁荣富强的伟大飞跃"。[1]

---

[1] 习近平：《在庆祝中国共产党成立95周年大会上的讲话》，《人民日报》2016年7月2日。